Beltz Taschenbuch 82

Über dieses Buch:
Todsünden, im Christentum mit Höllenstrafen belegt, in der Bildungspolitik? Durchaus, so die These des Autors in seiner geharnischten Anklageschrift. Denn es ist hochmütig zu behaupten, daß das heutige Bildungswesen auf die Zukunft der Arbeits- und Wissensgesellschaft vorbereitet, wenn in Wirklichkeit Anstrengungen zur Entwicklung eines Curriculums der Zukunft gar nicht unternommen werden. Schlimmer noch ist das Wegsehen, die Negierung der Lebenswelt der Lernenden, die unter veränderten Familien-, Einkommens- und Freizeitverhältnissen aufwachsen, die das Bildungswesen jedoch nicht zur Kenntnis nehmen will.
Die Leistungsbewertung ist eine zentrale Aufgabe des Bildungswesens, denn Leistung entscheidet über Bildungs- und Lebenswege. Die Lernenden fordern Gerechtigkeit, doch sie stoßen überall auf die Verschleierung der Kriterien der Leistungsbewertung. Die Verstaatlichung des Bildungswesens schuf tendenziell totale Institutionen und führte zu einer Bürokratisierung, auf die die Lernenden mit »null Bock« und die Lehrenden mit »Burnout« reagieren. Die jungen Menschen, denen Politikverdrossenheit vorgeworfen wird, drehen den Spieß um und werfen den Politikern Heuchelei vor, weil sie nicht nach den Grundsätzen handeln, die sie öffentlich vertreten.
Die Todsünden sind unverzeihlich, aber überwindbar und vermeidbar. Dazu bedarf es freilich des politischen Willens, einer Wiederbegründung der Bildungspolitik, so das Fazit des prominenten Bildungspolitikers.
In seinem für die Taschenbuchausgabe neu verfaßten Nachwort zieht er Bilanz über drei Jahre rot-grüner Bildungspolitik: Gibt es Anlaß zur Hoffnung? Oder werden die Todsünden fortgeschrieben?

Der Autor:
Prof. Dr. Ingo Richter, geboren 1938, ist Direktor des Deutschen Jugendinstituts in München und Honorarprofessor an der Universität Tübingen. Er veröffentlichte u.a. »Pluralism and Education« (1993), und »Recht der Weiterbildung« (1993).

Ingo Richter

Die sieben Todsünden der Bildungspolitik

BELTZ
Taschenbuch

Besuchen Sie uns im Internet:
www.beltz.de

Beltz Taschenbuch 82
2001 Beltz Verlag, Weinheim und Basel

1 2 3 4 5 05 04 03 02 01

Lizenzausgabe mit Genehmigung des Carl Hanser Verlag München Wien

Umschlaggestaltung: Federico Luci, Köln
Umschlagillustration: © akg-images, Berlin/Michael Teller: Dublin, Trinity-College, Bibliothek
Satz: Satz für Satz. Barbara Reichmann, Leutkirch
Druck und Bindung: Druckhaus Beltz, Hemsbach
Printed in Germany

ISBN 3 407 22082 0

Inhalt

Vorwort

Superbia, der Hochmut
Avaritia, der Geiz
Invidia, der Neid
Acedia, die Trägheit
Ira, der Zorn
Luxuria, die Ausschweifung
Gula, die Völlerei

Todsünden seien die eigentlichen Sünden, die Abwendung von Gott, sagt die christliche Überlieferung. Die anderen seien die kleinen, die sogenannten läßlichen Sünden.

Die mittelalterliche Theorie betrieb viel Aufwand, um die Todsünden zu definieren und die richtigen Strafen für sie zu finden, und die mittelalterlichen Maler zeigten in Kirchen und Klöstern die Sünderinnen und Sünder, ihre furchtbaren Taten und die gräßlichen Schicksale, die sie zu erwarten hatten. Die Idee der Todsünden beflügelt seither die Phantasie zahlreicher Autoren:

Bertolt Brecht schrieb den Text für das Ballett »Die sieben Todsünden der Kleinbürger«, das mit der Musik von Kurt Weill im Juni 1933 in Paris uraufgeführt wurde und das bis heute auf den Spielplänen vieler Theater steht.

Konrad Lorenz geißelte 1982 in seinem Buch »Die acht Todsünden der zivilisierten Menschheit« die Umweltsünden der modernen Gesellschaft; das Buch erschien in vielen Auflagen.

Todsünden scheint es heute überall zu geben, wie ein Blick auf die Veröffentlichungen zeigt, die diesen Begriff im Titel führen. Da gibt es die »Sieben Todsünden der Kirche« und »Die sieben Todsünden des Deutschen Reiches«, die »Dreizehn Todsünden des Managers« und die »Zwanzig Todsünden bei der Abwicklung von Bauverträgen« u. a. m.

Im Bildungswesen dagegen ist der Gedanke der Todsünde neu. Es wäre nun durchaus reizvoll, sich vorzustellen, wie sich die mittelalterlichen Todsünden heute im Bildungswesen auswirken, der Geiz z. B. oder der Neid, die Ausschweifung oder die Völlerei. Doch davon handelt dieses Buch nicht, denn die Todsünden der Bildungspolitik sind zum Teil andere. *Acedia, die Trägheit*, begegnet uns allerdings auch in der Bildungspolitik, in der die Verantwortlichen viele Ausreden erfinden, um ihr Nichtstun zu rechtfertigen, den Föderalismus z. B., der den Bund angeblich am bildungspolitischen Handeln hindert, oder die leeren öffentlichen Kassen, aus denen dennoch 1996 170 Milliarden DM für das Bildungswesen ausgegeben wurden. *Superbia, der Hochmut*, verträgt sich gut mit der Trägheit, denn es ist hochmütig, zu behaupten, daß das heutige Bildungswesen auf die Zukunft der Arbeits- und Wissensgesellschaft vorbereitet, wenn in Wirklichkeit Anstrengungen zur Entwicklung eines Curriculums der Zukunft gar nicht unternommen werden. Schlimmer aber noch ist das *Wegsehen, die Negierung der Lebenswelt* der Lernenden, die heute unter veränderten Familien-, Einkommens- und Freizeitverhältnissen aufwachsen, die das Bildungswesen jedoch nicht zur Kenntnis nehmen will. Die Leistungsbewertung ist heute eine zentrale Aufgabe des Bildungswesens, denn Leistung entscheidet über die Bildungs- und Lebenswege der Menschen, nachdem alle anderen Gesichtspunkte wie z. B. Herkunft, Religion, Geschlecht, Beziehungen oder Geld zu Recht verpönt sind. Die Lernenden fordern deshalb Gerechtigkeit bei der Leistungsbewertung; doch sie stoßen überall auf die *»Verschleierung«* der Kriterien der Leistungsbewertung. Die *Verstaatlichung* des Bildungswesens sollte einmal die Verheißungen der Französischen Revolution (Freiheit, Gleichheit, Brüderlichkeit) auch im deutschen Bildungswesen durchsetzen; doch es blieb ein unerfülltes Versprechen. Die Verstaatlichung des Bildungswesens schuf dagegen tendenziell totale Institutionen und führte zu einer *Bürokratisierung* des Bildungswesens, auf die die Lernenden mit »null Bock« und die Lehrenden mit »Burn out« reagieren, so daß Anomie im Sinne von Norm- und Orientierungslosigkeit im Bildungswesen herrscht, ein Zustand der *»Verwahrlosung«*.

Die jungen Menschen, denen Politiker häufig Politikverdrossenheit vorwerfen, drehen den Spieß um, werfen den Politikern vor, daß sie die Kinder und Jugendlichen in Wirklichkeit vergessen haben und daß *Heuchelei* das politische System prägt, weil Politiker nicht nach den Grundsätzen handeln, die sie öffentlich vertreten. Das macht die Identifikation der jungen Menschen mit der Demokratie so schwierig, die doch für die Zukunft der Demokratie lebenswichtig ist.

Todsünden der Bildungspolitik sind heute
- Trägheit oder Der Kult der Vergeblichkeit,
- Heuchelei oder Die Glaubwürdigkeitslücke der Politik,
- Wegsehen oder Die Negierung der Lebenswelt,
- Hochmut oder Nicht für das Leben, sondern für die Schule lernen wir,
- Verschleierung oder Von der Leistungsfähigkeit der Leistungsbewertung,
- Verwahrlosung oder Null Bock,
- Bürokratisierung oder Das unerfüllte Versprechen der Verstaatlichung.

Die sieben Todsünden der Bildungspolitik sind unverzeihlich, aber überwindbar und vermeidbar. Es bedarf hierzu freilich des politischen Willens, einer Wiederbegründung der Bildungspolitik.

1 Trägheit oder Der Kult der Vergeblichkeit

Wer beschäftigt sich schon mit Bildungspolitik? Und wenn einer etwas will, dann verhindern es die anderen. Die leeren öffentlichen Kassen besorgen den Rest. Die Trägheit der Bildungspolitik umgibt ein Kult der Vergeblichkeit: Es hat doch alles überhaupt keinen Zweck!

Der äußere Anschein spricht nun allerdings auch dafür, daß die Öffentlichkeit kein Interesse an der Bildungspolitik hat:

- In den Parlamenten sind die Bänke bei bildungspolitischen Debatten leer.
- In den Wahlprogrammen der politischen Parteien wimmelt es von bildungspolitischen Leerformeln.
- In den Zeitungen verschwindet die Bildungspolitik aus der Innenpolitik und gerät ins Feuilleton.
- In der Bildungsforschung verdrängen traditionelle wissenschaftliche Fragestellungen die Politikberatung.

Dennoch: Die »Ruck-Rede« und die Adlon-Ansprache des Bundespräsidenten zur Bildungspolitik mobilisierten 1997 die Öffentlichkeit; doch nach kurzer Zeit verfiel die Bildungspolitik wieder in ihre liebgewonnene Lethargie.

Es fällt nur allzu leicht, jede Aktivität durch den Hinweis auf die großen Verhinderer der Bildungspolitik zu blockieren. Doch es ist nicht wahr,

- daß die Länder dem Bund das bildungspolitische Denken verbieten können,
- daß die Kommunen ihre Schulen abgeschrieben haben,

- daß »Brüssel« auch die Bildungspolitik total bürokratisiert,
- daß in Wirklichkeit das Bundesverfassungsgericht die Bildungspolitik macht,
- daß die Wirtschaft nur engstirnige Verwertungsinteressen im Auge hat und
- daß die Gewerkschaften jede Veränderung des bildungspolitischen Status quo mit Hinweis auf die Interessen ihrer Mitglieder kategorisch ablehnen.

Manche haben sich freilich auch gut eingerichtet in der Gegenwart; doch ihre verständlichen Interessen an der Erhaltung des Status quo dürfen Politik nicht verhindern.

Alle Beteiligten im Bildungswesen haben es verstanden, unausrottbare Vorurteile auf sich zu ziehen. Es ist jedoch nicht wahr,
- daß die Lehrer und Hochschullehrer privilegiert und faul sind,
- daß die Schüler und Studenten dümmer sind als früher und nur ihren Spaß haben wollen,
- daß die Eltern nur an sich selber interessiert sind und ihre Kinder vernachlässigen.

Die für die Bildungspolitik Verantwortlichen bedienen sich allerdings zur Entschuldigung ihres Nichtstuns nur allzugern solcher Vorurteile.

Der Hinweis auf mögliche Kosten erstickt sofort jede Anregung; allenfalls werden sogenannte kostenneutrale Vorschläge in Erwägung gezogen. Dabei sollte nicht in Vergessenheit geraten, daß nach den neuesten statistischen Veröffentlichungen die jährlichen öffentlichen Ausgaben für das Bildungswesen insgesamt 165 Milliarden DM betragen, das sind immerhin 9 % der Gesamtausgaben der öffentlichen Haushalte, daß die Verteidigungsausgaben im Bundeshaushalt 48 Milliarden DM betragen, daß für den Bereich Soziale Sicherung in der Bundesrepublik 939 Milliarden DM verbucht sind[1] und daß relativ geringfügige Veränderungen der Finanzstrukturgrößen im Bildungswesen große Finanzmittel freisetzen, z. B. Lehrergehälter, Pflichtstundenzahlen, Schulzeitdauer, Wochenstundenzahlen, Lehrer-Schüler-Relation u. a. m.

Ich weiß, daß sich die »heiligen Kühe« auf der finanz- und bildungspolitischen Weide nur so drängeln; doch die Trägheit der Bildungspolitik läßt sich mit dem Hinweis aufs Geld nicht rechtfertigen.

Die Bildungspolitik der Nachkriegszeit zeichnete sich durch große Kontroversen aus:
- Öffentliche Kindergärten oder Erziehung in der Familie,
- Gemeinschaftsschule oder Konfessionsschule,
- Gesamtschule oder Dreigliedrigkeit,
- Duales System der Berufsausbildung oder schulische Berufsausbildung,
- Gesamthochschule oder Fachhochschule,
- Elitebildung oder Bildungsexpansion,
- Pluralismus oder Konflikt.

Nichts von alledem ist übriggeblieben, denn über die Ziele und Strukturen des Bildungswesens herrscht in Deutschland Einigkeit wie noch nie.

Woran fehlt es? – An Politik!

Die Erneuerung Preußens zu Beginn des 19. Jahrhunderts

Ernst, sehr ernst blickt Wilhelm von Humboldt uns an auf der Zeichnung von Joseph Schneller, wie von weit her mit durchdringenden Augen, in denen das Helle hervorsticht, tiefe Furchen im Gesicht, den Kragen des Gehrocks hochgezogen, nur eine Andeutung eines Ordens am Rock, vielleicht des Pour le mérite. *Er* hatte wohl Grund zur Resignation: Nur ein Jahr und vier Monate war er Chef des preußischen Unterrichtswesens. Er stürzte im Streit um die Regierungsreform. Nach glanzvollen diplomatischen Jahren in den Befreiungskriegen und beim Wiener Kongreß das Scheitern der Verfassungspläne, die Entlassung aus dem Staatsministerium und dann der Rückzug in ein Leben als Privatgelehrter im Tegeler Schlößchen. Dennoch:

die Humboldtsche Bildungsreform gilt als *die Reform* schlechthin, die Humboldtsche Universität als *die Universität*, und das in aller Welt. Dabei handelte es sich im wesentlichen um Ideen und Pläne, um Denkschriften und Entwürfe, von denen zu Humboldts Zeit im Ministerium so gut wie nichts verwirklicht wurde. Sie wurden erst von seinen Nachfolgern im folgenden Jahrzehnt zum Teil umgesetzt.

Es gehört wohl in den Bereich der Legendenbildung, daß der kraftlose und blasse König Friedrich Wilhelm III. 1806 gesagt hat: »Der Staat muß durch geistige Kräfte ersetzen, was er an physischen verloren hat«[2] und daß er den Genius Wilhelm von Humboldt zum Unterrichtsminister berief, um diese heroische Aufgabe zu bewältigen. Es bleibt auch heute noch unklar, warum Freiherr vom Stein 1809 den in Staatsgeschäften unerfahrenen und unbekannten Gesandten am Heiligen Stuhl für dieses Amt vorsah. Wahr ist allerdings, daß nicht nur Preußen darniederlag, geschrumpft und von Napoleon abhängig, sondern auch das Bildungswesen, heillos zersplittert und heruntergekommen. Humboldts Größe war die Rezeption von Ideen und ihre Umsetzung in Reformpläne sowie eine geschickte und erfolgreiche Personalpolitik sowohl im Ministerium wie in der von ihm gegründeten Berliner Universität. Fichte hatte 1807/08 in seinen »Reden an die Deutsche Nation« die Idee einer Nationalerziehung formuliert, und Humboldt entwickelte auf dieser Grundlage den Plan eines einheitlichen staatlichen Bildungswesens. Er baute auf einer Pestalozzi folgenden, der allgemeinen Bildung dienenden Elementarschule für alle das dem Neuhumanismus verpflichtete äußerst selektive Gymnasium auf. Es eröffnete nach dem Filter der neu eingeführten Abiturprüfung den Weg in eine Universität, die nicht dem Beruf, sondern der Bildung gewidmet war, obwohl sie faktisch Staatsdiener ausbildete. Ausgerechnet Humboldt, der adelige Privatgelehrte, der nie eine Schule besucht hatte, sondern von Hauslehrern unterrichtet worden war, der sich als junger Mann gegen jede Funktion des Staates im Bildungswesen ausgesprochen hatte, konzipierte ein einheitliches staatliches Bildungswesen für Preußen.

Pestalozzis Ideen zu einer »allgemeinen Bildung« harren heute noch ihrer Verwirklichung. Das egalitäre öffentliche, einheitliche Schulsystem ist bis heute Utopie geblieben. Das Realgymnasium hätte den Interessen des frühkapitalistischen Preußen vielleicht besser gedient als das humanistische Gymnasium, konnte sich jedoch erst zum Ende des Jahrhunderts durchsetzen. Das forschende Lehren und Lernen in Einsamkeit und Freiheit? Dieses Ideal bestimmte die Wirklichkeit nie, weder zu Humboldts Zeiten noch heute. Umgesetzt und geblieben sind die Vereinheitlichung und Verstaatlichung des Bildungswesens, heute eher ein Hemmnis der Bildungspolitik, sowie die späte und unheilvolle Nationalerziehung im »Zweiten« und »Dritten« Reich.

Wie kann ich dennoch heute Humboldt als Vorbild empfehlen, einen Mann, der auf der ganzen Linie gescheitert ist und der sich resigniert auf seine Landgüter zurückzog? Nun, die Gefahr, daß heute jemand diesem Vorbild folgt, ist nicht allzu groß. Es gibt heute keinen Humboldt, und es kann auch keinen geben, und die heutige Zeit ist nicht mit der Zeit der preußischen Niederlage vergleichbar. Das wiedervereinigte Deutschland ist trotz aller aus der Vereinigung stammenden Probleme, trotz Strukturmängeln in der Wirtschafts- und Arbeitspolitik, trotz Anhalten der konjunkturellen Flaute und hoher Arbeitslosigkeit ein reiches, konfliktarmes, politikfähiges Land, das sich anschickt, in Europa eine führende Rolle zu spielen. Doch die Lage des Bildungswesens entspricht diesem Bild nicht.

Wenn ich trotzdem empfehle, von Humboldt zu lernen, so bezieht sich dies nicht auf seine Ziele und Inhalte, über die die Zeit hinweggegangen ist, sondern auf seine Art, Reformen einzuleiten und umzusetzen. Humboldt versammelte exzellente Leute in seinem Ministerium, insbesondere Süvern, Nicolovius, Schulze, und er berief in kurzer Zeit Schleiermacher, Savigny, Fichte und andere herausragende Personen an die Berliner Universität. Er griff die Ideen der Zeit auf und verfaßte Denkschriften, Memoranden und Entwürfe, die die führende Schicht des Landes von der Notwendigkeit der Bildungsreform überzeugten. Er bereitete so ein geistiges und politisches Klima, das letztlich die Durchsetzung des politischen Liberalismus in Deutschland ermöglichte.

Und heute?

Die Regierung des Unregierbaren

1. Der *Bildungsföderalismus* ist das älteste Gespenst in der Bildungspolitik: Der Bund kann ja gar nichts machen, denn die Zuständigkeiten liegen bei den Ländern, heißt es allenthalben. Dies ist jedoch nicht wahr, der Bund hat durchaus Gesetzgebungskompetenzen im Bildungswesen, insbesondere im Bereich der Berufsausbildung und des Hochschulwesens. Viel entscheidender ist aber die Tatsache, daß der Bund über den öffentlichen Dienst und die Finanzverfassung beträchtliche Steuerungsmöglichkeiten im Bildungswesen der Länder hat. Es ist zwar wahr, daß die Bund-Länder-Kommission für Bildungsplanung und Forschungsförderung seit dem Scheitern des Bildungsgesamtplans vor über zwanzig Jahren nur noch ein Schattendasein führt, doch der sogenannte kooperative Föderalismus, der Bund und Länder zum Zusammenwirken in der Bildungsplanung verpflichten wollte, ist sowieso tot. Auch der moderne Begriff der Politikverflechtung zwischen Bund und Ländern beschreibt eher den Zustand gegenseitiger Fesselung als den der Entfesselung. Die Länder frönen heute einem gesunden Länderegoismus, insbesondere seit sich die sogenannten A-Länder, die sozialdemokratisch regierten Länder, in der Mehrheit wissen; und aus Bayern kommt der Ruf nach noch mehr Föderalisierung, nach der Befreiung des Landes aus den Klauen der Ländergemeinschaft. Sie sollen sich nur zerfleischen, insbesondere wenn sie sich auf Leistungsvergleiche ihrer Schüler und Absolventen einlassen! Doch das wäre eine zynische Einstellung. Was aber kann der Bund in der Bildungspolitik realistischerweise tun, wenn er seine Politik im Gesetzes- und Verwaltungswege nicht durchsetzen kann? Ziele setzen, Finanzströme kontrollieren, Ergebnisse evaluieren! Doch darf der Bund das ohne allgemeine Gesetzgebungskompetenz tun? Das Denken ist dem Bund nicht untersagt, denn zum Denken braucht man keine Gesetzgebungskompetenz, und in der Finanzpolitik hat der Bund sowieso das Sagen. Also kein Grund für Trägheit, ganz im Gegenteil!

2. Die Bedeutung der *Europäischen Union* für die Bildungspolitik sollte nicht unterschätzt werden, vor allem wegen des Beitrages, den sie zur Unregierbarkeit leistet! Die Europäische Union hat gegenüber den Mitgliedsstaaten noch weniger Kompetenzen in der Bildungspolitik als der Bund gegenüber den Ländern, und die Verträge von Maastricht untersagen jede Harmonisierung der Bildungssysteme der Mitgliedsstaaten durch die Union ausdrücklich. Doch die mittelbaren Auswirkungen ihrer Kompetenzen reichen weiter, als man denkt. Der Grundsatz der Nichtdiskriminierung schafft für alle Bürger der Union gleiche Bedingungen im Bildungswesen. Die Anerkennung der Prüfungen und Berechtigungen bewirkt mittelbar eine gewisse Harmonisierung der Bildungssysteme. Die Arbeitsförderung schafft gleiche Bedingungen in der Berufsausbildung und in der Weiterbildung. Die Niederlassungsfreiheit und die Freizügigkeit der Arbeitnehmer führen mittelbar zu gewissen Anpassungszwängen. Die Finanzierung einer Vielzahl von Förderprogrammen – von Sprachkursen über Austauschprogramme bis zur Forschungsförderung – erzeugt eine Sogwirkung auf die Bildungsinstitutionen in allen Ländern und zwingt die Mitgliedsstaaten in den Wettbewerb, ob sie nun wollen oder nicht. So schleicht sich eine europäische Bildungspolitik doch ein, gewissermaßen durch die Hintertür. Zwar haben die Länder im Zusammenhang mit Maastricht I durch eine Grundgesetzänderung einen Fuß in die Tür setzen können, denn der Bund soll einem Ländervertreter die Vertretung der Bundesrepublik in den Länderbildungsangelegenheiten überlassen, aber er *soll* eben nur, er muß nicht. Die Schwierigkeiten mit der EU werden zunehmen, und auch eine Bildungsministerin wird – ähnlich wie eine Landwirtschaftsministerin – Nachtsitzungen in Brüssel durchstehen müssen.

3. Ich weiß, die *Kommunen* haben kein Geld, noch weniger Geld als alle anderen. Wie kann man dann eine Bildungspolitik für die Kommunen entwerfen? Die Schulen waren der Stolz der deutschen Städte, es gab einmal sogar städtische Universitäten. Heute ergreifen die Städte Initiativen für eine lokale Ausbildungspolitik; die Kindergärten und die Volkshochschu-

len sind sowieso Domänen der Kommunen. Doch die Kommunen wurden in der Schulpolitik mehr und mehr zurückgedrängt, auf die »äußeren Angelegenheiten« beschränkt, die Gebäudeunterhaltung und die Schülerbeförderung. Das war falsch, denn die Öffnung der Schule kann nur eine Öffnung in die Gemeinde hinein sein. Die bildungspolitische Denkschrift des Landes Nordrhein-Westfalen empfahl als erste den Weg einer Rekommunalisierung des Bildungswesens. Es ist zwar richtig, daß – im Unterschied zu den USA – der Bund mit den Kommunen nicht direkt »ins Geschäft« kommen kann, die kommunale Politik also unmittelbar weder regeln noch finanzieren darf; die Konzeption einer lokalen Bildungspolitik aber darf der Bund entwickeln, verbreiten und fördern, und die Länder müssen die Kommunen am Bildungswesen stärker beteiligen.

4. Mit der *Selbstverwaltung* der Universitäten hat der deutsche Staat zu allen Zeiten seine Schwierigkeiten gehabt; die Professoren und Studenten waren häufig aufsässig und widerborstig, manchmal aber auch überangepaßt. Die ganz anders geartete Selbstverwaltung der Wirtschaft in der Berufsausbildung war für die staatliche Ausbildungspolitik auch nicht immer einfach, folgt sie doch eher ökonomischen als politischen Interessen. Die wiederum völlig andere Tradition der freien Träger der Wohlfahrtspflege – z.B. der Kirchen –, auch eine Form von Selbstverwaltung, haben so manche Politiker in der Kinder- und Jugendpolitik vehement bekämpft. Berücksichtigt man außerdem noch, daß die Demokratisierungs- und Mitbestimmungsbewegung im Bildungswesen der sechziger und siebziger Jahre auch noch mit dem Begriff der Selbstverwaltung in Verbindung gebracht wurde, dann kann ich gut verstehen, wenn man zunächst einmal wissen will, was das denn eigentlich ist: Selbständigkeit, Selbstverwaltung, Autonomie und so weiter. Wer kennt sich da noch aus? Im Zusammenhang mit der sogenannten Neuen Steuerung der Verwaltung versteht man unter Selbstverwaltung bzw. Autonomie nämlich etwas völlig anderes als die »Selbstherrlichkeit« der Professoren, die »Gewinninteressen« von Unternehmern, die »Indoktrination« von Pastoren oder gar die Status-quo-Kompromisse paritätischer

Gremien. Die Selbstverwaltung ist ein Mittel der politischen Gestaltung gesellschaftlicher Prozesse geworden, indem der Staat Ziele setzt, Finanzmittel für ihre Verwirklichung bereitstellt und die Ergebnisse beurteilt.

5. Das Schlagwort der *Privatisierung* bzw. der Private-Public-Partnership ist in aller Munde. Das deutsche Bildungswesen ist in der Tat in vielen Bereichen ein staatliches Bildungswesen, d. h., ein Träger öffentlicher Gewalt ist Träger der Einrichtung, die Mitarbeiterinnen und Mitarbeiter sind Beamte und Angestellte des öffentlichen Dienstes und der Staat bestimmt über die Inhalte der Bildung. Bildung wird in Deutschland im allgemeinen und auch grundsätzlich als eine öffentliche Angelegenheit angesehen. Doch das ist nur die halbe Wahrheit: Es gibt nicht nur Privatschulen, die von 5 % der Schülerinnen und Schüler (im Gymnasialbereich 10 %)[3] besucht werden, sondern auch private Hochschulen, insbesondere im Bereich der Fachhochschulen. 64 % der Kindergärten befinden sich in freier Trägerschaft[4], und die Berufsausbildung im dualen System vollzieht sich überwiegend in der Privatwirtschaft, ganz zu schweigen von der Weiterbildung, bei der es ein buntes Gemisch von privaten und öffentlichen Trägern gibt. Es geht also gar nicht darum, das staatliche Bildungswesen zu privatisieren. Vor einer solchen Aufgabe, wenn sie sich denn stellen würde, könnte man in der Tat zurückschrecken. Es geht nicht einmal darum, einzelne Teile aus dem staatlichen System herauszubrechen, z. B. den Sport- oder Musikunterricht aus den staatlichen Schulen, um ihn auf Sportverbände bzw. Musikschulen zu übertragen. Man wird vielmehr überlegen müssen, ob und wie man den bestehenden »Education-Mix« aus privaten und öffentlichen Trägern restrukturieren kann, durch eine stärkere Beteiligung privater Träger hier und durch eine stärkere öffentliche Betätigung dort, insbesondere durch Kooperation im Sinne des vielzitierten PPP (Private-Public-Partnership). Die derzeitigen Formen sind recht undurchsichtig; die Herstellung von Transparenz wäre schon ein Verdienst.

6. Ein Bildungsminister muß sich innerlich von der Mitgliedschaft in einer *Gewerkschaft* oder einem *Verband* freimachen, um der Neutralität des Amtes willen, aber so ganz frei davon kann niemand werden, denn die politischen und persönlichen Loyalitäten wirken fort. Ist der Minister nicht Gewerkschafts- oder Verbandsmitglied, so ist das auch nicht so ganz einfach, denn es fehlt ihm der »Stallgeruch«, die »Heimat«, die Selbstverständlichkeit des »Herkunftsmilieus«. »Liebe Kolleginnen und Kollegen«, sagte eine Kultusministerin nach dem Regierungswechsel bei einer internen Abschiedsrede, »ich gehe, aber das Haus bleibt fest in unserer Hand«, womit sie ihre Gewerkschaft meinte. Doch auf der Bundesebene ist der Einfluß der Verbände und Gewerkschaften nicht so stark wie auf der Landesebene. Alle wollen zwar beteiligt werden, und Fehler und Ungeschicklichkeiten im Umgang mit Verbänden und Gewerkschaften rächen sich, aber von einer »Herrschaft der Verbände«, vor der Eschenburg in den fünfziger Jahren warnte, kann heute in der Bildungspolitik nicht die Rede sein, jedenfalls nicht auf Bundesebene. Bei den Anhörungen zu den wichtigen Vorhaben der Regierung kann man schon mal verzweifeln, weil die bekannten Vertreter der bekannten Verbände und Gewerkschaften ihre bekannten Standpunkte vortragen. Eine Ministerin muß alle Anregungen aufnehmen und ernsthaft prüfen – und dann in eigener Verantwortung entscheiden, wie es sich im pluralistischen System gehört, aber eine Gefangene der Gewerkschafts- und Verbandspolitik ist eine Ministerin nicht.

7. *Public Relations* sind heute das A und O jeder Politik. Wenn eine neue Bildungspolitik auf Ideen, Fakten und eine neue Form von Öffentlichkeit aufgebaut sein soll, so muß diese neue Öffentlichkeit erst geschaffen werden. Es geht ja nicht nur darum, einmal im Monat in die Tagesschau zu kommen und ab und zu in den wichtigsten Talk-Shows aufzutreten – das schafft man mühelos mit einem guten Öffentlichkeitsreferenten –, sondern es geht darum, daß die Ideen für eine solche Politik die meinungsbildenden Milieus der Bundesrepublik erreichen. Die öffentliche Meinung ist jedoch nicht nur die veröffentlichte Meinung, sondern die Meinungs- und Willensbil-

dung in Wissenschaft, Praxis, Politik, Verwaltung, Wirtschaft, Verbänden usw. Eine neue Bildungspolitik hat nur dann eine Chance, wenn es gelingt, ein neues Klima für Bildungspolitik zu schaffen. Reden, Manifeste, Programme gibt es viele, aber trotz der wohlfeilen Bekenntnisse zur Priorität der Bildungspolitik (»Megathema«) geschieht einstweilen nichts, weil das Thema »Bildung« in der Öffentlichkeit unter dem Thema »mehr Geld« abgehandelt wird. Eine solche Herangehensweise führt in die Sackgasse! Erst braucht's die Ideen, dann die Meinungsbildung; danach fließt das Geld von allein. Man muß die Menschen nicht nur davon überzeugen, *daß* etwas geschehen muß, sondern auch davon, *was* zu geschehen hat.

8. Im Bildungswesen herrscht panische Angst vor den *Juristen*, und zwar angefangen beim Lehrer, der vor einem Schulausflug sagt, er stünde »mit einem Bein im Gefängnis«, über den Professor, der meint, die gerichtliche Überprüfung seiner Examensnote zu riskieren, bis hin zu Landesregierungen und zur Bundesregierung, die sich vor dem Bundesverfassungsgericht fürchten. Politiker neigen dazu, jedes Prozeßrisiko zu vermeiden, und fragen sich stets ängstlich, was wohl das Bundesverfassungsgericht zu ihren Entscheidungen sagen würde.

So läßt sich jedoch keine Politik machen! Es ist zwar zutreffend, daß die wesentlichen bildungspolitischen Entscheidungen vom Parlament durch Gesetz getroffen werden und daß die Gerichte sowohl die Verfassungsmäßigkeit aller Gesetze als auch die Rechtmäßigkeit aller auf sie gestützten Entscheidungen überprüfen – wenn es denn Kläger gibt. Es ist entgegen häufig geäußerten Behauptungen jedoch unzutreffend, daß die Politik, ja gar die Bildungspolitik, in Karlsruhe gemacht würde. Das Bundesverfassungsgericht hat sämtliche bildungspolitischen Grundentscheidungen, die ihm in der Geschichte der Bundesrepublik vorgelegt wurden, im Prinzip für verfassungsgemäß erklärt, die Zulassungsbeschränkung an den Hochschulen, die organisatorische Integration im Schulwesen, die paritätische Hochschulverfassung, die religiöse Differenzierung oder Integration, die Umlage zur Finanzierung der Berufsausbildung und jüngst die Rechtschreibreform. Das Gericht hat allerdings wichtige Voraussetzungen benannt und gewisse Korrekturen angebracht. Na und? »Das Grundgesetz gibt keinen Maßstab zur Beurteilung von Bildungssystemen«, dieser Satz des Bundesverfassungsgerichts steht. Man braucht sich also nicht zu fürchten vor den Juristen, und man darf das angeblich hohe Prozeßrisiko nicht als Ausrede für Nichtstun benutzen.

9. Das »*politische* Geschäft« ist der eigentliche »Beruf des Politikers«. Die Instanzen und Verfahren, von denen in diesem Abschnitt die Rede war, bilden das verwirrende und unbeherrschbare Geflecht, in dem Bildungspolitik gemacht wird. Im Mittelpunkt jeder erfolgreichen Politik steht jedoch die Aufgabe, Mehrheiten zu finden oder zu bilden, letztlich parlamentarische Mehrheiten. Die Vorstellung, daß es Parteiprogramme und Koalitionsvereinbarungen gibt und daß ein Minister diese nur parlamentarisch durchsetzen müsse, entspricht der politischen Praxis nicht. Selbst für Parteitagsbeschlüsse und Koalitionsentscheidungen müssen häufig die parlamentarischen Mehrheiten erst gefunden werden. Es ist ein mühevoller, dornenreicher und gefährlicher Weg, den jeder Politiker letztlich aufgrund seiner politischen Verantwortlichkeit allein gehen muß. Doch es gibt hierfür Hilfe: eine gute Ministerialverwaltung, die wissenschaftliche Politikberatung oder eine Mischung von beidem. In der Geschichte der bundesrepublikanischen Bildungspolitik sind alle drei Wege beschritten worden: Die bayerische Bildungspolitik wird stets für den ersten Weg als Beispiel genannt. In der Tat wird die bayerische Ministerialverwaltung sehr gelobt. Im stillen arbeiten wissenschaftliche Institute für die Verwaltung. Eine öffentliche wissenschaftliche Beratung findet nicht statt. Der Deutsche Bildungsrat, der von 1965 bis 1975 bestand, wird auch heute wieder als Beispiel für den zweiten Weg, die wissenschaftliche Politikberatung, genannt und empfohlen. Zahlreiche Sachverständige haben damals in zahllosen Ausschüssen und Unterausschüssen zusammengewirkt und eine Vielzahl von Empfehlungen und Gutachten produziert. Die öffentliche Debatte wurde jahrelang durch die Äußerungen des Bildungsrates beherrscht, aber genutzt hat das

letztlich wenig. Der Bildungsrat wurde vor über zwanzig Jahren aufgelöst und fand keinen Nachfolger. Für eine erfolgreiche Bildungspolitik könnte dagegen der Wissenschaftsrat stehen. Seine Empfehlungen beruhen auf der wissenschaftlichen Kompetenz der in diesem Gremium vertretenen Wissenschaftler und auf der Verwaltungskompetenz der ebenfalls repräsentierten Wissenschaftsverwaltungen des Bundes und der Länder, die die Umsetzung der Empfehlungen gewährleisten. Doch die Verwaltung verzagt häufig nur allzuleicht vor den differenzierenden und problematisierenden Aussagen der Wissenschaft und fühlt sich häufig nicht klüger als zuvor. Regierungen sollten sich deshalb durch die vielen guten Ratschläge und die starken Forderungen nicht verwirren und ablenken lassen, sondern mit einer guten Mannschaft ihr Programm ausformulieren, »verkaufen« und durchsetzen.

10. In der öffentlichen Verwaltung setzt sich zur Zeit das *betriebswirtschaftliche Modell* durch, von McKinsey und anderen Unternehmensberatungsfirmen tatkräftig und teuer unterstützt. Es löst das traditionelle bürokratische Modell ab, nachdem dieses eine Zeitlang für bestimmte Reformvorhaben durch das Forschungs- und Entwicklungsmodell ergänzt worden war. Klare Zielsetzungen, zielgerechte Finanzierungen, deutliche Verfahrensregelungen, weitgehende Autonomie der operativen Ebene, Controlling und Evaluation – wer wollte das nicht? Bei aller Nützlichkeit, ja Notwendigkeit rationaler Organisations- und Verfahrensformen fragt es sich jedoch, ob der Siegeszug dieses Handlungsmodells nicht auf der Existenz eines Meßkriteriums beruht, das für unternehmerisches Handeln maßgebend sein mag, für politisches, soziales, kulturelles, pädagogisches aber letztlich nicht – dem Gewinn! Was wäre denn der Output des Bildungswesens? Die landesweiten durchschnittlichen Testergebnisse oder die Zahl der Nobelpreise? Die Höhe der Wahlbeteiligung oder das Sinken der Kriminalitätsraten? Der »Jahresausstoß« von Gedichten und Romanen oder die Ergebnisse der Bundesjugendspiele? – Oder alles zusammen? Der Charme des betriebswirtschaftlichen Modells beruht neben der Rationalisierung der Organisation

und der Verfahren auf der Meßbarkeit der Ergebnisse. Meßbarkeit setzt jedoch einen Konsens über Ergebnisse und Beurteilungskriterien voraus, der im Bildungswesen nicht existiert. Die Versuche, auch im Bildungswesen Produktbeschreibungen zu erstellen, sind deshalb bisher nicht sehr überzeugend ausgefallen. Betriebswirtschaftlichen Modellen wird darüber hinaus vorgeworfen, daß sie politische Entscheidungen durch Sachzwänge ersetzen. Der Staat der Gegenwart könne gar nichts mehr entscheiden, weil er das »Gesetz des Handelns« an betriebswirtschaftliche »Macher« abgetreten habe, die nicht die Inhalte, sondern nur Input und Output anschauen und denen die Art der Ziele und die Art des gesellschaftlichen Lebens letztlich egal sind. Wenn dies so wäre, gäbe es allerdings Grund zur Resignation. Doch insoweit besteht m. E. noch kein Anlaß zu übertriebener Sorge. Man sollte »die Kirche im Dorf lassen«. Die betriebswirtschaftliche Orientierung politisch-administrativen Handelns ist eine sinnvolle und notwendige Organisations- und Kontrollform der Politik, ersetzt diese jedoch nicht. Es ist jedenfalls zu empfehlen, die Gutachten von McKinsey und anderen zur Optimierung der Politik, nicht aber anstelle von Politik einzusetzen.

Der Bund muß die Meinungsführerschaft in der Bildungspolitik wiedergewinnen. Bildungspolitik ist Kultur- und Wissenschaftspolitik, Arbeits- und Sozialpolitik, Wirtschafts- und Finanzpolitik, Außen- und Innenpolitik. Wissen und Können, Fühlen und Handeln der jeweils nächsten Generationen lassen sich nicht durch Bundes- oder Landesgesetze regeln, durch Behörden verwalten oder durch Gerichte entscheiden. Die Bildung der nachwachsenden Generationen ist von der Natur der Sache her eine gesamtgesellschaftliche Aufgabe, die sich nicht in Kompetenzen zerlegen läßt, sondern das Zusammenwirken aller erfordert.

Lähmende Konflikte einst – resignative Konsense jetzt

Die Bildungspolitik der Nachkriegszeit zeichnete sich durch große Kontroversen aus. Die bildungspolitische Diskussion wurde mit Heftigkeit geführt; Unterstellungen und Verdächtigungen, Polemiken und Beleidigungen gehörten dazu. Es handelte sich um »Glaubenskriege«. Worum ging es damals?

- Öffentliche Kindergärten oder Erziehung in der Familie?
  »Der Staat will den Eltern die Kinder wegnehmen.«
- Gemeinschaftsschule oder Konfessionsschule?
  »Die Schule gehört der Kirche ganz allein.«
- Gesamtschule oder Dreigliedrigkeit?
  »Die Gesamtschule ist die sozialistische Konfessionsschule der Gegenwart.«
- Duales System der Berufsausbildung oder schulische Berufsausbildung?
  »Die betriebliche Berufsausbildung dient der Ausbeutung der Lehrlinge durch das Kapital.«
- Gesamthochschule oder Fachhochschule?
  »Fachidioten mit Diplom.«
- Elitebildung oder Bildungsexpansion?
  »Erhaltung der Klassengesellschaft durch die Klassenschule.«
- Pluralismus oder Konflikt?
  »Klassenkampf statt Leistungsgesellschaft.«

Polemik gab's auf allen Seiten; dies sind nur kleine Kostproben aus dem übervollen Köcher der Giftpfeile der damaligen Zeit. Aber man kann sich die Heftigkeit der Kämpfe um die Bildung, die bis in die späten siebziger Jahre andauerten, heute überhaupt nicht mehr vorstellen.

Auch heute gibt es Meinungsverschiedenheiten über die Bildungspolitik. In den großen Fragen sind die politischen Lager jedoch weitgehend einig, und die Austragung von Gegensätzen hat eine sachlichere Form angenommen. Um welche Gegensätze geht es heute in der bildungspolitischen Diskussion? Welche Konsense zeichnen sich ab?

1. Betreuung oder Bildung

Das erklärte Ziel des Kindergartens war in den vergangenen zwanzig Jahren die Kinderbetreuung, durchaus Lernen und Leben in der Gruppe mit Spiel und Spaß, aber im Vordergrund stand das sozialpolitische Ziel, durch die institutionelle Kinderbetreuung den Familien, vor allem den Frauen, eine Alternative zur familialen Kinderbetreuung anzubieten, u. a. auch, um den Frauen die Vereinbarkeit von Familien- und Erwerbsarbeit zu ermöglichen. Durch das Recht auf einen Kindergartenplatz sollte der Mutter die Entscheidung für das Kind erleichtert werden. Die bildungspolitische Zielsetzung »Frühes Lernen«, die in den sechziger und siebziger Jahren die Entwicklung eines Elementarbereiches als Eingangsstufe des Bildungswesens begründet hatte, geriet in Vergessenheit. Betreuungsangebote auch in der Grundschule: die »verläßliche Grundschule«, die »ganze Halbtagsschule« lauten die Schlagworte, oder auch »nachmittags im Hort«; »sozialpädagogische Angebote« auch in der Sekundarstufe I. Die Ganztagsschule als bildungspolitisches Ziel, aber nicht als Schule, sondern als Betreuungsprogramm. Hat das gesamte Bildungswesen kustodiale Funktionen, wie es so schön heißt? Kustos, der »Wachmann«! Den Kindern aus zerrütteten Familien ein Zuhause geben, die Kinder vor sexuellem Mißbrauch schützen, die Jugendlichen von der Straße holen, den arbeitslosen Jugendlichen eine Perspektive bieten usw. So sinnvoll und wichtig die kustodiale Funktion des Bildungswesens ist, so inhaltslos ist sie zunächst einmal. Schützen und bewahren vor etwas anderem! Bewahren und betreuen – aber wie denn? Kinderbetreuung als sozialpolitisches Ziel besitzt nicht notwendigerweise eine bildungspolitische Zielsetzung, aber doch möglicherweise. Die Diskussion über den Kindergarten nimmt zur Zeit eine neue Wendung, die Frage nach der Bildung im Kindergarten kehrt wieder. Bildung und Betreuung sind jedoch keine Gegensätze. Der Bildungsbegriff muß vielmehr neu konzipiert werden, so daß Bildung Betreuung wie selbstverständlich umfaßt, und zwar nicht nur im Kindergarten, sondern im gesamten Bildungswesen.

2. *Unterricht oder Leben*

Etwa 13 000 Stunden verbringt ein Schüler von der ersten bis zur dreizehnten Klasse eines Gymnasiums im Unterricht, Schüler anderer Schulen etwas weniger, Studenten der Hochschulen bedeutend mehr. Was ist aber »Unterricht«? In der Kontroverse »Wozu die Schule da ist«[5], in der Hermann Giesecke die These vertritt, daß die Schule zum Unterricht da ist und zu sonst nichts, sagt er nicht, was Unterricht eigentlich ist: »Schule ist eben Schule«, sagt er, »Unterricht ist eben Unterricht.« Wir wissen ja alle, was »Unterricht« ist: Eine Gruppe von Menschen befindet sich eine Zeitlang in einem Raum und lernt, was ein Mensch oder mehrere Menschen lehren. Bei allen Abweichungen: Unterrichten ist der zeitlich und räumlich organisierte Lehr-Lern-Prozeß. Hartmut von Hentig sagt dagegen, daß die Schule ein Lebensraum ist, in dem junge Menschen zusammen mit älteren Menschen freiheitlich und gemeinschaftlich Erfahrungen machen, die den ganzen Menschen ergreifen und Kinder in die Welt hineinwachsen lassen. Doch die Hentigsche »Schule als Lebens- und Erfahrungsraum« ist eine *Schule*, wie er ausdrücklich betont. Der Definition des Unterrichts als zeitlich und räumlich organisierter Lehr-Lern-Prozeß würde er vermutlich zustimmen. Wo ist dann die Kontroverse? Beschränkt sich die Aufgabe des Bildungswesens im säkularen Prozeß der funktionalen, arbeitsteiligen, rationalisierten Ausdifferenzierung des Gesellschaftssystems auf ganz bestimmte Aufgaben der Qualifizierung, oder ist Bildung die »Menschwerdung des Menschen«, eine ganzheitliche Entwicklung, für die das Bildungswesen allenfalls einen Anlaß bietet? »Was bildet den Menschen?« fragt Hartmut von Hentig 1996 und antwortet: »Alles!« Wenn es richtig ist, daß alles bildet, dann doch sicherlich auch das Bildungswesen. Die Aufgabe ist also eigentlich ganz einfach, nämlich dem *Bildungswesen* seine eigentliche Aufgabe, die der Bildung, wiederzugeben.

3. Kanon oder Menü

In allen Bildungsgängen herrscht die Vorstellung, daß Bildung durch bestimmte »Fächer« bewirkt wird und in diesen »Fächern« durch bestimmte Inhalte. Das nennt man Kanonisierung. Das gilt für die Schule, und das gilt auch für die Berufsausbildung und die Hochschulen. Dabei gibt es Hauptfächer und Nebenfächer, Pflichtfächer und Wahlfächer, unverzichtbare Inhalte und mögliche Inhalte. Die Lehrpläne der Schulen, die Ausbildungsordnungen der Berufsausbildung und die Studienpläne der Hochschulen regeln die Kanons mehr oder weniger genau. So ist z. B. Englisch als Fremdsprache in der Schule ein Hauptfach und Shakespeare ein unverzichtbarer Inhalt, oder im Jurastudium ist das Schuldrecht ein Pflichtfach und der Kaufvertrag ein unverzichtbarer Inhalt. Es gibt aber nicht nur andere mögliche Inhalte der Fächer, sondern es gibt auch andere mögliche Fächer, z. B. in der Schule die Psychologie oder die Ökonomie. Man fragt sich, warum ihr Wissen und Können nicht zum Kanon gehören. So entwickelte sich die Idee, den Kanon durch das Menü zu ersetzen, durch ein reichhaltiges Angebot an Speisen, die zwar unterschiedlich schmekken, aber letztlich alle zur Ernährung beitragen. Der Gast stellt sich seine Speisenfolge selbst zusammen und zahlt den Preis. Ein »Radikal-Menü« verzichtet gänzlich auf »Pflichtspeisen«; viele Lehrpläne mischen Obligatorium und Fakultativum. Nachdem sich das Menü in der Bundesrepublik lange Zeit großer Beliebtheit erfreute, befindet es sich zur Zeit auf dem »Rückzug«, und der Kanon gewinnt wieder die Oberhand. Diesem Hin und Her in der Geschichte des Lehrplans könnte man genüßlich zuschauen, wenn nicht Kanon und Menü grundsätzlich durch neue technologische Formen der Wissensvermittlung und des Fähigkeitserwerbs in Frage gestellt würden, die diesen Widerspruch vielleicht aufheben. Diese Frage stellt große Herausforderungen an die Bildungspolitik.

4. Wissen oder Werte

In den pluralistischen Gesellschaften des Westens hat sich das offene Gesellschaftsmodell durchgesetzt, d. h., in der Gesellschaft gibt es zwar gemeinsame Grundwerte, z.B. den Wert des menschlichen Lebens oder den Wert der unabhängigen richterlichen Streitentscheidung. Im übrigen aber vertreten die Bürgerinnen und Bürger unterschiedliche Werte in gesellschaftlichen, politischen, religiösen und alltäglichen Fragen, und auch die Grundwerte werden hier und da teilweise in Frage gestellt. Aus dieser Tatsache lassen sich zwei ganz unterschiedliche Folgerungen ziehen, nämlich erstens: Der Staat folgt im Prinzip der Nichtidentifikation und verhält sich gegenüber den verschiedenen Wertgemeinschaften neutral im Sinne der Abstinenz; oder zweitens: Der Staat berücksichtigt alle Wertgemeinschaften im Sinne der Toleranz und der Vermittlung. Für das öffentliche Bildungswesen lassen sich hieraus ebenfalls zwei Folgerungen ziehen. Entweder die Bildungsinstitutionen beschränken sich auf die Wissensvermittlung einschließlich des Wissens über Werte, oder im Bildungswesen werden die Werte aller Wertgemeinschaften vermittelt, sei es gemeinschaftlich oder getrennt. Bisher galten im Bildungswesen unterschiedliche Grundsätze für unterschiedliche Institutionen: In den Kindergärten und Schulen gilt, daß die öffentlichen Einrichtungen die gemeinsamen Werte vermitteln, während die Vermittlung besonderer Werte den freien Trägern und den Privatschulen überlassen wird; in der beruflichen und wissenschaftlichen Ausbildung gilt der Grundsatz der wertfreien Wissensvermittlung. Im Grunde hat die Bundesrepublik mit diesem System recht gut gelebt und den sozialen Frieden gewährleistet. Nun aber gibt es zwei neue Bewegungen, die allerdings so neu auch wieder nicht sind. Die eine, die in den USA den Namen »Choice« trägt, vertritt die Wahlfreiheit der Eltern zwischen unterschiedlichen Bildungsangeboten mit unterschiedlichen Wertorientierungen. Sie wird in Deutschland häufig mit Hinweis auf das niederländische Bildungswesen gefordert. Die andere fordert eine Werteerziehung. Sie geht davon aus, daß eine zunehmende Durchsetzung sogenannter postmaterialistischer

Werte den Zusammenhalt der Gesellschaft gefährdet, dem nur mit einer Erneuerung der Werteerziehung begegnet werden kann (»Mut zur Erziehung«).

5. Leistung oder Ganzheitlichkeit

»Alle Jahre wieder« wird in internationalen ländervergleichenden Untersuchungen festgestellt, daß die Bundesrepublik bei den durchschnittlichen Schulleistungen nicht so gut abschneidet, so z. B. jüngst bei der neuesten TIMSS-Studie. Mögen solche Untersuchungen nun sinnvoll, aussagekräftig und bedeutsam sein oder nicht, sie treffen den Nerv des deutschen Selbstbewußtseins, für das »Leistung« eine ganz große Rolle spielt. Dieses Selbstbewußtsein ist zur Zeit sowieso arg beschädigt, denn die Leistungsfähigkeit des deutschen Volkes steht an vielen Stellen in Frage, trotz glänzender Erfolge z.B. bei den Olympiaden. Aber was ist Leistung? Was beurteilen wir, wenn wir Leistung beurteilen? Einerseits gibt es objektive Leistungen, die nach absoluten Maßstäben beurteilt werden, z.B. ob jemand eine bestimmte mathematische Aufgabe lösen kann oder nicht. Solche Leistungen können nur differentiell beurteilt werden, denn sie sind abhängig von den Aufgaben und Maßstäben. Andererseits gibt es subjektive Leistungen, bei denen der Mensch beurteilt wird, seine Herkunft und seine Voraussetzungen, seine Stärken und Schwächen, seine Willenskraft und Phantasie. So kann z.B. die Leistung eines Menschen, der eine bestimmte mathematische Aufgabe nicht gelöst hat, auch sehr groß sein, weil er viel schlechtere Voraussetzungen hatte, weil er sich sehr angestrengt hat, weil er interessante Irrwege verfolgt hat. Solche Leistungen können nur ganzheitlich beurteilt werden, denn es kommt auf den einzelnen Menschen mit all seinen Fähigkeiten und Eigenschaften an. Dem zweifachen Blick auf die Leistungen entspricht zweierlei Gerechtigkeit; das macht es uns so schwierig, das Leistungsprinzip als solches zu vertreten.

6. Institutionalisierung oder Individualisierung

Die Bildungsinstitutionen sind als »totale Institutionen«[6] bezeichnet und mit Gefängnissen, Krankenhäusern und Kasernen verglichen worden; das ist sicherlich eine Überzeichnung und läßt sich nicht einmal für die Internate behaupten. Aber Bildungsinstitutionen, die alle Lernbereiche beherrschen und den ganzen Tagesablauf bestimmen, besitzen bestimmte formale Organisationsstrukturen und regelhafte Verfahrensabläufe, die zu ihren Funktionsbedingungen gehören, z.B. die Unterscheidung von innen und außen, die Bestimmung über Zeit und Raum, die Heterogenität und Homogenität der Gruppe der Lehrenden und der Lernenden, eine bestimmte Ablauf- und Aufbauorganisation, Verhaltensregeln einschließlich Gratifikationen und Sanktionen. Bildung ist jedoch die Bildung eines Individuums, zwar durchaus auch in seinen Beziehungsstrukturen und Handlungszusammenhängen, aber letztlich schauen wir auf den einzelnen Menschen, wenn wir von seiner Bildung sprechen. Rousseau hatte in seinem »Émile« in der Tat in erster Linie den einzelnen »Zögling« im Auge, als er »Über die Erziehung« schrieb; wir aber erziehen Menschen, die in Institutionen leben werden, in Familien und Betrieben, Nachbarschaften und Vereinen, Gemeinde und Staat. Individualisierung ist dann kein Widerspruch zu Institutionalisierung der Bildung, wenn die Institutionen die Individualisierung gestatten und wenn die Individualisierung unter institutionellen Bedingungen erfolgt. Hieraus ergeben sich Anforderungen an die Gestaltung der Institutionen und an die Bildungsprozesse.

7. Abschlüsse oder Berechtigungen

Die Bildungsgänge besitzen je eigene Abschlüsse, die erreicht werden, wenn die Lernenden die Anforderungen der Bildungsgänge erfüllt haben. Mit Bildungsabschlüssen sind oftmals Berechtigungen zum Übergang in weiterführende Bildungsgänge oder in den Beruf verbunden. Auch wenn es sich nicht um formale Berechtigungen handelt, so spielen die Abschlüsse bei Auswahlverfahren doch eine wesentliche Rolle.

Diejenigen, die über die Auswahl entscheiden, sind aber in der Regel an der Vergabe der Berechtigung gar nicht beteiligt. Um dies am Beispiel des Abiturs bzw. der Reifeprüfung zu erläutern: Durch das Abitur wird der erfolgreiche Abschluß des gymnasialen Bildungsganges durch die Lehrenden des Gymnasiums festgestellt; durch die Reifeprüfung wird aber gleichzeitig die Zugangsberechtigung zur Hochschule bescheinigt, obwohl die Hochschullehrer die Hochschulreife gar nicht festgestellt haben. Für andere Bildungsgänge gilt im Prinzip das gleiche. Da dieses Zusammenfallen von Abschlüssen und Berechtigungen nicht unproblematisch ist, wollen manche die Koppelung aufheben und Abschluß und Zugang systematisch trennen, z.B. durch Eingangsprüfungen oder Auswahlrechte der Hochschulen.

8. Beruf oder Qualifizierung

»Ein jeder bleibe in dem Beruf, in den er berufen!« – Luthers Erfindung des Berufsbegriffes hat keinen Bestand. Nicht nur, daß die Berufung auf Gott entfallen ist, weil auch gläubige Menschen sich nicht mehr auf sie berufen; nicht nur, daß der »subjektive Beruf«, die sinnstiftende, statuszuweisende Funktion des Berufes höchst brüchig geworden ist, nein, das »Bleiben« im Beruf, der Lebensberuf wird zunehmend fragwürdig. Wenn aber Berufswechsel, Aufstieg und Abstieg, Arbeitslosigkeit, Fortbildung und Umschulung Normalität werden, dann kann auch die *Berufs*ausbildung keinen Bestand haben, denn sie geht davon aus, daß der erlernte Beruf ein Lebensberuf sein kann und sein wird. Die Berufsausbildung im dualen System, in den Berufsschulen, in den Fachschulen und in den Hochschulen ist für die Instabilität der Inhalte der Beschäftigungsverhältnisse nicht eingerichtet. Deshalb empfehlen einige das Aufgeben des Berufsbegriffes und die Ersetzung der Berufsausbildung durch eine horizontale und vertikale Differenzierung eines Qualifikationserwerbs (Modularisierung), d.h., die Menschen erwerben Qualifikationen an unterschiedlichen Lernorten (horizontale Differenzierung) und zu unterschiedlichen Zeiten ihres Lebenslaufes (vertikale Differenzierung).

Streit herrscht darüber, ob dies zusammengenommen dann noch einen »Beruf« ergibt oder nicht.

9. Fachhochschule oder Universität

Die Legende will – wie wir gesehen haben –, daß Humboldt die Berufsausbildung an Fachhochschulen durch die wissenschaftliche Bildung an Universitäten abgelöst hat, während an den Universitäten in Wirklichkeit die Beamten der preußischen Verwaltung ausgebildet wurden. Mit dieser »Lebenslüge« leben große Bereiche der deutschen Universität seither, denn natürlich bilden die Universitäten auch Lehrer und Rechtsanwälte aus, ohne es zu wissen oder jedenfalls laut zu sagen. In den Fachhochschulen ist ihnen deshalb eine kräftige Konkurrenz erwachsen, und manche fragen, ob die Lehrer und Rechtsanwälte an den Fachhochschulen nicht besser ausgebildet würden. Da die Universitäten in ihrer derzeitigen Gestalt nicht bestehenbleiben können, weil sie zu groß und zu teuer sind, weil das Studium zu undifferenziert und weil die Forschung nicht wettbewerbsfähig ist, stellt sich die alte Frage – Universität oder Fachhochschule? – neu, wenngleich natürlich sehr viel differenzierter. Soll es eine kurze berufsbefähigende praxisorientierte spezialisierte Fachausbildung auf wissenschaftlicher Grundlage und daneben eine längere berufsunabhängige, forschungsorientierte wissenschaftliche Ausbildung geben, wobei auch Kombinationen von Teilqualifikationen und wechselseitige Aufbaustudiengänge denkbar sind? Kein Land der Welt leistet sich eine so lange einheitliche universitäre Ausbildung wie Deutschland, alle Länder differenzieren nach unterschiedlichen Gesichtspunkten, insbesondere nach Studiendauer und Forschungsschwerpunkten. Die Entscheidung hierüber darf nicht den Ländern allein überlassen werden.

10. Professional oder Coach

Fast alle Lehrberufe haben den Stand der Professionalisierung erreicht, d. h., Lehren als Beruf setzt heute gründliche Fachkenntnisse und pädagogische Kompetenz voraus. Bei den Professoren überwiegt das Fachwissen, während die pädagogische Kompetenz einstweilen noch vernachlässigt wird. In der Berufsausbildung muß die pädagogische Kompetenz zwar nachgewiesen werden, doch gegenüber dem Fachwissen ist sie auch hier sekundär. Bei den Lehrern neigt sich die Waage bei den Gymnasiallehrern nach wie vor zugunsten des Fachwissens und bei den Grundschullehrern zugunsten der pädagogischen Kompetenz. Bei den Kindergärtnerinnen steht die pädagogische Kompetenz gänzlich im Vordergrund. Nun ist zwar diese Gegenüberstellung von Fachwissen und Pädagogik nicht ganz zutreffend, weil auch die pädagogische Kompetenz auf Fachwissen beruht und weil das Wissen der Fächer didaktisch aufbereitet wird, aber es gibt unterschiedliche Schwerpunkte in der Professionalisierung der Lehrberufe. In der bildungspolitischen Professionalisierungsdebatte ist mit dem Eingang von Kommunikationstechnologien in den Unterricht eine neue Figur entworfen worden, eine Person, die sich darauf beschränkt, autonome Lernprozesse zu begleiten, die im wesentlichen informationstechnologisch gesteuert werden: der Coach, der Betreuer. Einstweilen bleibt die Vorstellung, daß Coaches Lehrer ersetzen, allerdings rein spekulativ. Die unvermeidliche Technologisierung des Unterrichts macht einerseits Lehrkapazitäten entbehrlich, andererseits verlangt sie aber neue und andere personelle Kapazitäten. Angesichts der Höhe und Inflexibilität der Personalkosten ist dies auch eine große Chance!

Viele rufen nun nach einem neuen Deutschen Bildungsrat, der alle Fragen beraten und lösen soll; auch nach einer Bildungsforschung, die neue Antworten auf alte Fragen geben soll. Forschung und Konsensbildung sind immer nützlich und nötig, entscheidend sind sie jedoch in der derzeitigen Lage nicht. Entscheidend ist vielmehr, daß eine politische Willensbildung politisches Handeln bewirkt, daß die bildungspolitische Verantwortung von denen, die sie tragen, d. h. von Parlamenten und Regierungen, wahrgenommen wird.

---

2 Heuchelei oder Die Glaubwürdigkeitslücke der Politik

Die Demokratie wird als Staatsform von der weit überwiegenden Mehrzahl der jungen Menschen zwischen sechzehn und neunundzwanzig Jahren in West- und Ostdeutschland bejaht. Die Demokratie wird in der Praxis der politischen Parteien, der Parlamente und Regierungen dagegen im Westen von der Hälfte der jungen Menschen abgelehnt, im Osten von zwei Dritteln. Es klafft also eine Lücke zwischen der Zustimmung zur Idee der Demokratie einerseits und der Praxis der Demokratie in der Bundesrepublik andererseits. Politiker schelten die Jugend und sprechen von Politikverdrossenheit, Jugendliche kritisieren die Jugendverdrossenheit der Politik.

Was erwarten junge Menschen von der Demokratie? Sie erwarten,

- daß die Regierungen die gesellschaftlichen Probleme erkennen, bearbeiten und zu lösen versuchen,
- daß die Bürgerinnen und Bürger hieran ernsthaft beteiligt werden,
- daß alle Menschen in Frieden und Sicherheit leben und ihr Auskommen finden können und
- daß jeder Mensch eine Chance zur selbständigen Gestaltung seines eigenen Lebens erhält.

Das ist wenig und viel zugleich!

Der Hinweis darauf, daß diese Grundsätze in der deutschen Geschichte noch nie so weitgehend verwirklicht waren wie in der Bundesrepublik, beeindruckt die jungen Menschen heute wenig.

Sie fordern die Erfüllung der Verheißungen der Demokratie hier und jetzt, und deshalb kritisieren sie,

- daß z. B. die Probleme der Umwelt und der Arbeitslosigkeit nicht wirklich angegangen werden,
- daß die Politik nicht auf Argumente, sondern nur auf Wahlprognosen, Einschaltquoten beim Fernsehen und den »Druck der Straße« reagiert
- und daß nicht jeder Mensch die Chance erhält, durch eigene Arbeit sein Auskommen zu finden.

Angesichts der Nichterfüllung der an die Demokratie gerichteten Erwartungen erweisen sich die Verführungen der identitätsstiftenden Ideologien als wirkungsvoll:

1. Die vollständige Säkularisierung des öffentlichen Lebens läßt die Behauptung, dies sei ein christliches Land, unglaubwürdig erscheinen. Sie treibt einen Teil der Jugendlichen in die Arme von Sekten.

2. Da die pluralistische Demokratie alle Glaubensrichtungen grundsätzlich gleich behandelt und folgerichtig jeden exklusiven Wahrheitsanspruch relativiert, gewinnen fundamentalistische religiöse Einstellungen Macht über identitätssuchende Seelen.

3. Da sowohl die Globalisierung wie die Europäisierung des ökonomischen wie des politischen Handelns die alltägliche Lebenswelt der Menschen erreicht und bedroht, erscheint das Bekenntnis zur Nation erneut als zukunftsträchtiges Gegenprogramm, so daß »deutsch zu sein« plötzlich wieder »in« ist.

4. Obwohl der Zusammenbruch des realen Sozialismus die Idee des Kommunismus anscheinend völlig ruiniert hat, spricht einiges dafür, daß die Idee für junge Menschen bald wieder attraktiv wird.

Die Glaubwürdigkeitslücke der Demokratie steigert insbesondere bei jungen Menschen die Attraktivität der identitätsstiftender Ideologien, weil sie mit Widersprüchen zwischen Anspruch und Wirklichkeit nicht besonders gut umgehen können.

Heuchelei in der Politik

In den Augen vieler junger Menschen hat die Republik eine Glaubwürdigkeitslücke. Sie werfen den Politikern dieses Staates Heuchelei vor, weil sie nicht nach den Grundsätzen handeln, die sie öffentlich vertreten, weil die Wirklichkeit der Republik nicht den Grundsätzen entspricht, auf denen sie aufruht.

Bei der Landtagswahl in Sachsen-Anhalt vom 28.04.1998 hat ein Drittel der jungen Männer zwischen achtzehn und fünfundzwanzig Jahren die Deutsche Volksunion (DVU) gewählt, eine Partei, die es – mangels Mitgliedern, jedenfalls in Sachsen-Anhalt – eigentlich überhaupt nicht gibt, die aber mit einem einzigen Slogan »Deutschland den Deutschen – Ausländer raus« die Abwesenheit eines politischen Programms verdeckte und bei den Jugendlichen einen großen Teil des Protestpotentials für sich mobilisieren konnte, das sich im übrigen bei der Partei des Demokratischen Sozialismus (PDS) versammelt. Die Jugendlichen, die die DVU gewählt haben, haben in den letzten acht Jahren Schulen eines demokratischen Staates besucht oder in marktwirtschaftlich bestimmten Unternehmen gearbeitet, oder der soziale Rechtsstaat hat sich um sie gekümmert, soweit sie ausbildungs- oder arbeitslos waren. Doch die politische Bildung konnte sie nicht davon überzeugen, daß es in der Republik gerecht zugeht. Von ihrer politischen Freiheit machten sie nicht durch politische Partizipation Gebrauch – in Verbänden und Gewerkschaften, bei Versammlungen und Demonstrationen –, sondern durch Protestwahlverhalten. Soweit sie Arbeit hatten, scheint ihnen die Marktwirtschaft als Wirtschaftssystem nicht so zugesagt zu haben, daß sie sie mit dem Stimmzettel unterstützt hätten. Die Ausbildungsnot ist groß in Sachsen-Anhalt: 40 % der jungen Leute, die sich 1996/97 an das Arbeitsamt wandten, weil sie eine Ausbildungsstelle suchten, hatten im September 1997 noch keinen Ausbildungsplatz in einem Betrieb – trotz der Initiativprogramme von Bund und Land. 5 % wurden deshalb ersatzweise in überbetrieblichen Ausbildungsstätten ausgebildet, 3 % fanden in anderen Maßnahmen Aufnahme, 29 % fanden andere Lösungen für sich. Schließlich waren es nur noch 3 %, die noch weiterhin einen

Ausbildungsplatz suchten.[1] Kaum einer schien durch die Maschen des sozialen Netzes zu fallen, aber überzeugt hat dies die jungen Menschen von der Leistungsfähigkeit des Sozialstaates offensichtlich nicht. 16 % der Jugendlichen unter fünfundzwanzig Jahren waren in Sachsen-Anhalt im Dezember 1997 arbeitslos gemeldet.[2] Die DVU wollte ihnen suggerieren, daß die Ausländer daran schuld seien, obwohl es in Sachsen-Anhalt kaum Ausländer gibt (2 % bei einem Bundesdurchschnitt von 9 %[3]). Doch der Protest an der Urne erklärt sich nicht allein durch Ausländerfeindlichkeit; es ist der hintergründige Vorwurf der falschen Versprechung »blühender Landschaften« und einer doppelten Moral, die soziale Gerechtigkeit proklamiert, aber große Teile der jungen Generation von Ausbildung und Arbeit ausschließt. Politische Bildung und politische Partizipationsangebote erweisen sich angesichts der Glaubwürdigkeitslücke des politischen Systems als ohnmächtig; Chancengleichheit kann es nur in einer funktionierenden Wettbewerbsgesellschaft geben, nicht aber in einer Gesellschaft mit sozialen Strukturdefiziten.

Die Bundesrepublik ist nach ihrer Verfassung eine *offene Gesellschaft*:

- Die Freiheitsrechte des Grundgesetzes gestatten es jedem, seine eigene politische Meinung zu haben und auszudrücken sowie sich an der Bildung einer politischen Mehrheit durch Wahlen zu beteiligen.
- Die Freiheitsrechte des Grundgesetzes gestatten es jedem, Eigentum zu erwerben und zu nutzen sowie Wirtschaftsunternehmen zu betreiben und Menschen als Arbeitnehmer zu beschäftigen.

Die Verfassung unterstellt nun allerdings nicht nur, daß jeder die gleiche Chance hat, Freiheit und Eigentum in gleicher Weise zu nutzen, sondern daß sich durch die allgemeine Nutzung dieser Chance die soziale Lage aller Bürger verbessert, daß Chancengleichheit einmal Gleichheit werden könnte. Der Staat des Grundgesetzes hat die Aufgabe, dafür zu sorgen, daß alle Bürger von ihren Rechten Gebrauch machen können und daß soziale Gerechtigkeit herrscht, es gehört jedoch nicht zu den Aufgaben des Staates in einer offenen Gesellschaft, durch eine Beschränkung von Freiheit und Eigentum der Starken und Reichen dafür zu sorgen, daß alle auch faktisch gleich werden.

Die hierin liegende Legitimationsschwäche offener Gesellschaften ist systembedingt: Einerseits wollen und müssen wir die politische und wirtschaftliche Freiheit verteidigen und Chancengleichheit annehmen, andererseits wissen wir, daß nicht nur die tatsächliche Verteilung von Freiheit und Eigentum höchst ungleich ist, sondern daß auch die Chancen, Freiheit und Eigentum zu erwerben und zu nutzen, alles andere als gleich verteilt sind. Aus diesem Grund ist die Verteidigung der Republik schwierig, aus diesem Grund werfen uns junge Menschen Heuchelei vor. Die jungen Männer, die in Sachsen-Anhalt die DVU gewählt haben, nehmen es uns nicht ab, wenn wir sagen, daß auch in Sachsen-Anhalt alle Bürgerinnen und Bürger die gleichen Chancen auf die gleiche politische Freiheit und den gleichen Zugang zu Arbeit und Eigentum haben, sondern sie sagen mit George Orwell: »All animals are equal, but some animals are more equal than others.«

Es ist Aufgabe des Bildungswesens, zur Legitimation und Erhaltung der Offenheit dieser Gesellschaft beizutragen, die Republik zu verteidigen. Doch die bisherige Bilanz der politischen Bildung in der Bundesrepublik sieht nicht gut aus, weil es schwierig ist, jungen Menschen die Verfassung der Republik durch Bildung nahezubringen. Dafür gibt es zwei Gründe:

1. Junge Menschen ertragen Widersprüche nur schwer, und sie reagieren heftig auf den Versuch, sie zu vertuschen; sie wollen deshalb die Widersprüche zwischen Idee und Wirklichkeit der Demokratie nicht hinnehmen.

2. Junge Menschen suchen Eindeutigkeit, Ideen und Vorbilder, mit denen sie sich identifizieren können, die ihnen vielleicht die Chance auf das Leben in einer besseren Welt eröffnen.

Angesichts der der Demokratie innewohnenden Widersprüchlichkeit und Unvollkommenheit und angesichts der Verführungskraft politischer Utopien hat es nicht an Versuchen gefehlt, eine Gesellschaftsordnung zu schaffen und durch Erziehung durchzusetzen, die totale Integration und Identifikation ermöglicht und erzwingt.

Der Gottesstaat

Man stelle sich einmal eine »Mönchsrepublik« vor: Mit dem Eintritt in den Orden wird das gesamte Leben durch den Orden bestimmt. Es herrscht eine Einheit von Lernen und Leben. Männer und Frauen sind voneinander getrennt. Die Grundlage des Ordenslebens ist transzendent, denn die Rechtfertigung erfolgt ausschließlich aus dem Glauben. Die Regeln des Zusammenlebens werden freilich von irdischen Oberen aufgestellt, erklärt und umgesetzt. Es herrscht eine strenge Hierarchie (»heilige Herrschaft«); die letzten Entscheidungen liegen bei einer Person. Die Ausübung der Herrschaft ist stark ritualisiert; sie wird selbst als Religionsausübung verstanden. Die soziale Ordnung folgt einem Modell gestufter Gleichheit, das ebenfalls religiös gerechtfertigt wird; die Statusebenen können getrennt oder miteinander verbunden sein, sie können den Aufstieg zulassen, aber auch einen Abstieg vorsehen. Da die natürliche Fortpflanzung ausgeschlossen ist, erfolgt die Bestandssicherung durch die Aufnahme neuer Mitglieder. Nach Auswahl, Prüfung und Probezeit werden die neuen Mitglieder durch Lehren und Lernen des Glaubens, durch das Leben nach den Glaubensregeln und durch die Aufgabe ihres bisherigen gesellschaftlichen Status und die Einordnung in die soziale Organisation des Ordens zu »Brüdern« bzw. »Schwestern«, d. h. zu vollwertigen Mitgliedern. Ein Austritt aus der Gemeinschaft ist in aller Regel nicht möglich. Anpassung und Leistung werden belobigt und belohnt, Verstöße gegen die Regeln werden streng bestraft.

Dies ist das Modell einer »geschlossenen Gesellschaft«, die eine transzendente Legitimation besitzt und die eine hohe Identifikation ihrer Mitglieder ermöglicht und gegebenenfalls auch erzwingt. »Mönchsrepubliken« dieser Art hat es als »Staaten« wohl nie gegeben, wohl aber Orden und Klöster als

»Staaten im Staate«. Die letzte populäre drastische Schilderung einer solchen »Republik« findet sich in dem Roman von Umberto Eco »Der Name der Rose«. Für junge Menschen waren solche Gemeinschaften stets attraktiv, weil sie in hohem Maße Sinn vermitteln, weil sie hohe Identifikationsmöglichkeiten bieten, weil sie interne Widersprüche ausschließen und Zweifel unterdrücken oder bekämpfen. Sie haben deshalb auch immer wieder bei der Formulierung pädagogischer Utopien Pate gestanden.

Werfen wir nun einen Blick auf die gesellschaftliche Wirklichkeit der Bundesrepublik, erhalten wir ein durchaus differenziertes Bild: Die Bundesrepublik ist kraft ihrer Verfassung eine *offene Gesellschaft,* aber man kann nicht sagen, daß sie von Ansätzen geschlossener religiöser Systeme völlig frei wäre, auch nicht im Bildungswesen. Doch trotz Religionsunterricht, Resten der Konfessionsschulen, kirchlichen Privatschulen und Schulgebet ist die Bundesrepublik keine geschlossene religiöse Gesellschaft, kein »Gottesstaat«.

In jüngster Zeit ist allerdings eine gewisse Bewegung in die Szene gekommen. Christliche Bewegungen, die eher am Rande der Kirchen stehen und von manchen für Sekten gehalten werden, haben die Genehmigung ihrer Schulen als Privatschulen beantragt, so z. B. pietistische August-Hermann-Francke-Schulen. Sie vertreten ein geschlossenes Weltbild, das sie aus der Bibel ableiten, und lehnen die moderne Welt, wie sie sich seit der Aufklärung entwickelt hat, entschieden ab. Die Schulen hatten Schwierigkeiten bei der Genehmigung und konnten sie erst mit Hilfe der Gerichte durchsetzen. Die Auseinandersetzung über die Zulassung dieser Schulen war eine Auseinandersetzung um die Offenheit oder die Geschlossenheit von Bildung und Erziehung. Die Schulverwaltung vertrat den Standpunkt, daß das Grundgesetz die Offenheit gegenüber der Vielfalt der Meinungen und der Entwicklung der Wissenschaften verlangt, während sich die Schulen darauf beriefen, daß das Grundgesetz ihnen gestatte, allein in der Bibel jenseits von Wissenschaft und Pluralismus die Wahrheit zu suchen. Da die Schulen die Auseinandersetzung gewonnen haben, kann man also festhalten, daß es im offenen Gesellschaftssystem der Bundesrepublik zulässig und möglich ist, geschlossene Erziehungssysteme einzurichten, die den Schülerinnen und Schülern Schutz vor der Vielfalt der modernen Welt bieten und ihnen die Identifikation mit einer einzigen Glaubensrichtung ermöglichen. Es handelt sich bei diesen Schulen um überwiegend öffentlich finanzierte Privatschulen, in denen die Schulpflicht erfüllt werden kann und die staatlich anerkannte Abschlüsse und Berechtigungen verleihen. Da diese und ähnliche Schulen einstweilen nur von wenigen hundert Schülerinnen und Schülern besucht werden, geht es auch hier zur Zeit mehr ums Prinzip als um die Entwicklung des deutschen Bildungswesens insgesamt.

Dieser »christliche Fundamentalismus«, dem man die geschilderte Entwicklung zurechnen kann, mag zwar die Kirchen und die Schulverwaltung herausfordern, die wirkliche Herausforderung der offenen Gesellschaft der Bundesrepublik und ihres pluralistischen Bildungswesens könnte jedoch im islamischen Fundamentalismus bestehen. Das Problem, um das es dabei geht, ist sehr einfach zu formulieren, die Lösung ist jedoch schwierig, wenn nicht unmöglich: Wie soll der Staat der Bundesrepublik mit einer Bewegung umgehen, die sich als Religion zu Recht auf die Religionsfreiheit des Grundgesetzes beruft und deshalb die anderen Religionsgemeinschaften zugestandenen oder eingeräumten Freiheiten und Privilegien in Anspruch nehmen will, die jedoch selbst für sich die Grundsätze der offenen Gesellschaft nicht anerkennt, sondern einen »Gottesstaat« vertritt, und die insbesondere die für die westlichen Gesellschaften fundamentale Trennung von Staat und Kirche nicht kennt?

Nun wäre es sicherlich verfehlt, diese Grundsatzfrage zu formulieren und zu beantworten, wenn sie sich so vielleicht gar nicht stellt: In Geschichte und Gegenwart war und ist der Islam keine einheitliche Religion, sondern es gab und gibt verschiedene Richtungen, die zur Frage von Offenheit und Geschlossenheit durchaus unterschiedliche Einstellungen und Praxen haben. Wir wissen nicht, wie sich der Islam in der Türkei und wie sich der Islam der türkischen Bevölkerung in der Bundesrepublik entwickeln werden, aber darauf kommt es an. Die Türkei war und ist nach wie vor der von Atatürk in den zwanziger Jahren begründete laizistische Staat, der sehr wohl zwischen Staat und Islam unterscheidet; dennoch regen sich in der Türkei islamische Kräfte, die gerade diesen Staat in Frage stellen. In der Bundesrepublik sind grundsätzlich drei Entwicklungen denkbar: erstens die Anpassung und Assimilierung der türkischen Bevölkerung, zweitens die Erhaltung und Stärkung des Islam in der türkischen Bevölkerung in enger Beziehung zur Türkei, insbesondere im Hinblick auf die Rückwanderung, und drittens die Entstehung einer neuen türkisch-deutschen Richtung, die weder für die Erhaltung des traditionalen Islam in Deutschland noch für die Assimilierung, sondern für etwas Neues, einen deutsch-türkischen Islam, eintritt. Wir wissen nicht, ob die Herausforderung des pluralistischen Bildungssystems wirklich bevorsteht. Zwei Kopftücher machen noch keine Kulturrevolution, wie es in Frankreich zeitweilig den Anschein hatte.

Es kann als äußerst unwahrscheinlich gelten, daß wir in den nächsten Jahren mit der Entwicklung eines »Gottesstaates« auf dem Boden der Bundesrepublik rechnen müssen, aber es ist wahrscheinlich, daß die Versuche zunehmen werden, Inseln einer geschlossenen Erziehung im öffentlichen wie im privaten Bereich durchzusetzen.

Ich komme auf meine Eingangsfrage zurück: Können geschlossene Systeme der Bildung und Erziehung mit ihrer Anziehungskraft für junge Menschen in unseren Gesellschaften letztlich Erfolg haben? Sowohl die christlichen Sekten – von anderen Sekten habe ich in diesem Zusammenhang gar nicht sprechen wollen – als auch islamische Glaubensrichtungen haben Ideen und Vorbilder von großer Eindeutigkeit. Sie bieten jungen Menschen, die mit den Unklarheiten und Widersprüchen unserer offenen Gesellschaft nicht zurechtkommen, Möglichkeiten zur Identifikation. Junge Menschen, die in geschlossene religiöse Gruppen flüchten, werden häufig nicht nur über die Widersprüche in den offenen Gesellschaften »aufgeklärt«, sondern dem Prinzip der Offenheit wird eine doppelte Moral und seinen Vertretern Heuchelei vorgeworfen. Es heißt dann häufig: Sie nennen ihren Staat christlich und lassen die Unmoral zu, sie bekennen sich zu christlichen Werten und handeln unchristlich. Beispiele sind schnell zur Hand, ob man nun die »Softpornographie« im Fernsehen, die »Seitensprünge« oder Trennung und Scheidung christlicher Familienpolitiker nennt. Von der Verachtung der »Außenwelt« und der gleichzeitigen Verherrlichung der »Binnenwelt« kann eine fatale Anziehungskraft auf junge Menschen ausgehen, die nach verläßlichen Orientierungsmustern suchen.

Der Führerstaat und die klassenlose Gesellschaft

Warum neigen politische Utopien zu Erziehungsdiktaturen? Die »Feinde der offenen Gesellschaft« wollen ihre Vorstellungen zukünftiger Gesellschaften vornehmlich durch die Erziehung und Bildung der Jugend durchsetzen, und zwar in aller Regel durch möglichst geschlossene Bildungssysteme. Plato und Rousseau, Makarenko und Krieck – so unterschiedlich sie politisch, philosophisch und pädagogisch waren – wollten Kinder und Jugendliche vor fremden Einflüssen bewahren, wollten sie in möglichst homogenen Gruppen isoliert von der jeweiligen Gesellschaft für die zukünftige Gesellschaft erziehen.

Die nationalsozialistische Bewegung war eine Volksbewegung, aber vor allem eine Jugendbewegung, wenn auch nicht »die Jugendbewegung«, selbst wenn es gewisse Kontinuitäten zwischen Teilen der Jugendbewegung und dem Nationalsozialismus gegeben haben mag. Sie war eine Jugendbewegung, weil sie Ideale vertrat und Vorbilder anbot, die für junge Menschen in den zwanziger und dreißiger Jahren dieses Jahrhunderts attraktiv waren: Sport und Kampf, Stärke und Kraft für die Jungen; Sittsamkeit, Mütterlichkeit, Familiensinn für die Mädchen; Reinheit, Natur, Pflicht und Treue für alle.

Es lassen sich noch viele Begriffe nennen, und ihr stark ideologischer Charakter ist unverkennbar; doch darauf kommt es in diesem Zusammenhang nicht an, viel wichtiger ist, daß sie wirksam, sogar sehr wirksam waren. Damit erhebt sich die Frage, wie die nationalsozialistische Bewegung ihre Ideologie an die Jugend vermittelte. Interessanterweise in erster Linie nicht durch das Bildungswesen, sondern außerhalb des Bildungswesens. Auch nach 1933 setzten die Nationalsozialisten trotz einer Umgestaltung des Bildungswesens in ihrem Sinne vor allem auf die »Jugendbewegung« außerhalb der Bildungsinstitutionen: Hitlerjugend (HJ) und Bund Deutscher Mädel (BDM), Sport, Spiele, Fahrten, Lager, Heime, Feiern, Kameradschaft, Ernteeinsatz, Sommerlager, Versammlung, Kundgebung, Musik, Radio, Filme, Technik, Wehrpflicht, Marschieren, Schießen, schließlich Krieg. Der Nationalsozialismus besaß zwar eine Ideologie, aber nicht eigentlich eine Theorie, die sich in den Bildungsinstitutionen besonders gut vermitteln ließe; wirksamer als das »Lehren« war das Leben. Dieses Leben sollte außerhalb der »bürgerlichen« Institutionen der Erwachsenen (Familie, Schule, Arbeit) »frei« und nach den Grundsätzen des Führerstaates aufgebaut sein: Führer – Gefolgschaft, Befehl – Gehorsam, Pflicht und Treue, Vorbild und Gemeinschaft. Die Erziehung der nationalsozialistischen Jugend beruhte nicht auf Einsicht, sondern auf Gefühl, und die nationalsozialistische Gefühlswelt ließ sich am besten in entsprechenden Milieus herstellen. Die nationalsozialistische Jugendbewegung baute den Führerstaat gewissermaßen nach, und zwar als geschlossenes System, um die Abschirmung nach außen und die Identifikation im Inneren zu gewährleisten.

Liest man Tagebücher, Briefe, Romane und Berichte aus dieser Zeit oder Biographien und Dokumentationen aus der Zeit danach, die in großer Zahl vorliegen, so fallen die folgenden Elemente der nationalsozialistischen Bildung auf, die ich schlagwortartig in Erinnerung rufe: Gemeinschaft (Du bist nichts, Dein Volk ist alles), Totalität (Ein Volk, ein Reich, ein Führer), Führerschaft (Führer befiehl, wir folgen), Leistung (Flink wie Windhunde), Opferbereitschaft (Gefallen für Reich und Führer), Nationalismus (deutsche Ehre), Freund-Feind-Denken (Wer nicht für uns ist, ist gegen uns), Rassismus (germanische Herrenrasse), Eroberungsdrang (– und morgen die ganze Welt), Todessucht (Wollt ihr den totalen Krieg?). Es fällt heute außerordentlich schwer zu verstehen, daß diese Parolen damals große Teile der deutschen Bevölkerung erfaßt hatten, insbesondere die Jugend und nicht etwa nur Parteimitglieder, weshalb Thesen wie seinerzeit die »Anmerkungen zu Hitler«

von Sebastian Haffner und jüngst Daniel Goldhagens »Hitlers willige Vollstrecker« auf so wütenden Protest stießen. Der Nationalsozialismus nutzte Ideen und Vorbilder, die sich an das ganze (deutsche) Volk wandten und es mit einer ungeahnten und unerhörten Propaganda zur Identifikation und zum Mitmachen aufforderten; Ideen, die sich bewußt und stark von der Weimarer Republik mit ihren Konflikten und Krisen, ihren Spaltungen und Widersprüchen absetzten und die den Politikern der Weimarer Republik Heuchelei und Doppelmoral vorwarfen. So verwundert es letztlich doch nicht, daß die große Mehrheit des Volkes mitmachte, daß insbesondere die Jugend sich willig ins »Dritte Reich« und schließlich in den Zweiten Weltkrieg führen ließ. Doch mit dem Ende des Dritten Reiches war »alles vorbei«. Der Nationalsozialismus überlebte das Ende zwar in den Köpfen und flackerte in der Geschichte der Bundesrepublik in Parteien und Verbänden immer noch mal wieder auf, war jedoch letztlich keine Gefahr für das politische System der Bundesrepublik.

Die Entstehung einer »Neuen rechten Jugendbewegung« in den neuen Bundesländern unterscheidet sich beträchtlich von dem Aufflackern des Rechtsradikalismus in der Geschichte der alten Bundesrepublik. Es gibt keine spezifischen politischen Parteien, und es gibt nicht einmal feste Organisationsformen. Die NPD oder DVU sind nicht die Parteien dieser »rechten Szene«, sondern werden von ihren Sympathisanten häufig aus Protest gewählt. Der Ausdruck »Szene« trifft den sozialen Sachverhalt wohl am besten. Nach außen eine äußerst lockere Gruppierung, aber ideologisch, sozial und emotional sehr kohärent. Der Zusammenhalt entsteht durch Gemeinschaftlichkeit, Aktionen, Gewalt, Riten, Sprache und Kleidung, Alkohol und eine gemeinsame Gegnerschaft gegen »die anderen« (»Zecken«, Linke, Autonome, Ausländer usw.). Die Kommunikation erfolgt durch die knappe Verständigung in Schlagworten, durch das Internet, die gemeinsame Musik, CDs, Fanzines, kaum durch Zeitungen und Zeitschriften oder Bücher. Eine Ideologie ist nur rudimentär vorhanden: Nationalismus, Fremdenfeindlichkeit, ökonomische und soziale Ausgeschlossenheit, Kameradschaft, Kraft und Kampf – nur sehr vage Werte.

In den sogenannten befreiten Zonen[4] behauptet die Szene die Vorherrschaft über andere Jugendgruppen mit Billigung der schweigenden Mehrheit und ohnmächtiger Verharmlosung durch die lokale Politik. Das Bewußtsein, im Grunde die Interessen großer Bevölkerungsgruppen in den neuen Bundesländern zu vertreten, die »Speerspitze« einer mächtigen Bewegung zu sein, verschafft der »Szene« Selbstbewußtsein, Kraft und Ausdauer. Dies macht sie so gefährlich.

Es handelt sich um eine geschlossene Bewegung, wenn auch nicht um ein geschlossenes System der Erziehung und Bildung. Das Ergebnis gleicht jedoch durchaus Erziehungs- und Bildungsprozessen: die Herausbildung gemeinsamer Werte, die Stärkung durch ein gemeinsames Wissen oder Meinen, der handlungsleitende Charakter von Wissen und Werten. Trotz großer Unterschiede gleicht die rechtsradikale Szene in einem, in der Vermittlung von Wissen und Werten durch die Bewegung selbst – nicht durch Theorie –, der nationalsozialistischen Bewegung. Sie gleicht ihr auch im Haß auf »die Linken« und auf »das System«, die offene Gesellschaft, die als fremd, feindlich, egoistisch, unsozial und unmoralisch wahrgenommen wird. Der Vorwurf der Heuchelei und der Doppelmoral liegt stets in der Luft. Gewalt, vor allem spontane Gewalt, gilt als legitim und stärkt zugleich die Gruppe.

Auf der Grundlage des Marxismus-Leninismus sind viele politische Bewegungen in der ganzen Welt entstanden, Parteien und Organisationen, die in vielen Ländern an die Macht gekommen sind, die in vielen Ländern in der Opposition oder im Untergrund arbeiteten, die überwiegend die Macht wieder verloren haben, die vielfach unterdrückt und vernichtet wurden. Sie alle hofften auf die Jugend, organisierten die Jugend, versuchten die Jugend für ihre Ziele zu gewinnen: »Wer die Jugend hat, hat die Zukunft« (Lenin).

Die SED in der DDR nutzte alle Möglichkeiten, um die Jugend für den Sozialismus zu gewinnen – das Bildungswesen, die Jugendbewegung und Veränderungen der Gesellschaftsstruktur. Das einheitliche sozialistische Bildungssystem sollte die Kinder und Jugendlichen zu sozialistischen Persönlichkeiten erziehen und einen Beitrag zur Entwicklung der sozialistischen Gesellschaft leisten. Diesen Beitrag sollte das Bildungswesen einerseits durch den Unterricht im Marxismus-Leninismus erbringen, der für alle Bildungsgänge, und zwar auch auf Hochschulniveau, verpflichtend war, und andererseits durch die Herstellung absoluter Gleichheit aller Bürgerinnen und Bürger sowie durch die strenge Auswahl sowohl nach Leistungen als auch nach sozialistischer Gesinnung. Am Modell des Bildungswesens sollte der Sozialismus theoretisch vermittelt und praktisch eingeübt werden.

Dies galt in erhöhtem Maße für die sozialistische Jugendbewegung. Die Freie Deutsche Jugend (FDJ) organisierte die Kinder und Jugendlichen ebenso wie die Hitlerjugend außerhalb der Bildungsinstitutionen, und zwar in Formen, die im Äußeren dem Nationalsozialismus glichen: auch hier Sport und Spiel, Fahrten und Lager, Heime und Feiern, Kameradschaft, Ernteeinsatz, Sammlungen und Versammlungen, Kundgebungen, Musik, Radio, Fernsehen, Film, Technik, Volksarmee, Marschieren, Schießen. Die nationalsozialistischen Stichworte wiederholen sich, bis auf das letzte: Krieg, wenngleich auch die Vorbereitung auf den Krieg mit dem »Klassenfeind« durchaus geübt wurde.

Die Kinder und Jugendlichen sollten zwar auch aus der Familie herausgelöst werden; anders als im Nationalsozialismus legte die SED jedoch größten Wert auf die Verbindung von Schule/Hochschule und FDJ sowie von Betrieb/Armee und FDJ. Die Organisationsform folgte dem Prinzip des demokratischen Zentralismus, das für Staat und Gesellschaft allgemein gelten sollte: Führung auf der Basis einer Legitimation durch Wahlen, aber im Rahmen der Leitung durch die Partei; sozialistische Pflichterfüllung und Treue gegenüber der Partei und dem »sozialistischen Vaterland«, der »ruhmreichen Sowjetunion« und ihren Führern, die für alle sozialistischen Gemeinschaften Vorbildfunktion hatten. Die FDJ erwartete und erreichte eine hohe Identifikation der Jugendlichen mit Partei und Staat. Wenn man fragt, worauf diese Identifikation beruhte, so fallen fast dieselben Stichworte wie für den Nationalsozialismus: Gemeinschaft, Totalität, Führerschaft, Leistung, Opferbereitschaft, Freund-Feind-Denken, Eroberung (Weltrevolution). Den Nationalismus kann man angesichts der internationalistischen Ansprüche der DDR nicht so sehr betonen, obwohl sich die SED seiner angesichts der deutschen Teilung ebenfalls bediente. Der Rassismus gehörte dagegen nicht ins Programm, und von der dem Nationalsozialismus eigenen Todessucht konnte angesichts des von der SED propagierten Zukunftsoptimismus keine Rede sein.

Letztlich ist es der DDR nicht gelungen, die Identifikation der Bürgerinnen und Bürger mit Staat und Partei zu erreichen, auch nicht durch eine vierzigjährige Herrschaft über die Jugendorganisationen. Die Jugendforschung der DDR – damals Verschlußsache der Forschung und der Partei – zeigte, daß das Regime bereits früh die Zustimmung weiter Teile der jungen Generation verloren hatte. Das Schicksal der SED belegt, daß sich die Strategie der offenen Gesellschaften des Westens zusammen mit ihrem ökonomischen Erfolg gegenüber den sozialistischen Ländern langfristig als erfolgreicher erwies. Es bedurfte nur noch des Zusammenbruchs der politischen und ökonomischen Herrschaft in den sozialistischen Ländern, um die Ideologie vollends aufzulösen. Nach dem Zusammenbruch schien es dann zunächst so, als ob von dieser Ideologie nichts, aber auch gar nichts bleiben würde. Der Zusammenbruch fast aller Staaten des »realen Sozialismus« und die Entdeckung der realen Herrschaft des Kommunismus schienen das Ende jeder sozialistischen Ideologie anzuzeigen. Es will deshalb so scheinen, als ob man sich um ein Wiedererstarken kommunistischer Jugendgruppen keine Sorgen zu machen brauche. Dennoch sollte man nicht so sicher sein; es gibt schließlich in West und Ost kleine Gruppen, die die Radikalkritik an den offenen Gesellschaften des Westens aufrechterhalten und die Propaganda und Aktionen weiterführen. Solange die westlichen Gesellschaften sich den Vorwurf der Heuchelei und der Doppelmoral machen lassen müssen, wird es neben der Kritik von rechts auch immer eine Fundamentalkritik von links geben.

Jugend und Staat

Die Wirksamkeit der Kritik aus der Sicht geschlossener Gesellschaftskonzepte an den offenen Gesellschaften des Westens, ja die Verachtung, mit der die Anhänger dieser Sichtweisen den westlichen Demokratien begegnen, beruht darauf, daß es etwas zu kritisieren gibt. Wir sind nun allerdings der Auffassung, daß die politischen Systeme der offenen Gesellschaften die besten sind, die Menschen je erfunden und ausprobiert haben, oder jedenfalls »die besten unter den schlechten«, wie Churchill sich einmal ausgedrückt haben soll. Deshalb sind wir so beleidigt, wenn uns junge wiedergeborene Christen, junge Moslems oder Neokommunisten oder Neonazis nur ihre kalte Verachtung oder ihren Haß entgegenschleudern. Deshalb können wir gar nicht verstehen, warum sie uns nicht verstehen bzw. nicht verstehen wollen, wie wir meinen. Um den Vorwurf gegen die Gesellschaften des demokratischen Westens in wenigen Schlagworten zusammenzufassen: Anhänger der christlichen Sekten sagen: »Ihr sagt, ihr handelt ›in Verantwortung vor Gott und den Menschen‹, und ihr erzieht eure Kinder in dem christlichen Glauben; in Wirklichkeit ist dies ein heidnisches Land und ihr erzieht eure Kinder zur Sünde.« Junge Moslems sagen: »Ihr sagt, ihr habt einen Gott und handelt nach seinen Geboten; in Wirklichkeit sind wir es, die den Geboten eines Propheten folgen.« Die Neonazis sagen: »Ihr sagt, ihr handelt für das deutsche Volk; in Wirklichkeit habt ihr Ausländer ins Land geholt und uns an die USA und die EU verkauft.« Die Neokommunisten sagen: »Ihr führt die Worte Freiheit und Gleichheit auf den Lippen; in Wirklichkeit herrschen Ungleichheit und Unfreiheit nach dem Sieg des Kapitalismus über den Sozialismus mehr denn je.« – In dieser Eindeutigkeit wird der Vorwurf der Heuchelei und der Doppelmoral formuliert, wenn sich Menschen ganz bewußt für eine andere Gesellschaftsform entschieden haben – auch wenn sie oder vielleicht gerade weil sie in einem Land mit einer offenen Gesellschaft leben, das ihnen solche Meinungen und ihre öffentliche Äußerung erlaubt. Es sind kleine Gruppen, die solchen Auffassungen anhängen; das sollte jedoch nicht darüber hinwegtäuschen, daß derselbe Grundvorwurf sich in abgeschwächter oder differenzierterer Form auch im Spektrum der Einstellungen junger Menschen zu Staat und Gesellschaft wiederfindet, die in einer Vielzahl von Jugendstudien immer wieder festgestellt worden sind.

Wie sehen die Einstellungen der jungen Menschen zwischen sechzehn und neunundzwanzig Jahren zu Staat und Gesellschaft aus? Die folgende Abbildung beruht auf einer Erhebung des Deutschen Jugendinstituts aus dem Jahre 1992, dem sogenannten Jugendsurvey.

Befriedigt stellt man fest, daß die Zustimmung zur »Idee der Demokratie« sehr hoch ist. Doch diese Freude wird schnell getrübt, wenn wir einen Blick auf die zweite Aussage werfen, auf die »Zufriedenheit mit der Demokratie in der Bundesrepublik Deutschland«. Etwas mehr als die Hälfte der jungen Menschen im Westen und mehr als zwei Drittel der Jugendlichen im Osten beurteilen die Praxis der Demokratie in der Bundesrepublik negativ.

Abbildung 1: Bewertung von Demokratie, Sozialismus und Nationalsozialismus nach Region (% starke Zustimmung bzw. hohe Zufriedenheit)*

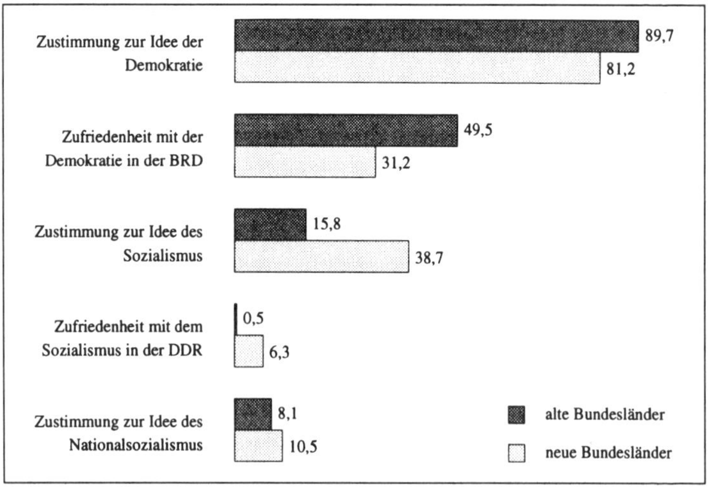

* Werte 5 und 6 auf einer 6stufigen Skala
Quelle: DJI-Jugendsurvey 1, Hoffmann-Lange 1995, S. 163

Was kritisieren die Jugendlichen? – Vieles, die große Arbeitslosigkeit, den Mangel an Umweltschutz, das Bildungswesen, die politischen Parteien und die Parlamente usw. Die Themen mögen im Laufe der Zeit wechseln – die Unzufriedenheit bleibt, nimmt sogar zu.

Wie hoch die Zustimmung zu anderen Gesellschaftsordnungen und ihrer Praxis ist, insbesondere zu den skizzierten geschlossenen Gesellschaftsordnungen, wissen wir nicht; die Daten sagen nur etwas zu Sozialismus und Nationalsozialismus. Dem Sozialismus ergeht es dabei ähnlich wie der Demokratie: jedenfalls im Osten relativ hohe Zustimmung (39 %) zur Idee, geringe Zustimmung zur Praxis (6 %). Bemerkenswert bleibt jedoch, daß die Idee des Sozialismus den Zusammenbruch des »real existierenden Sozialismus« im Bewußtsein der Jugendlichen in einem so hohen Maße überlebt hat, und dies relativ kurze Zeit nach dem Zusammenbruch. Dies muß auch vor dem Hintergrund der Unzufriedenheit mit der Praxis der Demokratie gesehen werden, denn in den neuen Bundesländern, in denen nur rund 30 % mit der Praxis der Demokratie zufrieden sind, halten 39 % die Idee des Sozialismus für gut, d. h., daß der Sozialismus im Jahre 1992 im Bewußtsein der Jugendlichen als Alternative zur Demokratie durchaus vorhanden war.

Neben den Meinungen, die die Jugendlichen über die Gesellschaftsordnung äußern, spielt für die Stabilität des politischen Systems das Vertrauen in das politische System eine große Rolle. Im Vertrauen findet die emotionale Identifikation vielleicht am besten ihren Ausdruck. Der Blick auf die Ergebnisse des DJI-Jugendsurveys ist erschütternd.

Großes Vertrauen – Zustimmung im oberen Drittel der Bewertung – genießt von den Institutionen des Staates bei der Mehrheit der Jugendlichen im Westen ausschließlich die Justiz, und zwar insbesondere das Bundesverfassungsgericht, im Osten sogar ausschließlich das Bundesverfassungsgericht, was wirklich erstaunlich ist. Zu den Institutionen, die das Volk in der Demokratie repräsentieren, Parlament und Regierung, hat die Mehrheit dagegen kein großes Vertrauen. Im Westen sprechen nur 40 % dem Bundestag und 30 % der Bundesregierung ihr großes Vertrauen aus bzw. 30 % dem Bundestag und 25 % der Bundesregierung im Osten, ganz zu schweigen von den politischen Parteien, die sich im Westen auf ein großes Vertrauen bei nur 23 % und im Osten bei nur 19 % der Jugendlichen berufen können. Den gesellschaftlichen Großorganisationen der Kirchen und der Wirtschaft geht es nicht sehr viel besser; nur die Bürgerinitiativen werden von den Jugendlichen positiver eingeschätzt.[5]

Noch drastischer als die Ergebnisse des Deutschen Jugendinstituts fallen die jüngsten Daten der Shell-Studie zum Thema »Vertrauen« aus: Über 80 % der Jugendlichen zwischen dreizehn und vierundzwanzig Jahren sagen, daß die Bevölkerung von Politikern sehr oft betrogen wird.[6] Die These von der Glaubwürdigkeit erscheint vor diesem Hintergrund als Beschönigung.

Dieses Bild einer Jugend, die mit der Praxis des politischen Systems der Bundesrepublik überwiegend unzufrieden ist und kein Vertrauen zu den Institutionen der Republik hat, steht in einem bemerkenswerten Gegensatz zu Einschätzungen der Jugendlichen bezüglich ihrer persönlichen Lage und ihrer Zukunftsaussichten.

Im Westen war die Hälfte, im Osten ein Drittel der Jugendlichen im allgemeinen mit ihrem Leben zufrieden, nur 8 % bzw. 13 % waren unzufrieden.[7] Gegenüber den Einschätzungen zu Beginn der neunziger Jahre hat sich der Zukunftsoptimismus am Ende der neunziger Jahre jedoch eher verdüstert, wie die Shell-Studie 1997 ausweist.

Wie ist es zu erklären, daß Jugendliche ihre persönliche Zukunft, ja selbst ihre berufliche und soziale Sicherheit – jedenfalls im Westen – positiv sehen, wenn sie kein Vertrauen in das politische System haben und sich von den Politikern betrogen fühlen? Die Erklärung liegt in der Gegenüberstellung von öffentlichem und privatem Bereich. Fragt man junge Menschen nach der Wichtigkeit von Lebensbereichen, so betonen sie das Private.[8] Auf den privaten Bereich scheinen sich die Skepsis und das Mißtrauen gegenüber der Politik nicht auszuwirken. Dies wiederum steht im Zusammenhang mit dem politischen und gesellschaftlichen Handeln von Jugendlichen: Die Entfremdung vom politischen System und der Rückzug ins Private erklären die geringe politische Partizipation von Jugendlichen.

Ebenso wie sie abstrakt die Idee der Demokratie hochhalten, befürworten viele Jugendliche nach den Ergebnissen des DJI-Jugendsurveys auch abstrakt das gesellschaftliche und politische Engagement in der Demokratie; ein hoher Prozentteil der Jugendlichen äußert Bereitschaft, die klassischen politischen Rechte wie Wählen und Protestieren (in Form von Unterschriftensammlung, genehmigten Demonstrationen oder gewerkschaftlichem Streik) auszuüben. Auch an einer Arbeit in Mitbestimmungsgremien und in Bürgerinitiativen hat nahezu die Hälfte Interesse. Demgegenüber sind die Jugendlichen zur Ausübung von gesellschaftlichen und politischen Tätigkeiten weniger bereit, insbesondere der Anschluß an eine politische Gruppierung, Parteiarbeit und die Übernahme eines politischen Amtes sind für die Mehrzahl nicht attraktiv; genausowenig wie illegale Aktionen. Daß ca. ein Fünftel der ostdeutschen Jugendlichen bereits an nicht genehmigten Demonstrationen teilgenommen hat, läßt sich damit erklären, daß sie in der politischen Umbruchphase in den neuen Bundesländern eine große Bedeutung hatten. Nur in wenigen Fällen – z. B. bei der Wahlbeteiligung oder bei Unterschriftensammlungen – kann von der Häufigkeit, mit der eine Verhaltensbereitschaft geäußert wird, auf das tatsächliche Verhalten geschlossen werden. In Bürgerinitiativen arbeiten nur rund 7 % der westdeutschen und 4 % der ostdeutschen Jugendlichen mit, politische Ämter übernehmen nur ca. 2 %, und Mitglied in politischen Parteien sind lediglich 3 % bzw. 5 %.[9] Dieses Bild zeigt, daß das politische Interesse an sich vorhanden ist, das politische Engagement aber weitgehend fehlt – kein Wunder angesichts der deutlichen Ablehnung der politischen Praxis in der Demokratie!

Die Wiedergewinnung von politischer Glaubwürdigkeit

Der beste Weg zur Beendigung der Heuchelei in der Politik, die gerade viele junge Menschen den offenen Gesellschaften des Westens vorwerfen und die sie in die Arme radikaler Bewegungen treibt, wäre zweifellos die Schließung der Glaubwürdigkeitslücke. Eine Gesellschaft, die das Verfassungsversprechen der gleichen Freiheit für alle hält, braucht sich mangelnde Glaubwürdigkeit nicht vorwerfen zu lassen. Doch damit können wir wohl nicht rechnen.

Es gibt drei Wege, auf denen sich die Bildungspolitik bewegen kann: Unterricht – Erziehung zur Demokratie; Erfahrung – Einübung der Demokratie; Reform – Zukunft der Demokratie. In der Bundesrepublik sind alle drei Wege begangen worden, aber wie es scheint, mit nicht gerade überwältigendem Erfolg. Zwar wird man sagen können, daß dieses Land angesichts seiner Vergangenheit eine ganz passable gesellschaftliche und politische Form der Demokratie gefunden hat; dem Anspruch der Demokratie in den Augen der jungen Menschen scheint sie jedoch noch nicht zu entsprechen. Deshalb bedarf es weiteren Nachdenkens.

Als »Königsweg« zur Sicherung oder Erlangung politischer Herrschaft gilt politische Erziehung. Alle politischen Systeme – und besonders solche, die sich ihrer Stabilität nicht so ganz sicher sind – meinen, ihre politische Herrschaft durch politische Erziehung festigen zu können. Auch Reformer und Revolutionäre, die die politische Herrschaft verändern wollten, haben immer wieder versucht, Einfluß auf die politische Erziehung im Bildungswesen der Staaten zu nehmen. Die deutsche Geschichte der letzten hundert Jahre ist aufgrund des vielfachen Wandels der politischen Systeme ebenfalls reich an Erfahrungen mit politischer Erziehung: Der deutschnational bestimmte Geschichtsunterricht im Kaiserreich, die republikanische Staatsbürgerkunde nach Maßgabe der Weimarer Verfassung, die nationalsozialistische Erziehung, die Re-education der Besatzungsmächte nach dem Krieg, die sozialistische Erziehung in der DDR und die demokratische Erziehung in der Bundesrepublik. Der Rückblick nach hundert Jahren vermittelt nicht den Eindruck, daß der Beitrag der politischen Erziehung zur Eroberung der Macht und zur Stabilisierung der Herrschaft besonders bedeutend war. Vergegenwärtigt man sich die Haltung heutiger Jugendlicher zum politischen System, so kommt man ebenfalls zu dem Schluß, daß die Geschichte der politischen Bildung in der Bundesrepublik trotz großer Anstrengungen und bedeutender Finanzmittel die Einstellungen der jungen Menschen und ihr Vertrauen in politische Institutionen nicht sehr nachhaltig zu prägen scheint. Verschiedene Theorien der politischen Bildung haben sich in der Geschichte der Bundesrepublik abgelöst, ohne überzeugende Wirkung: die Partnerschaftstheorie der fünfziger Jahre, die dem Ideologieverdacht ausgesetzt war; die Institutionentheorie der sechziger Jahre, die als didaktisch verfehlt galt; die Konflikttheorie der siebziger Jahre, der klassenkämpferische Tendenzen unterstellt wurden; die sozialwissenschaftlichen Theorien der achtziger Jahre, die als zu anspruchsvoll galten. Welche Theorie herrscht eigentlich heute, am Ende der neunziger Jahre, in der politischen Bildung? Es scheint sich die Einsicht durchzusetzen, daß Unterricht vielleicht überhaupt die falsche Methode politischer Erziehung ist, daß nur politisches Handeln politisch bildet und erzieht. Deshalb spielen pragmatische Modelle praktischen politischen Handelns zur Zeit eine so große Rolle. Aber soll das heißen, daß »Unterricht« im eigentlichen Sinne in der politischen Bildung ausgedient hat?

Spielerisch die Demokratie zu lernen erschien den Kritikern eines rein theoretischen Demokratieunterrichts schon immer attraktiv. Bereits die Besatzungsmächte empfahlen die Einführung einer demokratischen Schule und Hochschule, und zwar nicht nur durch die Integration der Schularten, sondern auch durch Mitbestimmung der Eltern und Schüler in der Schule bzw. der Studenten in der Hochschule. Es gab auch deutsche Traditionen der demokratischen Schul- bzw. Hochschulverfassungen, die Schulgemeinde-Idee, die nach der Revolution von 1918 erprobt wurde, oder die Studentenschaft, die in der Weimarer Republik entstanden war. Allgemeine Studentenausschüsse und Studentenparlamente, Elternbeiräte und Schülermitverantwortung, all dies gab es bereits in den vierziger, fünfziger und sechziger Jahren; doch »Feuer« erhielten diese Ideen erst durch die Studenten- und Schülerbewegung der späten sechziger Jahre. Ein wahrer »Machtrausch« beflügelte Studenten und Schüler, die Vorstellung, nicht nur in den Schulen und Hochschulen mitbestimmen zu können, sondern durch die Schulen und Hochschulen die gesamte Gesellschaft zu demokratisieren. In der berühmten Formulierung »mehr Demokratie wagen« der Regierungserklärung Willy Brandts leuchtete ein wenig von dem Feuer dieser Bewegung.

Heute, mit dem Abstand von dreißig Jahren, läßt sich ernüchternd feststellen, daß aus der Demokratiebewegung der sechziger Jahre in den siebziger Jahren eine Schul- und Hochschulverfassung entstanden ist, die durch eine Vielzahl von Gesetzen und nach einer Vielzahl gerichtlicher Entscheidungen vorsieht, daß gewählte Vertreterinnen und Vertreter von Eltern und Schülern in der Schule sowie von Studenten an den Hochschulen an der Wahrnehmung der Kompetenzen beteiligt werden, die die Schulen und Hochschulen haben. Diese Beteiligung wurde den Schülerinnen und Schülern bzw. den Studentinnen und Studenten in erster Linie aus Gründen der politischen Erziehung, nicht aus Gründen der Teilhabe an der Macht eingeräumt: spielerisch Demokratie lernen, wählen und gewählt werden, Wahlkampf machen, Koalitionen schließen, Interessen erkennen und wahrnehmen usw. Demokratische Verfahrens- und Verhaltensweisen sollten es sein, bürokratische Verfahrens- und Verhaltensweisen sind es geworden, denn die Gremien, die durch die Gesetze geschaffen wurden, hatten nur wenige Kompetenzen und keine Macht. So verkümmerte die politisch gemeinte Bewegung zur bürokratischen Farce. Demokratie, auch demokratisches Spiel, macht nur Sinn, wenn die Menschen ernst genommen werden – und daran fehlte es in den Schul- und Hochschulverfassungen der siebziger Jahre. Schüler und Studenten sind sehr sensibel, wenn es um Ernst und Schein geht; sie wollen ernsthaft beteiligt sein oder gar nicht! Jungfunktionäre, die dennoch die Sitze in den Gremien einnehmen, gibt es allerdings zuhauf. Die Schul- und Hochschulverfassungen der siebziger Jahre, die – vor dem Hintergrund der Schüler- und Studentenbewegung der späten sechziger Jahre – gesetzliche Beteiligungsformen in der Verwaltung der Bildungsinstitutionen einführten, werden von den Beteiligten weitgehend als »Scheindemokratie« wahrgenommen. Dies kann sich ändern, wenn aus ganz anderen Gründen – aus Gründen der Verwaltungsreform nämlich – den Bildungsinstitutionen wirkliche Aufgaben übertragen werden; dann könnte die politische Beteiligung der Betroffenen nicht nur betriebswirtschaftlich meßbare Effizienzeffekte erzielen, sondern auch eine »Schule der Demokratie« werden. In der Diskussion um die politische Beteiligung der Kinder und Jugendlichen bahnt sich allerdings schon jetzt eine wesentliche Veränderung an. Die Entwicklung der politischen Beteiligung zeichnet sich bereits seit längerer Zeit durch eine Informalisierung aus, d. h., die organisierten formellen Beteiligungsformen nehmen ab, die informellen nehmen zu. Auch im Bereich des Bildungswesens kommt es deshalb darauf an, Formen der politischen Beteiligung zu finden, die die Interessen der Jugendlichen unmittelbar ansprechen und die ihnen demokratisches Handeln ermöglichen.

Das ehrgeizigste Projekt, einen Beitrag zur Verteidigung der Republik durch das Bildungswesen angesichts der Glaubwürdigkeitslücke zu leisten, war zweifellos die Politik der Chancengleichheit in den sechziger und siebziger Jahren: Wenn Freiheit und Gleichheit schon nicht sofort durch Revolutionen oder demokratisch gewählte Parlamente verwirklicht werden konnten, dann sollte dies doch in Zukunft durch die Herstellung von Chancengleichheit im und durch das Bildungswesen geschehen. Die Politik der Chancengleichheit forderte, daß – wenn den Menschen in den westlichen Demokratien gleiche Freiheit schon tatsächlich nicht gewährt ist – doch alle die gleiche Chance haben sollten, sie zu erringen, und zwar durch Bildung und Erziehung. Da sich der Zugang zum Bildungswesen und die Ergebnisse des Bildungswesens – und damit der Zugang zum Beschäftigungssystem – nach Religionszugehörigkeit, Geschlecht, Herkunft und Schicht stark unterschieden, ging man davon aus, daß die Beseitigung dieser Unterschiede zu einer Beseitigung der Unterschiede in der Gesellschaft beitragen würde, weil alle die gleichen Chancen erhalten. Die Ergebnisse des Bildungswesens sollten nicht von Religion, Geschlecht, Herkunft oder Schicht, sondern ausschließlich vom Interesse und von der Leistungsfähigkeit bestimmt werden.

Zur Verwirklichung dieser Politik wurden in den Ländern der Bundesrepublik in den siebziger Jahren unterschiedliche Wege begangen. Die DDR hatte von vornherein einen ganz anderen Weg, den der sozialistischen Einheitsschule, gewählt. Kurz skizziert, bestand der eine bundesrepublikanische Weg in der organisatorischen Integration (gemeinsame Grundschule, Förderstufe, Gesamtschule, Kollegstufe, Gesamthochschule) und der andere Weg in der Expansion der weiterführenden Bildungsgänge (Bildungswerbung, Ausschöpfung der Begabungsreserven, Förderung des Übergangsverhaltens, Durchlässigkeit der Bildungsgänge, Verringerung der Abbrecherquote). Beide Wege wurden in den Ländern der Bundesrepublik mit unterschiedlichen Schwerpunkten begangen, der erste Weg eher in den SPD-regierten, der zweite Weg eher in den CDU-regierten Ländern.

Es gibt verschiedene Möglichkeiten, den Erfolg der Chancengleichheitspolitik zu beurteilen. Ich beschränke mich hier auf zwei Ansätze: erstens auf die Bildungsbeteiligung und zweitens auf die sogenannte intergenerationelle Mobilität. Nach dem Ansatz der Chancengleichheitspolitik dürften sich die Quoten der Bildungsbeteiligung nicht nach Religion, Geschlecht, Herkunft und Schicht unterscheiden, bzw. sie müßten den jeweiligen Anteilen der Gleichaltrigen entsprechen. Dies trifft im wesentlichen jedoch nur für die Religion und das Geschlecht zu, nicht aber für die Herkunft und die Schicht, d. h., die Anteile der Protestanten und Katholiken sowie der Jungen und der Mädchen entsprechen ihren Anteilen an der gleichaltrigen Bevölkerung, nicht aber die Anteile der ausländischen Jugendlichen und der Kinder aus armen oder wenig gebildeten Familien. Hieraus lassen sich zwei mögliche Schlußfolgerungen ziehen: Entweder beruhen die fortbestehenden Unterschiede auf Differenzen der Interessen und Leistungsfähigkeit, oder die Chancengleichheitspolitik war insoweit nicht erfolgreich.

Nach dem Ansatz der Chancengleichheitspolitik – um zum zweiten Kriterium zu kommen – müßte sich die Struktur der sozialen Ungleichheit im Laufe einer Generation verändern, d. h., die Chancengleichheitspolitik müßte zur Folge haben, daß die Kinder benachteiligter Gruppen durch Bildung und Erziehung sozial aufsteigen. Dies ist aber nur in ganz geringem Ausmaß der Fall. Auch wenn man berücksichtigt, daß entsprechende Untersuchungen schwierige Meßprobleme zu bewältigen haben, so läßt sich im großen und ganzen doch sagen, daß die Kinder der Unterschicht und der unteren Mittelschicht durch Bildung nicht aufgestiegen sind, sieht man von einer relativ kleinen Gruppe aus der oberen Unterschicht ab, die unter bestimmten Voraussetzungen den sozialen Aufstieg schafft. Auch hier fragen wir uns: Liegt es am Interesse und der Leistungsfähigkeit oder am Versagen der Chancengleichheitspolitik?

Es hat sich als Illusion erwiesen, die Glaubwürdigkeitslücke der Politik in den westlichen Gesellschaften durch Bildung und Erziehung zu schließen oder zu verdecken. Auch in der Demokratie lassen sich demokratisches Bewußtsein und Handeln durch eine demokratische Erziehung allein nicht durchsetzen. Die Mitbestimmung im Bildungswesen erzieht nur dann zur Demokratie, wenn sie wirksam und nicht nur scheinbar demokratisch ist. Eine Politik der Chancengleichheit im und durch das Bildungswesen korrigiert zwar gewisse gesellschaftliche Benachteiligungen, hebt die Struktur sozialer Ungleichheit jedoch nicht auf. Die Glaubwürdigkeitslücke der Politik läßt sich deshalb nur durch eine glaubwürdige Politik schließen, eine Politik, die mit der Heuchelei ein Ende macht.

---

3 Wegsehen oder Die Negierung der Lebenswelt

Die Bildungsinstitutionen, insbesondere die Schulen, weigern sich, die veränderten Lebensbedingungen der Lernenden zur Kenntnis zu nehmen und im Curriculum zu berücksichtigen; sie neigen vielmehr dazu, der Familie, der Arbeitswelt und dem Freizeitverhalten pauschal die Schuld am Versagen von Schülerinnen und Schülern zuzuweisen. Dabei gehen sie häufig von falschen Voraussetzungen aus, weil sie die familiären und familienähnlichen Beziehungen, die ökonomischen Lebensbedingungen sowie die Welt der Kinder- und Jugendkultur systematisch ausblenden und statt dessen Vorurteile pflegen. Aber – unbeschadet der entgegenstehenden öffentlichen Meinung:

- die Familie ist nicht vom Zerfall bedroht,
- die Vereinzelung der Kinder ist nicht Realität,
- Kindererziehung ist für Frauen nicht zweitrangig,
- Armut ist heute nicht mehr einzig die Armut älterer alleinstehender Frauen, sondern auch die Armut von Kindern,
- Freizeit ist nicht identisch mit Fernsehzeit,
- Kinder und Jugendliche sind nicht hilflose, isolierte Opfer des »Konsumterrors« und der »Informationsverschmutzung.

Die Schule aber weiß nicht, was die Schülerinnen und Schüler außerhalb der Schule lernen und erfahren und unter welchen Voraussetzungen sie innerhalb der Schule lernen und erzogen werden. Die Familien-, Lebens- und Einkommensverhältnisse der Schülerinnen und Schüler unterliegen einem sozialen Wandel, der von vielen aus der Mittelschicht stammenden Lehrerinnen und Lehrern nicht wahrgenommen und von den Medien häufig überzeichnet wird. Nur vor dem Hintergrund der gewandelten

Familien-, Lebens- und Einkommensverhältnisse läßt sich darüber diskutieren, ob »Leistung oder Leben« die Schule und das Bildungswesen als Ganzes prägen soll.

Familienverhältnisse

Die öffentliche Diskussion um die Familie wird durch die These von ihrem Aussterben bestimmt, weil neben den kinderlosen Ehepaaren, den nichtehelichen Lebensgemeinschaften (NEL), den Paaren, die (mit und ohne Kinder) in getrennten Haushalten leben (LAT = Living apart together) und den wirklichen Ledigen – mit Kindern und ohne Kinder – die Normalfamilie angeblich nur noch eine minoritäre Lebensform darstelle. Soweit es sie noch gebe, die Normalfamilie, verkleinere sie sich dramatisch und verändere ihren Charakter durch die Erwerbsarbeit der Mütter. So hört man es allenthalben; doch zeigt ein näherer Blick eine andere, eine sehr viel differenziertere Wirklichkeit.

Das wesentliche Ergebnis des Familien-Survey II des Deutschen Jugendinstituts lautet, daß im Durchschnitt über alle Altersgruppen (bis unter 18 Jahren) knapp 83 % aller Kinder und Jugendlichen in Westdeutschland und gut 65 % in Ostdeutschland in einer Familie leben, die dem sogenannten Normalitätsentwurf entspricht, d. h. *bei ihren verheirateten leiblichen Eltern.*

Diese Zahlen verringern sich begreiflicherweise mit dem Alter der Kinder. Leben im Westen in den ersten beiden Lebensjahren noch fast 90 % bei ihren verheirateten leiblichen Eltern, so sind es bei den Sechzehn- und Siebzehnjährigen nur noch knapp 80 %, aber immerhin 80 %! Im Osten sieht das Bild deutlich anders aus; dort nimmt der Anteil der Kinder, die mit ihren verheirateten leiblichen Eltern zusammenleben, nicht ab, sondern zu, und zwar weil die Eltern heiraten.

Tabelle 1: Kindschaftsverhältnisse 1994 – Leibliche Kinder von verheiratet zusammenlebenden Eltern nach dem Alter der Kinder in den alten und neuen Bundesländern (Zeilenangaben in %)

Alter des Kindes	Alte Bundesländer		Neue Bundesländer	
	ehel. geboren	vorehel. geboren	ehel. geboren	vorehel. geboren
unter 2 Jahren	78	10	42	11
2 bis 3 Jahre	79	8	51	14
4 bis 5 Jahre	77	9	52	15
6 bis 7 Jahre	74	10	48	20
8 bis 9 Jahre	72	9	48	19
10 bis 11 Jahre	73	11	48	22
12 bis 13 Jahre	69	12	44	20
14 bis 15 Jahre	68	9	47	16
16 bis 17 Jahre	67	12	48	12
Gesamt	73	10	48	17

Quelle: DJI-Familien-Survey 6, Bien 1996, S. 214/215

Aus der Tatsache, daß zunächst so viele Kinder bei ihren leiblichen Eltern leben, kann dennoch nicht auf die Stabilität der Familienverhältnisse geschlossen werden, denn vielen Kindern und Jugendlichen, die (noch) in normalen Familienverhältnissen leben, steht das Erlebnis Trennung oder Scheidung noch bevor. Es ist zudem wahrscheinlich, daß diese Gruppe größer werden wird, denn die Scheidungsbetroffenheit von Kindern hat zugenommen: Während die in der Nachkriegszeit (1948 bis 1958) geborenen Kinder im Alter bis zu zehn Jahren im Westen nur zu 5 % die Scheidung ihrer Eltern erlebt haben, waren es bei den in den siebziger Jahren (1974 bis 1978) geborenen bereits doppelt so viele (10 %); im Osten liegen die Zahlen deutlich höher (von 12 % auf 15 %).[1]

Neben der Stabilität der Familienverhältnisse kommt es auch

auf die Familiengröße an. Betrachtet man die Familiengröße aus der Sicht der Kinder, so zeigt sich, daß von allen Kindern und Jugendlichen unter achtzehn Jahren knapp ein Viertel ohne Geschwister im Haushalt ihrer Eltern, also als die berühmten Einzelkinder, aufwachsen; in den alten Bundesländern sind es etwas weniger, in den neuen etwas mehr. Etwa die Hälfte der Kinder in Deutschland lebt nach wie vor in der Zweikinderfamilie, und mehr als ein Viertel wächst zusammen mit zwei oder mehr Geschwistern auf.

Tabelle 2: Kinder unter 18 Jahren nach Geschwisterzahl im Haushalt, 1996 (Angaben in %)

Anzahl der Geschwister im Haushalt	Kinder unter 18 Jahren		
	Insgesamt	ABL	NBL
0	24,3	23,2	28,9
1	48,0	47,0	51,8
2	19,0	20,3	13,9
3 und mehr	8,7	9,5	5,3

Quelle: Bundesministerium für Familie, Senioren, Frauen und Jugend 1998a, S. 42

Die Familienverhältnisse werden aber nicht nur von der Stabilität der Ehen und der Zahl der Kinder in der Familie bestimmt, sondern auch von der Anwesenheit der Eltern, d.h. insbesondere von der Erwerbsarbeit der Mütter. Nach wie vor scheiden Frauen zu großen Teilen aus dem Berufsleben aus, wenn Kinder geboren werden. Haupteffekte für den Wiedereinstieg der Mütter ins Berufsleben und für ihre Erwerbstätigkeit haben das Alter des jüngsten Kindes und die Kinderzahl. Mit zunehmender Geschwisterzahl wird der Anteil der erwerbstätigen Mütter geringer – dies allerdings im Westen deutlicher als im Osten, denn im Osten zeigt sich eine stärkere Berufsorientierung von Müttern.[2]

Mehr als drei Viertel der sechs- bis siebzehnjährigen Kinder von Ehepaaren in Ostdeutschland haben eine berufstätige Mutter; auch in Westdeutschland sind es mehr als die Hälfte. Das bedeutet aber nicht, daß die Mütter dieser Kinder ganztags abwesend sind. In den alten Bundesländern gehen die Mütter von 36 % der Kinder, in den neuen Bundesländern von 17 % einer Teilzeitbeschäftigung nach.[3]

Diese Durchschnittszahlen lassen nur begrenzte Aussagen über die wirklichen Familienverhältnisse zu, denn sie werden durch weitere Faktoren mitbestimmt, z. B. durch die regional und geschlechtsspezifisch unterschiedliche Arbeitslosigkeit. Drei Tatsachen lassen sich jedoch festhalten: 1. Die Erwerbstätigkeit der Eltern ist nach wie vor überwiegend männlich, d. h., Frauen, nicht Männer scheiden aus der Erwerbstätigkeit aus, wenn es um die Pflege der Kinder geht; das gilt insbesondere für den Erziehungsurlaub. 2. Die unterschiedlichen Traditionen in der Erwerbsbeteiligung der Frauen in Ost- und Westdeutschland wirken auch heute noch nach. 3. Der Wunsch nach (Teilzeit-)Arbeit auch während der Kinderphase kann aufgrund von empirischen Erhebungen heute als allgemein verbreitet gelten, und zwar in Ost- und Westdeutschland.

Die Entwicklung der Familienverhältnisse läßt sich demnach durch die Begriffe Stabilität und Wandel kennzeichnen: Die wichtigsten Lebensverhältnisse bestehen fort: Ehe und Familie, Kindschaft und Erziehung; doch sie haben durch neue Lebensformen, wie z. B. NEL und LAT, Konkurrenz bekommen, und sie haben sich in ihrem Charakter stark verändert, durch die Entwicklung von Trennung und Scheidung, durch das gemeinsame Sorgerecht bei nichtehelicher Partnerschaft sowie nach Trennung oder Scheidung und durch die geschlechtsspezifische Ausprägung von Erwerbsarbeit, Erziehungsurlaub, Teilzeitarbeit und Arbeitslosigkeit.

Das Bildungswesen findet also zusammengefaßt die folgende Entwicklung der Familienverhältnisse vor:

1. Die weit überwiegende Mehrzahl der Erwachsenen ist nach wie vor verheiratet, wenn auch in bestimmten Phasen nichteheliche Lebensgemeinschaften stark zugenommen haben und

wenn auch in bestimmten Regionen die Zahl der Singles deutlich angestiegen ist. Neben den Familien kommt es heute zunehmend auf verwandtschaftliche Netzwerke an, die den Lebensalltag stark bestimmen.

2. Die überwiegende Mehrzahl der Kinder, die die Schule besuchen, lebt weiterhin bei ihren leiblichen verheirateten Eltern. Der Anteil der Kinder, die in ihrer Schulzeit die Scheidung ihrer Eltern (und häufig die Wiederheirat) erleben, ist dennoch beträchtlich und im Wachsen begriffen.

3. Fast die Hälfte aller Kinder und Jugendlichen lebt nach wie vor in der Zweikinderfamilie, nur ungefähr ein Viertel aller Kinder und Jugendlichen wächst als Einzelkind auf.

4. Die Schule kann nach wie vor mit der Anwesenheit eines Teils der Mütter im Haushalt rechnen. Zwar haben viele Schülerinnen und Schüler in Ost und West eine erwerbstätige Mutter, die Mütter arbeiten aber häufig – vor allem in Westdeutschland, in zunehmendem Maße aber auch in Ostdeutschland – nicht ganztags. Es kann also davon ausgegangen werden, daß viele Kinder nach der Schulzeit von ihren Müttern betreut werden.

Wie kann, wie soll die Schule damit umgehen?

Leistungsprinzip oder Ganzheitlichkeit?

Die derzeitige Entwicklung der Schule scheint durch zwei einander entgegengesetzte Entwicklungen bestimmt zu sein.

1. Auf der einen Seite bestimmt das Leistungsprinzip fast unangefochten durch die Schule über die Verteilung der Schüler in der Gesellschaft. Der schulische Erfolg entscheidet weitgehend über den Zugang zum Beruf und über die beruflichen Karrieren. Was sollte auch sonst an seine Stelle treten? Geld oder Geschlecht, Religion oder Politik – derartige Verteilungskriterien haben sich als illegitim herausgestellt.

2. Es läßt sich noch eine zweite Tendenz in der Entwicklung der bildungspolitischen Diskussion feststellen, die Tendenz zur sogenannten Ganzheitlichkeit. Nachdem die Schule mehr und mehr, den Grundsätzen der modernen Gesellschaft folgend, rational arbeitsteilig organisiert und dem Leistungsprinzip unterworfen worden ist und sozusagen als Lern- und Leistungsfabrik gedacht wird, fordern viele, daß sich die Schule wieder auf ihre Erziehungsaufgabe besinne, die nicht auf die Produktion bestimmter benennbarer Qualifikationen gerichtet ist, sondern den ganzen Menschen in den Blick nimmt – mit seiner Herkunft und seiner Biographie, seinen Zielen und Gefühlen, seinen Stärken und Schwächen. Das ist nun allerdings leichter gesagt als getan.

Leistungsfähigkeit und Erziehung in der Schule hängen in hohem Maße von den häuslichen Verhältnissen ab; die Kenntnis der Familienverhältnisse der Schülerinnen und Schüler ist deshalb für die Schule wichtig.

Frau B, die an einer Grundschule in Hamburg-Blankenese Deutsch unterrichtet und Klassenlehrerin der 3b ist, besucht die Elternhäuser »ihrer« Kinder regelmäßig, besonders dann, wenn sie den Eindruck gewonnen hat, daß zu Hause irgend etwas nicht stimmt. Sie hat so viel von »Scheidungswaisen« und »Wohlstandsverwahrlosung«, von »Schlüsselkindern« und »Kontingentflüchtlingen« gelesen, daß sie sich über die Lebensverhältnisse ihrer Schülerinnen und Schüler selbst ein Bild machen will. Blankenese ist nicht nur – wie manche meinen – ein Nobelvorort reicher Leute an der Elbchaussee, sondern ein recht gemischtes Quartier, in dem es Villen mit Elbblick und sozialen Wohnungsbau, Asylbewerberheime und kleinbürgerliche Reihenhäuser nebeneinander gibt – ganz zu schweigen von den kleinen Fischer- und Schifferhäusern im Treppenviertel, die heute vielfach von Intellektuellen und Juppies bewohnt werden. Die Grundschule liegt an der Hauptstraße, ein Klinkerbau aus den dreißiger Jahren, so ein richtiges altes Schulhaus mit einigen Baracken daneben, die beschönigend »Pavillons« genannt werden.

Melanie weint in letzter Zeit jedesmal, wenn sie ihr Hausarbeitsheft vorzeigen soll; sie hat seit Wochen keine Hausarbeiten gemacht. Tadellos gekleidet und irgendwie tapfer kommt sie jeden Morgen eher zu früh als zu spät. Zum gemeinsamen Frühstück, das im vorherigen Jahr mit der »ganzen Halbtagsschule« um 7.30 Uhr eingeführt wurde, bringt sie nie etwas mit, ißt auch nichts von den Sachen anderer. Robbie ärgert und knufft sie ständig. Obwohl sie fast denselben Schulweg haben, kommt sie nicht mehr gemeinsam mit ihm zur Schule. Früher hat ihr Vater sie auf dem Weg zur Arbeit mit dem schwarzen BMW manchmal vor der Schule abgesetzt. Frau B könnte die Eltern in die Sprechstunde bestellen, aber sie will lieber zu Hause einmal nachschauen, was da eigentlich los ist. Als sie Melanie sagt, sie wolle ihre Eltern besuchen, und ihr einen Brief mitgibt, lehnt Melanie dies ab, weint und bittet Frau B, nicht zu kommen. Es ist unklar, ob die Angst wegen der fehlenden Hausarbeiten oder etwas anderes der Grund ist. Rauszukriegen ist aus Melanie nichts. »Bitte nicht«, bettelt sie ständig. Melanies Mutter verabredet auf den Brief hin telefonisch kühl einen Besuchstermin, scheinbar wie selbstverständlich.

Melanie ist allein in dem schönen Haus, als Frau B pünktlich um 18.30 Uhr erscheint; sie sagt nichts, sitzt brav und eingeschüchtert auf ihrem Stuhl. Nach gut einer halben Stunde erscheint Melanies Mutter mit einem Tennispartner, entschuldigt sich nicht, bietet Frau B Campari an. »Ach, sie macht keine Hausaufgaben? – Aber Melanie, was ist denn? – Wissen Sie, mein Mann hat sie abends immer mit ihr gemeinsam gemacht, aber nun ist er für längere Zeit verreist.« Frau B geht. Unterwegs trifft sie Robbie: »Wissen Sie denn nicht, daß Melanies Vater mit seiner Freundin abgehauen ist?«

»Robbie, warum mußt du denn nur immer die Mädchen hauen? Melanie und Selime geht es doch nicht so gut, das weißt du doch.« – »Melanie ist jetzt auch in der Scheiße« und »Selime stinkt«. Robbie liegt im Intelligenztest sehr gut, leistet aber nur im Sport etwas, ein exzellenter junger Fußballer, schon in der 3b ein richtiger Raufbold, verletzlich und aggressiv zugleich. Sein Vater, früher einmal Opernsänger, aber nicht erfolgreich, jetzt Taxifahrer, ist ein ortsbekannter Säufer. Die Mutter putzt in der Schule am Ort. Frau B will das Gespräch über Robbies

Leistungsschwäche und sein Verhalten nicht in der Schule, dem Arbeitsplatz der Mutter, führen. Sie vereinbart einen Hausbesuch, nachdem ihr Robbie erzählt hat, sein Vater habe eine Fahrt nach Köln vor. Frau B kennt Robbies Mutter aus der Schule sehr gut, redet viel mit der freundlichen, fleißigen, etwas verhärmten Frau, die sie auch schon um Hilfe gebeten hat, als ihr Mann sie wieder einmal geschlagen hatte; sie war daraufhin einige Tage im Frauenhaus gewesen.

Das Haus am Hang ist deutlich heruntergekommen, immer aber ordentlich und kleinbürgerlich gepflegt – Opernplakate an den Wänden, Berge von leeren Bierflaschen in dem kleinen Hof. Nein, sie könne da gar nichts machen. Ihr Mann sage zu Robbie immer: »Lohnt sich nicht, die Kohle machen immer die anderen. So einer wie Stefan Effenberg mußt du werden, zeig's denen, und hol dir das große Geld in Italien.« Wenn er wirklich so intelligent sei, könne man den Robbie ja vielleicht ins Heim geben. Frau B will es mal beim Jugendamt versuchen.

Den Hausbesuch bei Selimes Eltern hätte sich Frau B eigentlich sparen können, aber Selime wollte so gerne, daß sie auch zu ihr einmal nach Hause komme. Selime ist mit ihren Eltern und vier Geschwistern während des Golfkrieges aus dem kurdischen Irak geflüchtet. Der Antrag auf politisches Asyl wurde mangels politischer Verfolgung abgelehnt; wegen der den Kurden im Irak drohenden Repressionen wurde der Familie jedoch Duldung gewährt. Nachdem die Familie lange im Asylbewerberheim in Blankenese gewohnt hatte, erhielt sie nun auf Zeit eine Sozialwohnung in einem Haus, das abgerissen werden soll. Selimes Vater bekam eine befristete Arbeitserlaubnis und arbeitet für eine türkisch-kurdische Firma als Lastwagenfahrer. Selimes Mutter arbeitet schwarz in der privaten Altenpflege.

Selime hat zunächst die multikulturelle Auffangklasse in Altona besucht; sie kann noch nicht so richtig Deutsch. Sie lernt aber sehr fleißig und wird mit großer Wahrscheinlichkeit den Übergang von der Grundschule in die Realschule schaffen. Neben drei Japanerinnen ist sie die einzige Ausländerin in der Klasse; sie ist sehr isoliert. Frau B bemüht sich, eine Freundin für Selime zu finden. Sie möchte mit den Eltern besprechen, ob Selime nachmittags nicht in den Hort gehen könnte, aber die

Eltern lehnen das ab – selbst wenn es kostenlos wäre. Die Eltern loben die Schule und Frau B; es gibt Kaffee und Kuchen und Likör. Die Abschiebung droht, alle Verträge sind befristet.

»Geschichten, die das Leben schrieb«; sie könnten auch in der Zeitschrift »Eltern« stehen. Sie zeichnen die Lebenswelt nicht aller, aber doch einiger Schülerinnen und Schüler. Frau B hätte sich darauf beschränken können, Melanies Eltern Mahnungen wegen der fehlenden Hausarbeit zu schicken und die entsprechenden Eintragungen ins Klassenbuch zu machen, Robbie weiterhin zu ermahnen und seine schwachen Leistungen entsprechend zu bewerten und Selime für ihren Fleiß zu belobigen und ihr vielleicht eine Förderstunde pro Woche in Deutsch erteilen zu lassen. Frau B hat statt dessen versucht, den Ursachen sowohl der Leistungs- wie der Verhaltensprobleme nachzugehen, sie selbst festzustellen. Frau B kann in Melanies Fall keine Trennungsberatung anbieten, denn das wäre einstweilen aussichtslos; sie wird vielmehr noch abwarten müssen und versuchen, Melanie zu stärken. Bei Robbie und Selime organisiert sie sozialpädagogische Hilfe, vielleicht mit Erfolg. Frau B überwindet die Abschottung zwischen Schule und Elternhaus, zwischen Schule und Jugendhilfe, und zwar aus eigener Initiative und allein. Die Ursachen der Unterrichts- und Erziehungsprobleme liegen jedoch in den Familienverhältnissen; diese kann Frau B nicht ändern, weder die Trennung von Melanies Eltern noch das berufliche Scheitern von Robbies Vater, und auch nicht die Befristung des Aufenthaltes abgelehnter Asylbewerber in Selimes Fall. Kann die soziale und politische Ohnmacht ein Grund für das Wegsehen der Schule angesichts der Lebenswelten der Schülerinnen und Schüler sein? Viele Lehrerinnen und Lehrer wollen die Lebensverhältnisse ihrer Schülerinnen und Schüler nicht zur Kenntnis nehmen; sie müssen zur Erhaltung eines reinen pädagogischen Gewissens wegsehen.

Lebensverhältnisse

In der öffentlichen Diskussion über heutige Kindheit herrscht vielfach das Bild des *vereinzelten, verhäuslichten, verplanten Wesens* vor. Die Vereinzelung wird nicht nur an der Geschwisterzahl, sondern auch an der Kontaktarmut festgemacht; die Verhäuslichung an der Kinderfeindlichkeit der öffentlichen Räume sowie der Spezialisierung und Eingrenzung der den Kindern zur Verfügung gestellten Räume; die Verplanung schließlich an den übervollen Terminkalendern der Kinder. Die Kinderforschung der vergangenen Jahre relativiert und differenziert dieses Bild beträchtlich.

Gegen die These von der *Vereinzelung* spricht einerseits die weitverbreitete Vereinsmitgliedschaft der Kinder und Jugendlichen, insbesondere die Mitgliedschaft in Sportvereinen. Von den Zehn- bis Dreizehnjährigen sind im Westen 61 % der Jungen und 58 % der Mädchen Mitglieder in Vereinen, im Osten sind es allerdings einstweilen angesichts der verschwundenen früheren institutionellen Freizeitinfrastruktur nur 38 % bzw. 26 %.[4] Betrachtet man die Nutzung nicht nur von Vereinsangeboten, sondern auch von Gruppenangeboten wie Musikschulen, Kirchengruppen u. a., so erhöhen sich diese Anteile nochmals: 81 % der Acht- bis Zwölfjährigen im Westen und 61 % im Osten besuchen einen Verein oder eine Gruppe.[5]

Für die Vereinzelung scheint dagegen das Ausmaß des Fernseh- und Musikkonsums zu sprechen. Die Fernsehforschung der Gesellschaft für Konsum-, Markt- und Absatzforschung (GfK) fand für das Jahr 1997 heraus, daß 59 % der Sechs- bis Neunjährigen an einem durchschnittlichen Wochentag zweieinhalb Stunden und 64 % der Zehn- bis Dreizehnjährigen drei Stunden fernsehen. Über die vergangenen Jahre hinweg ist der Anteil der kindlichen Fernsehnutzer relativ stabil geblieben, und auch die Verweildauer vor dem Fernsehgerät schwankt in diesen Altersgruppen nur geringfügig. Beobachten läßt sich allerdings, daß mit dem Alter der Fernsehkonsum steigt – und eine Fernsehdauer von fast drei Stunden an einem durchschnittlichen Wochentag erscheint für Sechs- bis Dreizehnjährige doch recht hoch.[6]

Für die Frage nach der Vereinzelung ist jedoch nicht so sehr das »Ob« und das »Wieviel« wichtig, sondern die Frage des »Wie« und des »Mit wem«. So zeigen Untersuchungen des Deutschen Jugendinstituts, daß Fernsehkonsum keineswegs Vereinzelung bedeuten muß, sondern vielmehr zur Vergemeinschaftung führen kann, denn Fernsehen ist, ebenso wie Musik, sowohl in der Familie wie in der Peer-Group ein wesentliches Kommunikationsmedium.[7]

Zum Thema *Verhäuslichung* muß man zunächst einmal feststellen, daß fast alle Kinder heute ein eigenes Zuhause haben, und zwar in dem Sinne, daß ihnen eigene private Räume zur Verfügung stehen. In den alten Bundesländern haben 98% der Haushalte mit Kindern mindestens ein Kinderzimmer, in den neuen Bundesländern 82 %.[8] Selbst wenn das Kinderzimmer häufig mit Geschwistern geteilt wird – auch das zum Thema Vereinzelung –, so besitzen die Kinder doch ein »eigenes Reich« in der elterlichen Wohnung, was so selbstverständlich nicht immer war und auch heute in der Welt nicht ist.

Ebenfalls ist nicht zutreffend, daß die Kinder und Jugendlichen – trotz hohen Fernseh- und Musikkonsums – an das Haus gefesselt sind, sondern sie nehmen – auch angesichts der Verplanung öffentlicher Räume – eine Vielzahl von Kontakten außerhalb des Hauses wahr. Die Mehrzahl der Zehn- bis Vierzehnjährigen spielt oft im Außenraum: 30 % an besonderen Treffpunkten außerhalb des Hauses, 10 % auf der Straße und 20 % im Gelände.[9]

Die *Verplanung* der Kindheit wird häufig an den berühmten kindlichen Terminkalendern festgemacht. Die Frage nach festen Terminen, die sie jede Woche wahrzunehmen hätten, beantworten die Kinder (zehn bis vierzehn Jahre) jedoch sehr unterschiedlich. Weniger als die Hälfte hat ein bis zwei feste Termine pro Woche, was ja nicht sehr viel ist. Termingebundenheit findet sich vor allem bei den westdeutschen Kindern, mehr als die Hälfte – doppelt so viele wie in den neuen Bundesländern – nimmt drei und mehr Termine wahr, nur 6 % gegenüber 34 % im Osten haben überhaupt keine festen Außentermine.[10] Eine schichtspezifische Analyse der Daten zeigt, daß die Verplanung der Freizeit durch feste Termine eher ein westliches Mittelschichtsphänomen ist.

Einblick in den kindlichen Lebensalltag bieten auch Informationen über die Inanspruchnahme durch Hausaufgaben – rund eine Stunde täglich benötigen die Kinder und Jugendlichen im Durchschnitt für Hausaufgaben, bei großen Unterschieden zwischen Ost und West und abhängig von ihrem jeweiligen Alter – sowie über die Mithilfe im Haushalt – mehr als ein Drittel hilft oft, und zwar in den neuen mehr als in den alten Bundesländern und Mädchen deutlich häufiger als Jungen.[11] Auch bezahlte Arbeit beansprucht einen Teil der kindlichen »Freizeit«: Nach einer Untersuchung in drei Gewerbeaufsichtsamtbezirken in Nordrhein-Westfalen arbeiten 40 % der Schülerinnen und Schüler der siebten bis neunten Klassen gelegentlich oder regelmäßig für Geld.[12] Im Bundesvergleich zeigt sich, daß in allen Altersstufen Kinder und Jugendliche in Westdeutschland häufiger jobben als in Ostdeutschland und daß hier der Anteil der jugendlichen Jobber im Alter zwischen sechzehn und achtzehn am höchsten ist.[13]

Konsumtives Verhalten scheint ebenfalls eine nicht unwesentliche Rolle im Leben von Kindern zu spielen, denn der relativen Armut einer Gruppe von Kindern steht die außerordentliche Kaufkraft von Kindern gegenüber, die nach der KIDsVerbraucheranalyse 1997 in der Altersgruppe der Sechs- bis Siebzehnjährigen auf 17,6 Milliarden DM geschätzt wird. Das Geldeinkommen bzw. -vermögen setzt sich aus 7,7 Mrd. DM und aus Sparkonten zusammen. Der Großteil des Geldes landet auf Sparkonten, beachtliche Summen geben die Kinder jährlich aber auch aus, die Neun- bis Elfjährigen vor allem für Süßwaren und Getränke, »Lesestoff« und Hobbys, die Zwölf- bis Vierzehnjährigen vor allem für Musikprodukte und Weggehen, die Vierzehn- bis Achtzehnjährigen vor allem für Aktivitäten wie Ausgehen, Stadtbummel u.ä., für ihr »Outfit« sowie für Genußmittel (Essen, Pizza, Süßigkeiten, Getränke) und Musikprodukte.[14]

Vom Taschengeld allein kann dieser Konsum nicht bestritten werden, denn dieses beträgt für drei Viertel der Kinder und Jugendlichen zwischen 15 und 45 DM pro Monat. Neben Geschenken und sonstigen Zuwendungen muß hier das Jobben eine große Rolle spielen, denn »Kinderarbeit« steht heute weitgehend nicht im Interesse der Eltern, sondern beruht auf dem Konsuminteresse der Kinder und Jugendlichen selbst.[15]

Tabelle 3: Durchschnittliche Geldbezüge 6- bis 17jähriger nach Altersgruppen und Geschlecht (Angaben in DM)

	monatlich verfügbares Geld	davon: Verdienst durch Haushaltsarbeit	davon: Verdienst durch Jobben	Geldgeschenke zu Weihnachten und Geburtstag
Gesamt	48,53	5,02	13,40	212,03
Jungen	48,96	5,62	15,13	213,77
Mädchen	48,08	4,40	11,58	210,19
6 – 9 Jahre	17,57	1,44	0,50	134,96
10 – 13 Jahre	36,91	3,22	4,08	199,41
14 – 17 Jahre	92,94	10,63	36,46	305,98

Quelle: KIDsVerbraucheranalyse 1997, S. 19ff

Wie die vorstehende Tabelle zeigt, bessern vor allem die Älteren ihr Taschengeld durch Arbeiten im Haushalt und durch Jobs auf, wobei die hier genannten Beträge – verglichen mit einer Untersuchung in fünf Gewerbeaufsichtsamtsbezirken Nordrhein-Westfalens und Hessens – relativ gering erscheinen. Diese Studie kommt zu dem Ergebnis, daß 20 % der Acht- bis Zehntkläßler bei einer Arbeitszeit von mehr als 480 Stunden im Jahr durchschnittlich 5000 bis 6000 DM verdienen.[16]

Auch wenn dieses Bild von den Lebensverhältnissen der Kinder und Jugendlichen manche Vorurteile über die Kindheit heute nicht bestätigt, ergibt sich für die Schule doch die Einsicht, daß außerschulische »Mächte« die Lebensverhältnisse der Kinder und Jugendlichen stärker bestimmen, als der »pädagogische Blick« das wahrhaben will, nämlich Fernsehen und Konsum, Sport und Jobben und nach wie vor Familie und Freundschaft.

Unterricht oder Gestaltung von kommunikativen Beziehungen?

Die Schule scheint – auch nach einem Jahrhundert der Reformbewegung – nach wie vor eine Unterrichtsanstalt zu sein, die der einseitigen Vermittlung von Wissen, Einsichten und Fähigkeiten durch die Lehrenden an die Lernenden dient. Vermutlich eignet sich die Sozialform des Unterrichts auch am besten für die Vermittlungsfunktion, z.B. in den Sprach- und Sachfächern, obwohl auch hier andere Formen erprobt und genutzt werden, z.B. Labor und Konversation, Experiment und Entdeckung.

Ich glaube nicht, daß diese Unterrichtsschule gänzlich verschwinden und durch reine Servicezentren ersetzt werden wird, in denen das heimische Lernen im Internet nur noch organisiert wird. Allerdings wird die Schule der Zukunft die Aufgabe haben, Kinder und Jugendliche in die Organisation der technischen Kommunikation einzuführen und die entsprechende Infrastruktur zu organisieren.

Daneben bleibt der Schule aber die wichtige Aufgabe, ein Ort des Informations- und Erfahrungsaustausches, des Übens und Wiederholens zu sein, der Sicherung und Anwendung des erworbenen Wissens sowie der erworbenen Fähigkeiten. Die Schule bleibt ein zentraler Lebens- und Erfahrungsraum, in dem soziale Kompetenzen im Umgang von Kindern mit Erwachsenen und insbesondere auch zwischen Kindern außerhalb der Familie erstmals dauerhaft erfahren und erworben werden können. Die Unterrichtsschule wird also nicht verschwinden, sondern durch informationstechnologische, repetitive und soziale Aufgaben ergänzt und somit als Einrichtung möglicherweise gestärkt werden.

Wie aber fließen die Lebensverhältnisse der Kinder und Jugendlichen in diesen Ort der Kommunikation ein? Wenn die verwandelte Schule die Lebensverhältnisse der Kinder und Jugendlichen einbeziehen soll, darf sie nicht wegsehen – sondern sie muß hinsehen. Wohin aber soll sie schauen?

1. Fernsehen

Es gibt zwar eine riesige medienpädagogische Literatur, Richtlinien der Kultusministerkonferenz, Handreichungen für Lehrer usw.; das wichtigste aber scheint mir zu sein, daß Lehrer selbst fernsehen, also nicht wegsehen, sondern im wahrsten Sinne des Wortes zusehen.

Wir wissen nicht, welche Sendungen Lehrerinnen und Lehrer sehen, weil sie – nicht anders als andere Menschen – nicht aus beruflichen, sondern aus persönlichen Gründen fernsehen. Fragen wir nun aber, was sie wohl aus beruflichen Gründen – »hinsehen«, nicht »wegsehen« – sehen sollten, so lassen sich Sport- und Musiksendungen wie auch andere Spartenkanäle ausschließen, denn man braucht nicht Real Madrid gegen Bayern München zu sehen, wenn man wissen will, was Fußball ist und was Fußball für die Schülerinnen und Schüler bedeutet; dasselbe gilt entsprechend für die Musikvideos oder die reinen Politiksendungen, z.B. für Nachrichtensendungen. Für Krimis, Science-fiction, Fantasyfilme, für Comedy-Serien und Talk-Shows gilt dies aber nicht, ganz zu schweigen von den Spielfilmen.

Wenn ich die Frage stelle, was Schüler und Lehrer im Fernsehen sehen, dann geht es mir weder um die »Erlebnisgemeinschaft« von Lehrern und Schülern noch um die »Pädagogisierung« des Fernsehens. Schaut man sich das Nachtprogramm an – auch Jugendliche sehen das Nachtprogramm –, so zeigt sich deutlich, daß es völlig illusionär wäre, zwischen Lehrenden und Lernenden eine »Erlebnisgemeinschaft« dadurch herzustellen, daß die Lehrenden und die Lernenden dieselben Sendungen sehen, damit sie dann am nächsten Tag in der Schule darüber sprechen können. Lehrer und Schüler haben verschiedene Erlebniswelten, verschiedene Lebensverhältnisse, die auch nicht aufgehoben werden, wenn sie dieselben Fernsehsendungen sehen. Natürlich kann und soll man darüber sprechen, auch im Unterricht, aber eben nicht auf der theoretischen Grundlage einer »Erlebnisgemeinschaft«, sondern weil das Fernsehen zur Lebenswelt der Schülerinnen und Schüler gehört – die Sendungen aus den Spartenkanälen ebenso wie die Krimis und die Spielfilme.

Kinder spielen zu Hause oder bei Freunden, sie spielen auf der Straße oder im Gelände; sie spielen aber auch an »pädagogischen Spielorten«, z. B. auf Kinderspielplätzen.

Die Kinderspielplätze sind einerseits Orte im öffentlichen Raum und andererseits Räume der Organisation des freien Spiels; sie erweitern die private Sphäre ins Öffentliche hinein und begrenzen die öffentliche Sphäre des freien Kinderspiels zugunsten organisierter Räume. Wir alle kennen die Standardausstattung dieser Spielplätze: Sandkasten, Klettergerüst, Rutsche, Rundlauf, Fliegenpilz, Schwebebalken usw.; ein Zaun drum herum, zwei Bänke für die Mütter und Großmütter, ein Schild, das das Fußballspielen untersagt und feststellt, daß Eltern für ihre Kinder haften. In den siebziger Jahren bauten Eltern und Kinder sogenannte Abenteuerspielplätze, um die organisierte Öde dieser öffentlichen Kinderspielplätze zu überwinden, aber sie haben sich nicht allgemein durchgesetzt.

Kinderspielplätze sind ideale Beobachtungsorte für kindliches Sozialverhalten. Sie stehen nicht unter dem Ordnungszwang der Schulklasse und des Unterrichts; sie erlauben »freies Spiel«. Sie begrenzen andererseits den Aktionsradius der Kinder und machen ihre Welt sichtbar, die sich »auf der Straße« oder im »Gelände« den beobachtenden Blicken der Erwachsenen entzieht. Bleiben Sie stehen, Frau Lehrerin, setzen Sie sich auf eine Bank und schauen Sie zu. Sie werden über »Ihre Klasse« mehr erfahren als in der Klasse. Der Kinderspielplatz ist ein Mikrokosmos mit einer eigenen Ordnung, hier lernen Kinder – jenseits von Familie und Schule – etwas über die soziale Ordnung und die gesellschaftlichen Rollen, und zwar insbesondere über die Alters- und Geschlechtsrollen. Kein Lehrer und keine Lehrerin sollte sich die Chance entgehen lassen, das soziale Leben auf den Kinderspielplätzen zu studieren, weil die »Lebensverhältnisse« auf dem Kinderspielplatz die Lebensverhältnisse in der freien Gesellschaft repräsentieren, die der schulischen Ordnung zugrunde liegen. Es geht hier nicht um Unterricht, und es wäre furchtbar, wenn das Leben auf dem Spielplatz auch noch schulisch vor- und nachbereitet würde. Auch geht es nicht darum, daß die Lehrerin oder der Lehrer auf dem Spielplatz eingreift und das Spielen organisiert. Es geht also weder um Unterricht noch um Gestaltung der kommunikativen Beziehungen auf dem Spielplatz, sondern es geht darum, die sozialen Kompetenzen, die Kinder auf Spielplätzen erwerben, zu kennen und ihre Entstehung zu beobachten, denn sie prägen auch das Leben in der Schule.

3. Konsumwelt

Wie wir gesehen haben, wird die Kaufkraft der Sechs- bis Siebzehnjährigen auf 17,6 Milliarden DM geschätzt. Wie gehen Kinder und Jugendliche mit Geld um? Sie sind ja noch minderjährig, d. h., sie können nur mit Einwilligung ihrer Eltern Kaufverträge abschließen und Eigentum erwerben, es sei denn, es handelt sich um ihr Taschengeld, mit dem sie den Kaufpreis begleichen. Bedenkt man, wie teuer die von Kindern und Jugendlichen vorzugsweise erworbenen Artikel wie Zeitschriften, Bücher, CDs und Kassetten, Kleidung, aber auch Süßigkeiten sind und wieviel Geld das »Weggehen« kostet, wenn es mit Konsum von Getränken oder Nahrungsmitteln verbunden ist, so kann man sich nicht vorstellen, daß ein durchschnittliches Taschengeld von 15 bis 45 DM pro Monat ausreicht. Der Konsum der Kinder setzt insoweit also die Mitwirkung der Eltern voraus.

Wer bestimmt das Konsumverhalten von Kindern und Jugendlichen, von ihren Eltern? Man kann davon ausgehen, daß eine Medienwerbung, die sich an Kinder und Jugendliche richtet, bei den Auswahlentscheidungen eine gewisse Rolle spielt, und die Medienpädagogik richtet deshalb ihr besonderes Augenmerk auch auf das Verhältnis von Schule und Werbung. Neben den elektronischen Medien dürfte jedoch nach wie vor die Werbung in den Printmedien eine große Rolle spielen. Ein Werbemedium besonderer Art ist der Versandhauskatalog, weil er die Werbung mit dem Kaufangebot unmittelbar verbindet, eine Form, die seit einiger Zeit auch in den elektronischen Medien Eingang gefunden hat. Es lohnt sich deshalb, einen Blick in einen solchen Katalog zu werfen, z. B. in den »Otto-Katalog«.

Der Hauptkatalog hat 1409 Seiten aus buntem Glanzpapier; daneben gibt es Spezialkataloge. Für Nichtkunden kostet diese Präsentation der Konsumwelt 5 DM – ein Geschenk! Das Inhaltsverzeichnis unterscheidet: Mode für sie, Wäsche, das Schuhhaus, Kindermode, Männermode, Sport, Einrichten, Haushalt und Hightech. Wenn man sich dafür interessiert, welche Angebote wohl den Kindern gemacht werden, wendet man sich der »Kindermode« zu. In der Tat: »Hier gibt es alles, was man sich wünschen kann, umweltfreundliche strapazierfähige Mode für Kleine und heiße Trends für Teens. Vieles sind hochwertige Markenqualitäten. Neu: die Kinder-Kollektion von Calvin Klein.«

Nun wäre es natürlich verfehlt, die Wirkung des Otto-Katalogs auf Kinder und Jugendliche ausschließlich von der Abteilung Kindermode abzuleiten. Ähnlich wie beim Fernsehen wendet sich das gesamte Programm auch an Kinder und Jugendliche, insbesondere die Teile »Sport« und »Hightech«.

Man mag über die Werbung in der Schule Unterrichtsstunden abhalten, man mag mit den Kindern und Jugendlichen über die Konsumwelt in ihrer Sprache kommunizieren; das Verständnis der Warenwelt eröffnet sich erst durch den Blick auf die Ware selbst.

Einkommensverhältnisse

Die Zahl der Sozialhilfeempfänger im allgemeinen hat bekanntlich in der Bundesrepublik dramatisch zugenommen, und die Zahl der Kinder und Jugendlichen in Haushalten, die Sozialhilfe erhalten, ist überproportional groß, denn sie liegt bei Kindern und Jugendlichen mit 6 % doppelt so hoch wie beim Durchschnitt der Gesamtbevölkerung.[17] Betrachtet man die sich am faktischen Durchschnittseinkommen (weniger als 50 %) orientierende Armut, so zeigt sich, daß diese Armutsquote in den Jahren 1990 bis 1995 von 10 % auf 13 % gestiegen ist. Auch in der Gruppe der Kinder unter fünfzehn Jahren, deren Betroffenheit überproportional hoch ist, haben sich die Armutsraten in dieser Zeit deutlich erhöht – im Westen von

17 % auf 22 % und im Osten von 5 % auf 20 %.[18] Legt man den Maßstab von Armut unterhalb der Grenze eines 40 %igen Durchschnittseinkommens, bezeichnet als »strenge Armut«, so kommt man freilich zu einem wesentlich niedrigeren Anteil der Kinderarmut und zu einem geringeren Anstieg im gleichen Zeitraum, nämlich von 4 % auf 6 % im Westen und von 2 % auf 3 % im Osten.[19] Jeder tiefere Blick des statistisch ungebildeten Laien in die Armutsstatistik mit ihren unterschiedlichen Berechnungsarten und differierenden Aussagen steigert die Verwirrung. So kam es, daß nicht nur die Kinderarmut, sondern auch ihre Berechnung im Sommer 1998 Wahlkampfthema wurde. In einem stimmen allerdings alle statistischen Aussagen über die Armutsentwicklung überein: Kinderarmut in der Bundesrepublik ist inzwischen die Armut von Kindern Alleinerziehender, in großen Familien und in Familien mit älteren Kindern.

Die statistische Armutsforschung hat in den vergangenen Jahren noch ein zweites Phänomen herausgearbeitet: die Veränderlichkeit der Armut. Während in der Öffentlichkeit das Schlagwort von der sogenannten Zweidrittelgesellschaft die Annahme nahelegt, daß die Gesellschaft tendenziell in zwei Teile zerfällt, deren unteres Drittel dauerhaft in Armut lebt, zeigt die Armutsforschung, daß es innerhalb der Armut zwei unterscheidbare Gruppen gibt. Für eine große Gruppe ist zwar das Armutsrisiko hoch, aber ebenso die Chance, aus der Armut wieder herauszugelangen; für eine nur sehr kleine Gruppe dagegen ist die Armut dauerhaft und ein Entkommen aussichtslos. Das Armutsrisiko ist also auch für normale mittlere Einkommensgruppen gegeben; die dauerhafte strenge Armut trifft aber nur wenige. Der Satz »Einmal arm, immer arm« ist für die Gesamtheit der von Armut Betroffenen falsch.

Für die Schule lassen sich drei wichtige Ergebnisse festhalten: 1. Der Anteil der von Armut betroffenen Kinder und der Anteil der Kinder, die von öffentlicher Unterstützung leben, hat zugenommen. 2. Arme Kinder kommen heute nicht nur aus der kleinen Gruppe dauerhaft armer Familien, sondern können auch aus ganz normalen Familien kommen. 3. Es gibt unter den Kindern Gruppen, die ganz besonders von Armut betroffen sind: die Kinder Alleinerziehender und kinderreicher Familien.

Die Einkommensverhältnisse hängen sehr stark mit der *Arbeitslosigkeit* zusammen. Noch gilt in Deutschland der Grundsatz, daß sich die Lohnersatzleistungen bei Arbeitslosigkeit nach dem Arbeitseinkommen richten. Für Empfänger mit Kindern beträgt das Arbeitslosengeld derzeit 67 %, die Arbeitslosenhilfe 57 % des Leistungsentgelts der letzten zwölf Monate. Zu Beginn des Jahres 1998 gab es in der Bundesrepublik 4,8 Millionen Arbeitslose, was einer Arbeitslosenquote von 12,6 % entspricht; im Westen betrug die Arbeitslosenquote 10,4 %, im Osten 21,3 %. Nochmals rund 600 000 Personen arbeiteten in Beschäftigungsverhältnissen, die nicht stabil sind – Kurzarbeiter, Teilnehmer an Weiterbildungsmaßnahmen und Beschäftigte in Arbeitsbeschaffungsmaßnahmen –, so daß die Gesamtzahl der nicht sicher Beschäftigten 5,4 Millionen betrug. Eigentlich müßte man auch noch die sogenannte Dunkelziffer hinzurechnen, d. h. die Arbeitslosen, die sich beim Arbeitsamt überhaupt nicht mehr melden, weil sie die Hoffnung auf Arbeit aufgegeben haben. Schätzungen besagen, daß die Dunkelziffer etwa genau so hoch ist wie die offizielle Zahl der Arbeitslosen. Rund drei Viertel der Arbeitslosen bezogen Anfang 1998 Leistungen aus der Arbeitslosenversicherung, d. h., 1,2 Millionen erhielten keine entsprechenden Leistungen. Soweit sie die Voraussetzungen erfüllten, bezogen sie Sozialhilfe.[20]

Die durchschnittliche Arbeitslosenzahl, die monatlich von der Bundesanstalt für Arbeit bekanntgegeben wird und somit allgemein bekannt ist, bleibt eine ziemlich abstrakte Größe. Sie läßt die Bedeutung für die Lebensverhältnisse der Betroffenen und für Bildung und Ausbildung nicht erkennen. Konkret werden die Arbeitslosenzahlen erst, wenn sie auch in ihrer zeitlichen Entwicklung, im Regionenvergleich, nach der Dauer, nach der Qualifikation, nach dem Geschlecht und nach dem Alter differenziert werden.

Aus der Entwicklung der Arbeitslosigkeit in der Bundesrepublik lassen sich die folgenden Gesichtspunkte ableiten, die für die Gestaltung des Bildungswesens – auch des Schulwesens – von Bedeutung sind:

1. Die allgemeine Arbeitslosigkeit hat sich von einer für das Bildungswesen relativ marginalen Begleiterscheinung konjunktureller Krisen zu einem Bestimmungsfaktor der Bildungspolitik entwickelt, und zwar wegen ihres Ausmaßes, wegen ihrer Dauer und wegen ihrer alle Bevölkerungsschichten betreffenden sozialen Breite.

2. Die Berufs- und Erwerbssituation besitzt aus diesen Gründen nicht nur für die Berufsausbildung – unter Einschluß der Hochschulen –, sondern auch für das allgemeine Bildungswesen Bedeutung. Wenn weder die Ausbildung aller Jugendlichen noch die Beschäftigung aller ausgebildeten Menschen gewährleistet ist, kann auch die Schule nicht so tun, als ginge sie das nichts an, und einfach wegsehen.

3. Solange die Höhe der Qualifikation über die Beschäftigungschancen entscheidet, bleibt die berufliche Qualifizierung eine wichtige Aufgabe des Bildungswesens, die die öffentliche und private Investition in das Bildungswesen rechtfertigt.

Arbeitslosigkeit und Sozialhilfeabhängigkeit sind jedoch nur »die eine Seite der Medaille«. Den Hintergrund von Bildung und Ausbildung bildet die allgemeine Einkommens- und Vermögenslage, denn sie stellt eine wichtige Voraussetzung für die Arbeit der Bildungsinstitutionen dar. Das monatliche durchschnittlich verfügbare Einkommen sagt allerdings wenig über die Situation der Kinder und Jugendlichen sowie ihrer Familien aus, viel interessanter ist die Einkommensverteilung der Haushalte:

Abbildung 2: Einkommensverteilung im Mai 1995
Monatliches Haushalts-Nettoeinkommen in DM

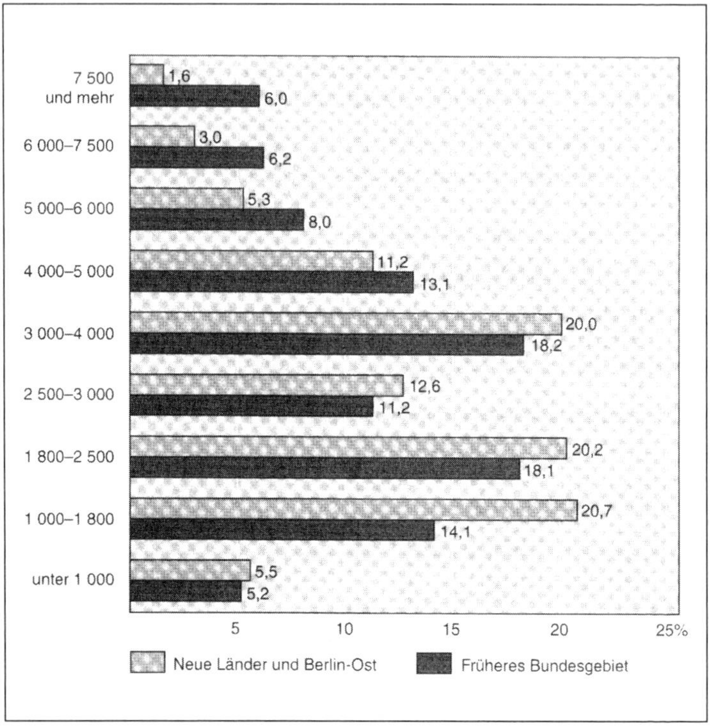

Quelle: Statistisches Bundesamt 1997b, Seite 105

Diese Grafik macht für das Jahr 1995 nicht nur den fortbestehenden Unterschied zwischen West und Ost deutlich, insbesondere bei den Einkommen unter 1800 DM, sondern zeigt auch, daß im Osten 25 % der Haushalte, im Westen immerhin 20 % der Haushalte über ein Einkommen von bis zu 2000 DM verfügen. Die schulische Situation von Kindern aus Familien mit einem derart niedrigen Einkommen muß extrem belastet sein. Demgegenüber erstaunt es, daß monatliche Nettoeinkommen von über 6000 DM im Osten nur 5 % und im Westen knapp über 12 % beziehen. Nur ein kleiner Prozentsatz von Kindern kommt also aus Haushalten, die ohne allzu große

Sorgen die Bildung und Ausbildung ihrer Kinder finanzieren können.

Man spricht zur Zeit viel davon, daß noch nie in der deutschen Geschichte so viele Vermögen vererbt worden sind, doch gemeint sind vermutlich große Vermögen. Zieht man die nicht ohne weiteres »versilberbaren« Vermögenswerte des Haus- und Grundbesitzes, der Bausparguthaben und Lebensversicherungsguthaben ab, so verbleibt ein durchschnittliches Barvermögen von 88000 DM im Westen und 43500 DM im Osten. Das ist nicht viel! Berücksichtigt man aber die Tatsache, daß der weit überwiegende Teil dieses Vermögens sich in der Hand von einer winzigen Minderheit befindet, so ist es fast nichts! Neben den wenigen Kindern vermögender Eltern sitzen in der Schule deshalb überwiegend Kinder von Eltern ohne Vermögen. Haus- und Grundvermögen besaßen 1993 51% aller Haushalte in den alten und 28% aller Haushalte in den neuen Bundesländern.[21] Auch wenn dieses Haus- und Grundvermögen nicht dem Konsum oder der Bildung und Ausbildung der Kinder zugeführt werden kann, so bedeutet seine Existenz für einen großen Teil der Familien und damit auch für die Kinder doch eine beträchtliche Sicherheit!

Die Vermögens- und Einkommensverhältnisse der Bundesrepublik sagen für die Lage der Kinder und Jugendlichen im Bildungswesen folgendes aus:

1. Die Vermögensverhältnisse der Haushalte haben für die Situation der Kinder im Bildungswesen keine Bedeutung, denn die Haushalte besitzen – von einer kleinen Minderheit großer Vermögen abgesehen – kein nennenswertes Vermögen außer den Immobilien, die für Konsum und Bildung in der Regel nicht zur Verfügung stehen. Es kommt also auf das Einkommen an.

2. Ein nennenswerter Teil der Haushalte verfügt über Niedrigeinkommen unter 1800 DM, die den Unterhalt einer Familie und die Bildung der Kinder nicht sichern können; aber auch Einkommen von bis zu 2000 DM, die ein Fünftel bis ein Viertel zur Verfügung haben[22], gewährleisten keine ausreichenden Bildungschancen für Kinder.

3. Zwar verfügen Haushalte mit Kindern in der Regel über höhere Einkommen als Haushalte ohne Kinder, von einer Gleichstellung der Familien mit den Kinderlosen kann angesichts der Kosten für Kinder jedoch keine Rede sein.

Die durchschnittlichen Einkommensverhältnisse geben wenig Aufschluß über die wirklichen Lebensverhältnisse der Familien und damit auch über die Bedeutung des Einkommens für Bildung und Ausbildung; sie bilden einen Rahmen, weil sie gewisse Voraussetzungen und Grenzen schulischen Handelns bezeichnen, nicht mehr, aber auch nicht weniger!

Die wirtschaftliche Wirklichkeit des Schülerlebens kann aber auch ganz anders aussehen, z.B. so: In Grazing, in der Nähe des Chiemsees, gibt es ein Fitneßstudio, das als GmbH & Co. KG betrieben wird. Gesellschafter sind Klaus, ein neunzehnjähriger Gymnasiast aus Traunreut, und Timo, ein einundzwanzigjähriger kaufmännischer Lehrling, ebenfalls aus Traunreut. Die Kommanditisten sind eine Reihe junger Leute, darunter auch Lehrerinnen und Lehrer verschiedener Schulen. Im Fitneßstudio arbeiten ein vollzeitlicher Trainer und in geringfügigen Beschäftigungsverhältnissen mehrere Schülerinnen und Schüler, darunter auch die vierzehnjährige Hauptschülerin Tanja, die das Studio abends aufräumt und saubermacht, und der sechzehnjährige Cruso, der die Geräte pflegt. Cruso hat keinen Ausbildungsplatz als Elektriker gefunden und wird im Rahmen eines Beschäftigungsprogramms der Stadt Traunreut finanziert. Er ist als Flüchtlingskind aus dem Kosovo gekommen, hat zwei Jahre im Heim gelebt und ist nun in einer Jugendwohngemeinschaft auf einem ehemaligen Bauernhof untergebracht. Klaus, ein großer Sportler und Fußballer, stammt aus einer wohlhabenden Fabrikantenfamilie. Timos Eltern hatten einen Getränkeheimdienst, den sie an die lokale Brauerei verkauften, und sind jetzt arbeitslos. Tanjas Mutter arbeitet als Sekretärin in der Brauerei. Einige Lehrer bringen in die Gesellschafterversammlung die Idee ein, daß sich das Fitneßstudio an dem Stützpunktprogramm des Bayerischen Kultusministeriums zur Förderung des Spitzensports beteiligen sollte. Das Fitneßstudio würde dann staatliche Subventionen und den Status der Gemeinnützigkeit erhalten. Langfristig könnte das Studio vielleicht den gesamten Sportunterricht mehrerer Schulen übernehmen, sobald dies rechtlich zulässig sein wird. Doch all diese Ideen zerplatzen wie eine Seifenblase, als Tanja sich mit einem der Lehrer in ein Verhältnis einläßt und Cruso aus enttäuschter Liebe dies bei der Staatsanwaltschaft anzeigt. Die Situation verschärft sich, weil Klaus und Timo als geschäftsführenden Gesellschaftern Steuerhinterziehung nachgewiesen und Drogenkonsum mehrerer Kunden in den Räumen des Studios aufgedeckt wird. Daraufhin wird das Studio polizeilich geschlossen, die Gesellschaft kurze Zeit danach aufgelöst.

Das Wegsehen der Schule, die Unsensibilität des Bildungswesens für die wahren Lebensverhältnisse der Schülerinnen und Schüler gilt nicht nur dem sozialen Elend vieler Familien, sondern auch den Erfolgsstories vieler Schüleraktivitäten. Daß die Lehrerin Tanjas Lage zu Hause und im Studio nicht kennt, macht die ganze Künstlichkeit eines Sozialkundeunterrichts in der Hauptschule deutlich. Und was will man Timo eigentlich in der Berufsschule im kaufmännischen Rechnen noch beibringen? Kein Wunder, daß er schon morgens »bekifft« im Unterricht erscheint. Klaus, der mit seiner älteren Freundin längst in deren Eigentumswohnung lebt und zu Hause rausgeflogen ist, tut sich im Philosophieunterricht der Oberstufe schwer, weil er bereits mehr Lebenserfahrung gesammelt hat als der brave Religionspädagoge, der den Unterricht gibt. Cruso schließlich scheitert gänzlich, nachdem ihn die Jugendhilfe nur wieder ins Heim zurücknehmen kann, wo er keinerlei sozialen Rückhalt mehr hat. Und die Lehrer im Studio? – Die ganze Ambivalenz wird an ihrer Doppelrolle als »Kumpel« und »Kommanditisten« deutlich. Im Studio kennen sie nun wirklich die Familien-, Lebens- und Einkommensverhältnisse ihrer Schülerinnen und Schüler, aber als Unterrichtsbeamte dürfen sie sie nicht zur Kenntnis nehmen – oder doch?

Die veränderten Lebenswelten der Lernenden haben zwei grundsätzliche Konsequenzen für die Bildung von Kindern und Jugendlichen:

1. Neben die Bildungsinstitutionen, so wie wir sie kennen, treten in Zukunft weitere Orte der Bildung; sie erhalten Konkurrenz durch die Informations- und Kommunikationsmächte einerseits und die sozialen Netze andererseits. Es gilt, deren Bildungsangebote für alle Kinder und Jugendlichen fruchtbar zu machen.

2. Die Bildungsinstitutionen selbst werden dadurch jedoch nicht überflüssig; ganz im Gegenteil, die Entlastung von manchen Aufgaben der Wissensvermittlung, des Fähigkeitserwerbs und der Wertbildung gibt ihnen endlich die Chance, sich denjenigen Aufgaben der Bildung zu widmen, die den persönlichen pädagogischen Bezug verlangen und die sowohl die Individualisierung des Lernens wie das Leben in der Gesellschaft fördern.

---

4 Hochmuth oder Nicht für das Leben, sondern für die Schule lernen wir

Das Bildungswesen hat mit der Entwicklung der Wissensgesellschaft nicht Schritt gehalten. Die Lehrpläne bilden das heutige Wissen nicht angemessen ab und eröffnen keinen Zugang zum zukünftigen Wissen. Das Bildungswesen schafft angesichts der Differenzierung und Expansion des Wissens weder die Reduktion noch die Integration des Wissens, weil ihm die leitenden Ideen für das, was Bildung heute sein kann, abhanden gekommen sind. Die Lernenden lernen deshalb notgedrungen für die Schule und nicht für das Leben und verlassen das Bildungswesen im wahrsten Sinne des Worte un-gebildet.

Das Bildungswesen hat auch mit der Entwicklung der Arbeitsgesellschaft nicht Schritt gehalten. Da der Beruf als Leitidee eine lebenslange einkommenssichernde Erwerbsarbeit nicht mehr gewährleistet, kann es eine *Berufs*-Ausbildung nicht geben, sondern nur noch eine Qualifizierung für Arbeit im Beschäftigungssystem, die nicht mehr in einer einheitlichen Phase institutionalisierter Ausbildung im dualen System und im Hochschulwesen zusammengefaßt werden kann. Diese Qualifizierung entspricht zudem zur Zeit nicht den Anforderungen der meisten Arbeitsplätze, so daß die Auszubildenden unvermeidlich für »die Schule« bzw. für die Ausbildung und nicht für Leben und Arbeit lernen und das Bildungswesen im wahrsten Sinne des Wortes un-ausgebildet verlassen.

Das Bildungswesen verschließt die Augen angesichts der Prognosen zur Entwicklung der Wissens- und Arbeitsgesellschaft, die dem Wissen gegenüber Kapital und Arbeit den Vorrang einräumen und nur noch für einen – unterschiedlich groß geschätzten – Teil der ausgebildeten und erwerbsfähigen Frauen und Männer abhängige Arbeit bereitstellen wird. Da das Bildungswesen diese Entwicklung nicht wahrhaben will, weigert es sich, die jungen Menschen durch Bildung auf ein Leben jenseits der Erwerbsarbeit vorzubereiten. Sie lernen für eine Berufsarbeit, die sie nicht ausüben werden, und sie lernen nicht, wie sie in einer Welt ohne Arbeit überleben können.

Es ist hochmütig, zu behaupten, daß die heutigen Lehrpläne der Entwicklung der Wissens- und Arbeitsgesellschaft entsprechen, wenn Anstrengungen zur Entwicklung eines Curriculums der Zukunft nicht unternommen werden. Es ist eine Ausrede, angesichts dieses Versagens die Offenheit der Bildung und die Flexibilisierung der Qualifikation zu predigen. Was bleibt den Schülern und Schülerinnen denn anderes übrig, als sich diesem Hochmut zu beugen und für die Schule zu lernen, da ihnen nicht gesagt wird, was sie für das Leben lernen können.

Es ist hochmütig, zwischen 10 000 und 20 000 Stunden des Lebens von jungen Menschen für einen Unterricht mit der Behauptung in Anspruch zu nehmen, er bereite auf das Leben in Gesellschaft und Beruf vor, während er in Wirklichkeit nur lehrt, den Anforderungen des Bildungswesens zu entsprechen.

Warum schreibe ich richtig?

Warum kaufe ich mir ein Rechtschreibprogramm für meinen PC? Warum schreibe ich meine privaten Briefe nicht so, wie es mir sinnvoll erscheint, wie mir »der Schnabel gewachsen ist«, wie es mir »aus der Feder fließt«? Warum schreibe ich in der Regel »Hochmut« so, wie es die Rechtschreibreform vor mehr als hundert Jahren beschlossen hat, und nicht »Hochmuth«, wie es früher geschrieben wurde? Wenn ich jetzt »Hochmuth« bewußt falsch schreibe, dann um provokativ auf den Hochmut der Bildungsinstitutionen aufmerksam zu machen, die mir vorschreiben wollen, wie ich das Wort »Hochmut(h)« zu schreiben habe.

Das Grundrecht auf die freie Entfaltung der Persönlichkeit nach Art. 2 Abs. 1 GG gestattet es mir, Dialekt zu sprechen, Popmusik zu spielen, Jeans zu tragen usw. Gestattet es mir auch, zu schreiben, wie ich will? Selbstverständlich, denn in ihrer unendlichen Großzügigkeit gestatten es mir die Kultusminister, so zu schreiben, wie ich will – oder? Im Vorwort zu den *Amtlichen Regelungen* der deutschen Rechtschreibung sagen sie, daß die neue Regelung zur Sicherung einer einheitlichen Rechtschreibung *Vorbild*charakter für alle haben solle, »die sich an einer *allgemein gültigen* Rechtschreibung orientieren möchten« (Hervorhebung d. Verf.), und das Bundesverfassungsgericht stellt in seiner Entscheidung zur Rechtschreibreform vom 14.07.1998 fest: »Personen außerhalb dieses Bereichs (der Schulen, d. Verf.) sind rechtlich nicht gehalten, die neuen Rechtschreibregeln zu beachten und die reformierte Schreibung zu verwenden. Sie sind vielmehr frei, wie bisher zu schreiben.« Wie großzügig! Doch es handelt sich um eine amtliche Regelung, die allgemein gültig sein soll. Für mich aber besitzt sie nur Vorbildcharakter, und die Kultusminister stellen es in mein Belieben, ob ich diesem Vorbild folgen möchte oder nicht. Man kommt also nicht gleich ins Gefängnis, wenn man falsch schreibt! Die Kultusministerkonferenz stellt in nicht zu überbietender Banalität fest, daß die Sprache selbst »vorstaatlich« sei, und das Bundesverfassungsgericht erkennt, daß das Grundgesetz keine Vorschriften über die sprachwissenschaftlich richtige Schreibung der deutschen Sprache und die korrekte Gliederung geschriebener Texte durch Satzzeichen enthalte. Man stelle sich nur einmal einen Staat vor, der seinen Bürgern eine Sprache vorschreibt, und eine Verfassung, die die Orthographie regelt! Man denkt sofort an George Orwells »1984« oder andere Formen des Totalitarismus. Doch so ganz weit sind wir davon gar nicht entfernt. »Die Rechtschreibung«, stellt das Bundesverfassungsgericht in der genannten Entscheidung in einer wunderbar verschnörkelten Sprechweise fest, »ist einer staatlichen Regelung nicht von vornherein unzugänglich.« Also doch, der Staat regelt die Orthographie, und er hat sie auch stets geregelt, wie das Bundesverfassungsgericht herausarbeitet, und zwar »im Gemeinwohlinteresse«, und dieses

Gemeinwohlinteresse soll in der Erhaltung der Kommunikationsgemeinschaft bestehen, die ein hohes Maß an Einheitlichkeit voraussetzt: Wo kämen wir schließlich hin, wenn jeder schreiben könnte, wie er wollte; er schreibt »Kuß«, und sie schreibt »Kuss«. Ich vermag allerdings wirklich nicht einzusehen, warum die Erhaltung der Kommunikationsgemeinschaft des deutschen Volkes eine einheitliche Schreibweise des Wortes Kuß / Kuss erfordert.

Es gehört jedoch zur Bildung, richtig schreiben zu können und auch richtig zu schreiben. Was aber bildet? Der Bildungswert der Rechtschreibung scheint zuallererst in einer Leistung zu bestehen, in der Leistung, richtig schreiben zu können.

Fehlerfrei nach Diktat zu schreiben gehört zu den Fähigkeiten, die in der Grundschule verlangt werden und die bei der Entscheidung über den weiteren Bildungsgang eines Kindes, z. B. bei der Aufnahme in eine höhere Schule, eine große Rolle spielen. So sagen die Befürworter der Rechtschreibreform, die neue Rechtschreibung erleichtere das »richtige« Schreiben, weil sie unnötige Fehlerquellen beseitige, z. B. in dem folgenden Diktat:

> Ein Alptraum
> Gestern nacht hatte ich einen schrecklichen Traum. Nach den Schularbeiten wollte ich radfahren, als plötzlich ein Riese vor mir im Zimmer stand. Er stellte zehn Becher Joghurt / Yoghurt vor mir auf den Tisch und forderte mich auf, sie zu essen. Anschließend sollte ich die Becher numerieren und aufeinanderstapeln. Kaum hatte ich den ersten Becher ausgelöffelt, da standen zwanzig neue auf dem Tisch. Und so ging es weiter, bis das ganze Zimmer mit Joghurtbechern / Yoghurtbechern angefüllt war. Ich schrie vor Angst und wachte auf. Vor mir stand meine Mutter, beruhigte mich und meinte, daß es das beste wäre, diesen Traum schnell zu vergessen.

In einem Rechtschreibtest vom 26. 10. 1995 in der Klasse 8a des Gymnasiums »Auf der Morgenröthe« in Siegen hat der Deutschlehrer bei einer Klassenstärke von elf Schülerinnen und elf Schülern festgestellt, daß insgesamt 124 Fehler von den zweiundzwanzig Schülerinnen und Schülern gemacht wurden: 21mal war die »Laut-Buchstaben-Beziehung« falsch, z. B. beim Wort Joghurt, 14 Fehler bei der Getrennt- und Zusammenschreibung, 49 Fehler bei der Groß- und Kleinschreibung, 38 Fehler bei der Zeichensetzung, je 1 Fehler bei der Worttrennung am Zeilenende und 1 Fehler bei der Schreibung mit Bindestrich. Nach der Rechtschreibreform würde sich die Gesamtfehlerzahl von derzeit 124 auf 43 Fehler reduzieren, vor allem bei der Groß- und Kleinschreibung und bei der Zeichensetzung.

Aber was beweist das? Müssen Texte denn nicht gerade schwierig sein, um höhere Lernleistungen zu bewirken, um die Leistungsstarken von den Leistungsschwachen besser unterscheiden zu können? Es soll früher Diktate gegeben haben, die sich im wesentlichen aus möglichen Fehlerquellen zusammensetzten!

Die Industrie- und Handelskammern und die Handwerkskammern lassen die Auszubildenden nach Diktat schreiben, und seit Jahren stellen sie fest, daß sich die Beherrschung der Rechtschreibung verschlechtert. Die Professoren würden ebenfalls am liebsten Eingangstests zur Überprüfung der Rechtschreibleistung der Studenten durchführen, denn auch sie behaupten regelmäßig, daß sich die Rechtschreibleistungen der Abiturienten ständig verschlechtern. Ich gehörte einmal einer Prüfungskommission an, die die Doktorarbeit des GEW-Vorsitzenden eines Landes zu bewerten hatte. Ein Professor der Deutschdidaktik weigerte sich, die vorgelegte Arbeit zu bewerten, weil bereits das Einleitungskapitel siebzehn Rechtschreibfehler enthielt. Er sei außerstande, den Inhalt der Arbeit zu beurteilen, weil sie nicht in der deutschen Sprache abgefaßt sei, ihren Regeln nämlich nicht entspreche. Ein weiterer Fall: Ein Richter, der als Erstgutachter eine Hausarbeit im zweiten juristischen Staatsexamen zu bewerten hatte, schrieb mit roter Tinte ein »f.« an den Rand, weil der Kandidat unter die Arbeit ein PS gesetzt hatte mit dem Text: »Dies ist die beschissenste Aufgabe, die ich während meiner gesamten Ausbildung zu bearbeiten hatte« – er hatte »beschissendste« geschrieben. Daher das »f.« am Rand. Das nenne ich souverän! – Ich meine den Erstkorrektor.

Wissen in der Wissensgesellschaft

Wenn ich an die Geschichte des Lehrplans denke – seien es nun die Lehrpläne der Schulen, die Ausbildungsordnungen der Berufsausbildung oder die Studienpläne der Hochschulen –, so fallen mir zwei ganz unterschiedliche Bilder ein: Zunächst denke ich an die Geschichte von Sisyphus, der die Aufgabe erfüllen muß, einen schweren Stein auf die Spitze eines Berges zu rollen. Doch immer wenn er ihn hochrollt, rollt er wieder herunter, und Sisyphus beginnt, den Stein von neuem wieder den Berg hochzurollen – ohne Ende!

Wir sprechen von »Lehrplan*arbeit*«, der Arbeit am Lehrplan. Sie gleicht der Arbeit des Sisyphus aus der griechischen Sage. Kaum ist ein neuer Lehrplan erstellt – nach jahrelanger Arbeit mit unzähligen Sitzungen vieler Sachverständiger, einer Vielzahl von Entwürfen, mit Anhörungen in Gremien usw. –, ist er auch schon veraltet, und die Arbeit beginnt von neuem.

Gleichzeitig drängt sich mir ein anderes Bild auf, das Bild von dem Hasen in der Ackerfurche, der den Igel zum Wettlauf auffordert, weil er ihn sicher zu gewinnen meint, der jedoch von dem Igel und seiner Frau überlistet wird, denn jeweils einer der beiden erwartet den rennenden Hasen am Ende der Ackerfurche mit dem höhnischen Satz: »Ick bünn all hier«; übrigens ein gelungenes Beispiel ehelicher Zusammenarbeit!

Der Wettlauf zwischen Hase und Igel gleicht dem Wettlauf zwischen der Wissensvermittlung und der Lehrplanarbeit. Kaum ist es gelungen, die neuesten Erkenntnisse der Wissenschaften in den Lehrplan einzuarbeiten, den neuen Lehrplan in der Schule zu erproben und zu verabschieden, hockt da ein Igel namens »Wissenschaft« und ruft dem völlig außer Atem geratenen Hasen »Lehrplan« zu: »Ick bünn all hier!« – Neue Ergebnisse der Wissenschaft besagen, daß ..., und der Hase »Lehrplan«, der sich nach all dem Gerenne auf der Höhe der Zeit wähnt, rennt wieder los, um am Ende der nächsten

Strecke wieder dasselbe zu erleben: »Ick bünn all hier«, sagt das Wissen.

Insofern gleichen sich beide Bilder sogar: Der eine trägt die schwere Last des Steins, und der andere rennt in der Ackerfurche – beide vergeblich, weil sie ihr eigentliches Ziel nicht erreichen können. Das eigentliche Ziel: Lehrpläne, Ausbildungsordnungen, Studienpläne sollen »auf der Höhe der Zeit« sein, d. h., sie sollen das Wissen der Zeit zugrunde legen. Tun sie das nicht, gelten sie als veraltet.

Das Gefühl, daß die Lehrpläne nicht »auf der Höhe der Zeit« sind, daß sie hinter der Entwicklung der Wissenschaften zurückbleiben, ist nicht neu, sondern begleitet die Lehrplanarbeit, seit es überhaupt Lehrpläne gibt, die den Anspruch erheben, die Entwicklung des wissenschaftlich gewonnenen Wissens abzubilden. Der Deutsche Ausschuß für das Erziehungs- und Bildungswesen, ein Beratungsgremium für die Bildungspolitik von Bund und Ländern, gab in seiner Empfehlung zum Hamburger Abkommen von 1955, der Grundlage der deutschen Schulpolitik der Nachkriegszeit, diesem Gefühl deutlich Ausdruck:

> »Die Bildungspläne der deutschen Höheren Schule sind den Umwälzungen nicht nachgekommen, die in den letzten fünfzig Jahren den Zustand und das Bewußtsein der Gesellschaft und des Staats verändert haben; sie haben die Prägungen weithin festgehalten, die aus vergangenen geistigen, wirtschaftlichen und politischen Verfassungen stammen.«[1]

Der Ausschuß wird gar nicht geahnt haben, welchen Anspruch er mit dieser Feststellung erhob und welche Arbeit er sich selber sowie einer ganzen Generation von »Lehrplanarbeitern« damit zumutete.

Der Deutsche Bildungsrat führte den Ansatz des Deutschen Ausschusses für das Erziehungs- und Bildungswesen weiter, indem er die Wissenschaften zur Grundlage schulischer Bildung machte:

> »Die Bedingungen des Lebens in der modernen Gesellschaft erfordern, daß die Lehr- und Lernprozesse wissenschafts-

orientiert sind. (...) Wissenschaftsorientierung der Bildung bedeutet, daß die Bildungsgegenstände, gleich ob sie dem Bereich der Natur, der Technik, der Sprache, der Politik, der Religion, der Kunst oder der Wirtschaft angehören, in ihrer Bedingtheit und Bestimmtheit durch die Wissenschaften erkannt und entsprechend vermittelt werden. Der Lernende soll in abgestuften Graden in die Lage versetzt werden, sich eben diese Wissenschaftsbestimmtheit bewußt zu machen und sie kritisch in den eigenen Lebensvollzug aufzunehmen. Die Wissenschaftsorientiertheit von Lerngegenstand und Lernmethode gilt für den Unterricht auf jeder Altersstufe.«[2]

Wenn aber die Wissenschaft die Grundlage der Bildung sein soll, dann muß die Schule das Wissen, das die Wissenschaften produzieren, vermitteln, und die Lehrpläne müssen es deutlich abbilden. Der Wettlauf zwischen Lehrplan und Wissensentwicklung wird unvermeidlich. Kann er überhaupt gewonnen werden? Vielleicht jagen wir einem Phantom hinterher, dem Phantom »wissenschaftlicher Lehrplan«. Vielleicht handelt es sich um eine »Fata Morgana«, um das Trugbild »wissenschaftlicher Lehrplan«. Vielleicht kommt es im Bildungswesen gar nicht darauf an, daß die jeweils neuesten Erkenntnisse der Wissenschaften in den Lehrplänen stehen, weil die Lehrenden sowieso nur das unterrichten, was sie schon immer unterrichtet haben, und weil die Lernenden nur das lernen, was die Lehrenden von ihnen verlangen – nach dem Motto: Nicht für das Leben, sondern für die Schule lernen wir.

Expansion und Differenzierung des Wissens

Der Idee der Wissensgesellschaft liegt die Annahme einer Expansion und Differenzierung des Wissens zugrunde.

Es gibt viele Aussagen über das Ausmaß der quantitativen Wissensvermehrung, über die »Wissensproduktion« in verschiedenen Wissenschaften und über ihre Entwicklung. Die Geschwindigkeit der Wissensvermehrung nimmt zu; altes Wissen wird durch neues Wissen verdrängt; Wissensbereiche entstehen, die vor wenigen Jahren noch unbekannt waren. Es fällt auf, daß die quantitative Expansion des Wissens häufig mit naturwissenschaftlichen Ausdrücken beschrieben wird: Explosion, Verfallsdatum, Halbwertzeit u. a. m. Der Eindruck einer mechanistischen Entwicklung entsteht – so, als ob Wissensproduktion und -verbreitung ein natürlicher Vorgang sei, der selber wissenschaftlichen Gesetzen folgt und irgendwie unausweichlich ist. Es gibt auch viele Äußerungen zur Differenzierung der Wissenschaften. Neue Wissenschaftszweige entstehen durch Spezialisierung und Teilung traditioneller Wissenschaften (z. B. in den Naturwissenschaften), durch die Verbindung traditionell getrennter Wissenschaften (z. B. in den Natur- und Sozialwissenschaften), durch die Übertragung von Methoden der einen Wissenschaft auf die andere (z. B. mathematischer Methoden in den Geisteswissenschaften), durch die Entdeckung von neuen Phänomenen und ihrer wissenschaftlichen Bedeutung (z. B. in der Weltraumforschung oder der Informatik). Auf der Grundlage dieser im wesentlichen unbestrittenen Annahmen über die wissenschaftliche Entwicklung wurde nun der Versuch einer gesamtgesellschaftlichen Analyse unternommen, die das Schlagwort der Wissensgesellschaft in aller Munde brachte. Während die Industriegesellschaft durch Kapital und Arbeit gekennzeichnet war, wird in der Wissensgesellschaft Kapital und Arbeit durch das Wissen in den Hintergrund gedrängt. Wissen erhält eine neue Bedeutung; es wird für die Wissensgesellschaft schlechterdings konstituierend. Mit der globalen Kennzeichnung einer Gesellschaftsformation verhält es sich jedoch nicht viel anders als mit anderen Kennzeichnungen auch. Es geht ein großer Reiz von einer solchen Kennzeichnung aus, aber weder wirkt die Begründung zwingend, noch ergeben sich Folgen. Das teilt die »Wissensgesellschaft« mit der »Postmoderne«, der »Postindustriellen Gesellschaft«, der Risikogesellschaft, Informationsgesellschaft, Zivilgesellschaft – der inflationäre Gebrauch umfassender Gesellschaftsbezeichnungen erhöht die wissenschaftliche Aussagekraft nicht.

Das Bundesministerium für Bildung, Wissenschaft, Forschung und Technologie (BMBF) hat den Versuch gemacht, anhand der sogenannten Delphi-Methode – einer Methode zur

Annäherung an komplexe Themenstellungen, die aus einer mehrstufigen Befragung im Wechsel mit Diskursen besteht – die Bedeutung des Wissens im nächsten Jahrhundert durch eine Befragung von Expertinnen und Experten zu ergründen (Delphi I, Wissens-Delphi), um auf dieser Basis herauszufinden, was das Bildungswesen zur Erzeugung dieses Wissens beitragen kann (Delphi II, Bildungs-Delphi).[3] Wir erfahren aus der Befragung von 1672 Experten aller möglichen Wissensbereiche, daß insbesondere in der Informationstechnik, der Gentechnik und der Umwelttechnologie mit Erkenntniszuwachs zu rechnen ist. Wie aufregend! Wenig Erkenntnisgewinn ist allerdings z. B. in den alten Sprachen zu erwarten. Wer hätte das gedacht? Aber hoppla: wenig Erkenntnisgewinn in der Geschichte des Rechts oder der Geschichte der Musik, weil sie eindimensional ausgerichtet sind. Das gibt zu denken! Der Versuch, die zukünftige Wissensentwicklung zu beurteilen, hat in seiner Naivität etwas Rührendes; zeigt er doch, daß das Wissen über das Wissen in der Wissensgesellschaft noch sehr gering ist.

Expansion und Differenzierung des Wissens in der Schule

Die quantitative Expansion und Differenzierung des Wissens haben insbesondere die Lehrplanentwicklung vor schier unüberwindbare Probleme gestellt: Sisyphus oder Hase und Igel. Wie hat die Schule reagiert? Die Schule wird durch *Fächer* geprägt. Welchen Einfluß hatte die Wissensgesellschaft auf die schulischen Fächer? Die Expansion des fachlichen Wissens fand in den siebziger Jahren zunächst in der Einführung neuer Fächer, z. B. Informatik, und in einer Erweiterung der fachlichen Stoffkataloge Ausdruck. Gebrauchsliteratur im Deutschunterricht, moderne Sprachwissenschaft im Fremdsprachenunterricht, New Maths in der Mathematik, Zeitgeschichte im Geschichtsunterricht usw. Es entstand eine schier unübersehbare Stoffülle, die durch die Lehrpläne nicht mehr begrenzt werden konnte. Auf die Expansion des Wissens folgte der Zwang zur Reduktion. Kämpfe wurden in den Fächern ausgetragen: Werbetexte statt »Faust«? Soziolinguistik statt Shakespeare? Informatik statt Integralrechnung? Vietnam statt Sparta? Die Auseinandersetzungen wurden nicht nur höchst polemisch geführt, sondern fanden auch vor dem Hintergrund ideologischer Kämpfe statt.

So wie die Wissensexpansion in den Wissenschaften zur Wissensreduktion in den Lehrplänen zwang, so versuchte die Didaktik der Fächer auf die Differenzierung der Wissenschaften mit der Integration in den Lehrplänen zu antworten. Statt Geschichte, Geographie und Politik auf der Grundlage der historischen, geographischen und politischen Wissenschaften und ihrer Differenzierungen weiterhin getrennt zu lehren, sollte jetzt »Gemeinschaftskunde« oder ein ähnlich genanntes Fach die drei traditionellen Fächer ersetzen und verbinden. An die Stelle von Physik, Chemie und Biologie sollte nun »Naturwissenschaft« treten. Die Idee zur Integration der Fächer und der ihnen zugrundeliegenden Wissenschaften ging noch wesentlich weiter: »Sprachliche Bildung« statt Deutsch- und Fremdsprachenunterricht, »Ästhetische Bildung« statt Musik, Kunst und Werken. Auch hier schlugen die Wogen der Auseinandersetzungen hoch. Der Kampf um die »Hessischen Rahmenrichtlinien« beschäftigte die Republik monatelang und führte an den Rand der Regierungskrise.

Was ist aus der damaligen Diskussion geworden? Die Expansion und Differenzierung des Wissens beschäftigen nach wie vor die Lehrplanarbeit, die sich geduldiger und behutsamer als damals der Aufgabe der Reduktion und Integration des schulischen Wissens widmet. Die Fächer, die das schulische Curriculum nach wie vor prägen, sollen auch heute noch das gewährleisten, was man Allgemeinbildung nennt, und zwar nicht nur in ihrer klassischen Ausprägung (die Punischen Kriege, Goethe und Schiller, Säuren und Basen, Amöben und Pantoffeltierchen, Michelangelo und Beethoven), sondern durchaus auch in moderneren Versionen (der Holocaust, Bert Brecht und Philip Roth, Atomphysik und Genforschung, John Cage und Francis Bacon). Doch diese fächer- und wissenschaftsbegründete Allgemeinbildung sieht sich den unterschiedlichsten Vorwürfen ausgesetzt:

1. Trotz aller Lehrplanarbeit ist der Rückstand gegenüber der Entwicklung des Wissens uneinholbar. Es handelt sich inzwischen nicht mehr um ein rein quantitatives Problem. Es ist ein Strukturproblem geworden.

2. Die derzeitigen Schulfächer bilden die heutigen Wissenschaften nicht mehr zutreffend ab; wo bleiben insbesondere Medizin, Psychologie, Jurisprudenz, Ökonomie?

3. Das heutige Schulwissen leistet keine Beiträge zur Lösung der Zukunftsprobleme, z. B. im Bereich der Ökologie oder der Multikulturalität, das aber müßte man heute von einer Allgemeinbildung erwarten können.

4. Heutzutage kommt es nicht mehr in erster Linie auf Fachwissen an, sondern auf die Beherrschung bestimmter »Schlüsselqualifikationen«, wie z.B. Teamfähigkeit und Kreativität, aber auch die Tugend bestimmter »Basisqualifikationen« wie Ordnung und Pünktlichkeit – betonen insbesondere Experten von internationalen Organisationen immer wieder.

5. Die ungeheure Überfrachtung der Lehrpläne und des Unterrichts mit traditionalen und modernen Wissensbeständen führt dazu, daß der Leistungsstand von Schülerinnen und Schülern im Grundwissen und in den Grundfähigkeiten, z. B. in Orthographie und Kopfrechnen, immer schlechter wird, daß die Schüler »überhaupt nichts mehr lernen«.

Ob all diese Vorwürfe berechtigt sind, wird man nicht prüfen können; die ungelösten Probleme der Lehrplanarbeit angesichts der Wissensexpansion und der Schule angesichts veränderter Anforderungen der Alltags- und Arbeitswelt sprechen jedoch dafür, daß sie nicht gänzlich unbegründet sein können. Die politische Auseinandersetzung hat sich beruhigt, weil die Struktur der Fächer im wesentlichen unangetastet blieb. So verwundert es nicht, daß die schulische Praxis heute ein insgesamt positives Bild der Entwicklung zeichnet.

In einer Befragung von über 1000 Lehrern und nahezu 2000 Schülerinnen und Schülern im Auftrag des Bundesministeriums für Bildung, Wissenschaft, Forschung und Technologie bewerteten 84 % der Grundschullehrer und 73 % der Sekundarstufe-I-Lehrer die »Vermittlung von Fachwissen« durch ihre Schule mit der Note 1 bis 2 und nur 2 % bzw. 4 % mit den Noten 4 bis 5.[4] Auch drei Viertel der Schülerinnen und Schüler finden es »in Ordnung«, daß in der Schule so viel Wert auf die Vermittlung von Fachwissen gelegt wird.[5]

Einen Einblick in die Leistungsfähigkeit heutiger *Allgemeinbildung* vermitteln die beiden folgenden Kurzbiographien:

Ein Schüler

B ist jetzt 27 Jahre alt. Er arbeitet als Journalist beim »Spiegel«. Er besuchte die Journalistenschule in Hamburg und hat davor vier Jahre lang Deutsche Literatur studiert, davor Zivildienst in einem Krankenhaus und in einer Sozialstation, davor das deutsche Abitur mit einem sehr mäßigen Ergebnis. In der 11. Klasse ist er sitzengeblieben. In der Begründung hieß es, er benötige in den Naturwissenschaften noch mehr Zeit zur Vorbereitung auf ein gutes Abitur. Es wurde trotzdem mit 2,6 nur mäßig. Wie sah seine Allgemeinbildung aus?

– Sprachen: B konnte schon sehr früh lesen und schreiben, schon vor der Grundschule. Die ersten Buchstaben lernte er spielerisch im Alter von zwei Jahren. Die schulischen Anforderungen konnte er zunächst einigermaßen erfüllen: Englisch und Latein bereiteten keine Schwierigkeiten; die dritte Fremdsprache (Russisch) kam in der Oberstufe nicht zustande. Der Deutschunterricht wurde ein großes Problem. B las in der Pubertät sehr viel und erwarb außerordentlich schnell bemerkenswerte Kenntnisse über die deutsche, später auch ausländische Literatur. In der Spätpubertät meinte er, jedenfalls die deutsche und die englische Literatur besser zu kennen als die jeweiligen Lehrerinnen. Er verweigerte jegliche Mitarbeit im Unterricht – jahrelang. Die Situation wurde für alle Beteiligten unerträglich. Die Lehrerinnen verziehen ihm seine Arroganz nie. Seine Sprach- und Literaturkenntnisse stammen nicht aus der Schule, sondern aus dem Elternhaus Hamburger Kaufleute, in dem die Weltkultur zu Hause war.

– Mathematik: B lernte nur das absolute Minimum dessen, was für die Schule und für die Versetzung erforderlich war – und nicht einmal das. Im Zeugnis hatte B in Mathematik immer eine 5.

– Geschichte, Geographie, Gemeinschaftskunde: Durch einen jungen Geschichtslehrer erwarb B einige Kenntnisse in Geschichte und Gemeinschaftskunde; er entwickelte ein gewisses Interesse für die Historie; Politik lehnte er ab, denn er hielt sich für einen Intellektuellen.

– Physik, Chemie, Biologie: Gar nichts – B lernte überhaupt nichts. Dementsprechend waren seine Noten.

– Musik und Kunst: Nachdem es der Grundschule gelungen war, B seine kindliche Lust am Malen und Singen auszutreiben, erwarb er außerhalb der Schule eine Vielzahl von Fähigkeiten als Pianist und Schlagzeuger, als Kunstkenner und -liebhaber. Noch als Schüler organisierte er eine Malschule mit 32 Schülern, die sehr erfolgreich in Hamburg eine Ausstellung junger Kunst durchführten, einen Katalog auflegten und glänzend verkauften.

– Sport: Fußball ja und vor allem der Edelsport der Hamburger, Feldhockey; der Schulsport – ein Greuel.

– Religion: Ungetauft im Religionsunterricht, ungetauft geblieben; es wurde über den Religionsunterricht nichts Nennenswertes bekannt.

Hat B in seinem dreizehnjährigen Schulbesuch eine Allgemeinbildung erhalten und erworben? Nein, die vorhandene literarisch-künstlerische Bildung stammt nicht aus der Schule; zudem ist sie weit mehr als eine Allgemeinbildung. Von einer mathematisch-naturwissenschaftlichen Allgemeinbildung kann keine Rede sein. Man fragt sich, wie B als 27jähriger Journalist beim »Spiegel« ohne eine gute Schulbildung in Geschichte, Geographie und Politik, ohne ein entsprechendes Studium als Germanist arbeiten kann. Vielleicht kommt es beim »Spiegel« auf etwas anderes an. B ist kein »Genie« – viele Genies waren angeblich in der Schule schlecht –, sondern er war ein ganz normaler Schüler mit einigen Stärken und Schwächen, wie alle! Er hat nur für die Schule gelernt, und zwar nur das Nötigste; die Schule hat seine Interessen nicht wahrgenommen und seine »Angebote« nicht angenommen; was er im Leben weiß und kann, hat er außerhalb der Schule erworben.

Ein Autodidakt

K lebt heute mit seiner Frau in Estland, nahe der russischen Grenze auf dem Lande, in einem mit Freundeshilfe ausgebauten Haus mit einem großen Garten. Der Winter ist lang und hart und dunkel, viel Schnee. K hat das Grundstück gekauft. »Meine Freunde gehen nach der Pensionierung nach Teneriffa, ich gehe nach Estland.« Angesichts der festen Bindung der estnischen Krone an die D-Mark ist das Leben in Estland billig, sehr billig, jedenfalls viel billiger als in Teneriffa. K war lange krank gewesen. Sein deutscher Arbeitgeber, die evangelische Kirche, hatte ihn gegen seinen Willen vorzeitig in den Ruhestand geschickt, um nicht zu sagen rausgeschmissen. K war geraume Zeit Personalratsvorsitzender für die Mitarbeiter der Kirche auf Landesebene gewesen – und hatte sich unvermeidlich bei seinen Vorgesetzten unbeliebt gemacht.

K hat viele Jahre als Sozialarbeiter in der kirchlichen Jugendarbeit gearbeitet. Viel wichtiger aber war seine Rolle in der Landespolitik der SPD, die er in den Bereichen Bildung und Jugend wesentlich mitbestimmt hat. Es gab keine wesentliche politische Entscheidung der siebziger und achtziger Jahre, die ohne oder gar gegen ihn getroffen worden wäre. K hat noch so etwas wie einen »Klassenstandpunkt« – zwar nicht im Sinne marxistischer Theorie, wohl aber im Sinne einer Interessenpolitik zugunsten der Mehrheit des Volkes, der Eigentum und Bildung nicht in gleichem Maße zur Verfügung stehen wie einer Minderheit. Das ist jedenfalls seine Sicht, und für ihre Durchsetzung war ihm (fast) jedes Mittel recht. Wenn man so will, ein proletarischer Patriarch mit großem politischen Einfluß, eckig und lustig.

Zur Sozialarbeit mit Jugendlichen, zur Ausbildung an der Evangelischen Fachhochschule für Sozialarbeit war er durch seine Arbeit mit jungen Seeleuten auf den Schiffen der Handelsmarine gekommen. Er hatte sich einfach auf den Schiffen um sie gekümmert. Die Kirche hat ihm durch die Ausbildung den Weg aus der Seefahrt in die Jugendarbeit »an Land« geebnet. K ist gelernter Schiffszimmermann, und er ist zehn Jahre lang zur See gefahren. Es gibt keinen Hafen in der ganzen Welt, den er nicht kennt, und Geschichten, Geschichten! Ringer war er auch noch, ein Mann von großer Kraft, der 1956 fast mit der deutschen Mannschaft zur Olympiade nach Melbourne gefahren wäre!

Ks Eltern waren Kommunisten. Als die Gestapo sie abholte, war er acht Jahre alt. Er wurde ins Heim gesteckt, wo ihn die Amerikaner 1945, vierzehnjährig, »befreiten«. Er riß aus, um seine Eltern suchen zu gehen. Ein Jahr brauchte er, immer wieder bei Bauern arbeitend, immer wieder eingefangen, immer wieder ausgebrochen, bis er zu Hause feststellte, daß seine Eltern aus dem KZ nicht wiedergekommen waren. Danach lernte K Schiffszimmermann.

Er hat eine ordentliche Lehre absolviert und zehn Jahre lang seinen gelernten Beruf ausgeübt. Danach hat K eine zweite ordentliche Ausbildung an der Fachhochschule gemacht und auch seinen zweiten Beruf jahrelang ausgeübt. Aber das war es nicht! – K ist ein »Vollblutpolitiker«, ein gerissener Taktierer, K ist ein »Mann der Kirche«, ein »Urchrist«, K ist Vater von sechs Kindern, ein »Familientier«, K ist ein »Mann des Volkes«, ein Kleinbürger und Gänsezüchter. K hat das Herz am rechten Fleck, ist fähig zu Freundschaft und Fairneß. »Arbeit« war für K ein Kosmos von Beschäftigungen: Politik und Kirche, Jugendarbeit und Familie, Nachbarschaft und Gänsezüchten. Er hatte zwar einen Beruf, aber sein Leben war kein

Berufsleben, sondern das eines modernen »Gesamtarbeiters«. »Self-employment«, berufsunspezifische allgemeine Fähigkeiten, eine Vielzahl von Teilkompetenzen neben zwei Berufsausbildungen, Orientierung an Erwerbsarbeit, viel learning by doing, training on the job, viel, sehr viel Praxis, Höherqualifizierung, Bildung ohne Schule, Spitzenbegabung durch Selbststudium, Selbständigkeit – damals ohne Beratung. Eine richtige Schule hat K nicht besucht; Schulbildung im eigentlichen Sinne hat er nicht. K spricht ein bildhaftes, sehr gefühlvolles Deutsch; er liebt die großen Romane der Weltliteratur und liest sie. K bedauert, daß er keine Fremdsprachen gelernt hat; mit den Esten und Russen kann er sich aber trotzdem blendend unterhalten. Mathematik: Und wie er rechnen kann, viel besser als die mathematisch Gebildeten. Zu den Naturwissenschaften hat K ein Verhältnis, das durch die unmittelbare Naturkenntnis und die handwerklichen Fähigkeiten seiner Ausbildung und Berufserfahrung geprägt ist. Geschichte, Geographie und Politik sind seine Leidenschaft! Er weiß wenig von den Wissenschaften, die diese Felder bearbeiten, doch sein Urteilsvermögen übertrifft das eines jeden Wissenschaftlers. Musik und Kunst – na ja, nicht so sehr; Religion – die Jahrzehnte im Dienste der Kirche prägten mehr als jeder Religionsunterricht; Sport – fast hätte es zur Olympiade gereicht!

Ja, K besitzt Allgemeinbildung, obwohl er eine Schule wegen der Kriegsverhältnisse eigentlich gar nicht besucht hatte. Gibt sein Leben den Kritikern schulischer Allgemeinbildung deswegen recht, weil er sie ohne die Schule erwarb? K ist jedenfalls – allerdings auch zeitbedingt – ein lebender Beweis für das Versagen des Bildungswesens in der Zeit vor der Bildungsreform.

Die Integration des Wissens

Das Bildungswesen – nicht nur die Schule, sondern ebenso Hochschule und Berufsausbildung – steht vor erneuten Herausforderungen durch die Entwicklung des Wissens und der Wissenschaften. Denn wodurch läßt sich Allgemeinbildung heute begründen? – Nicht durch Wissenschaftlichkeit im allgemeinen, sondern allenfalls durch eine neue »Leitwissenschaft«?

Das humanistische Gymnasium des 19. Jahrhunderts besaß in der Altertumswissenschaft, unter Einschluß der alten Sprachen, seine »Leitwissenschaft«. Sollten die Sozialwissenschaften vielleicht »Leitwissenschaften« für die Gesamtschule des 20. Jahrhunderts werden? Für das humanistische Gymnasium war die Bildungsfunktion der Altertumswissenschaften klar; die für die Volksschule bestimmte sogenannte volkstümliche Bildung wurde dagegen nur in Umrissen erkennbar. Das 20. Jahrhundert hat nur noch ideologische Bildungsideen hervorbringen können: die nationalsozialistische Führungsidee und die sozialistische Persönlichkeit. Welchen Ideen der Fächerkanon der heutigen Schule dient, ist durchaus unklar. Es fehlt die Integrationskraft einer »Leitwissenschaft« oder einer »Bildungsidee« – oder ist die Ökonomie heute Leitwissenschaft, das betriebswirtschaftliche Handeln heute Bildungsidee?

Wie sieht es in den anderen Bereichen des Bildungswesens aus? Besitzen sie (noch) eine Leitidee, die sie der Schule vielleicht leihen könnten? Wissenschaftlichkeit als Leitidee des Hochschulwesens, insbesondere der Universität, ist im Grundsatz ungebrochen. Zwar kämpft auch das Hochschulwesen mit dem Problem der Differenzierung und Integration der Wissenschaften und der Expansion des Wissens, und es gibt Bereiche, in denen die Praxis der Lehre möglicherweise den Ansprüchen der Wissenschaftlichkeit nicht Genüge tut, z. B. im Fachhochschulwesen. Aber dies tut dem Anspruch des Hochschulwesens auf das Prinzip der Wissenschaftlichkeit insgesamt keinen Abbruch. Die Schulen jedoch können diesem Prinzip angesichts der Entwicklung der Wissenschaften einerseits und angesichts ihrer Aufgaben andererseits nicht folgen. Der Ansatz des Strukturplans des Deutschen Bildungsrates von 1970, die Wissenschaftlichkeit auch zum Prinzip der Schule zu machen, muß als gescheitert angesehen werden. Wenn es hierfür noch eines Beweises bedurfte, dann liefert ihn die Geschichte der Lehrplanarbeit.

Der Beruf wird nach wie vor als Leitidee der Berufsausbildung beschworen, vielleicht gerade, weil er zur Zeit so fragwürdig geworden ist. In gewisser Weise verhält es sich umgekehrt wie im Hochschulwesen, denn während die Orientierung der Ausbildung an der Erwerbsarbeit eher zunimmt, ist die Idee des Berufes fragwürdig geworden, weil diese Idee von einer Bündelung von Fähigkeiten zu einem »Berufsbild« ausgeht, von Fähigkeiten, die in der Jugendphase erworben werden, die Arbeit im Beschäftigungssystem ein Leben lang bestimmen und dem Leben einen Sinn geben. Dieser »Beruf« ist tot, wenn er überhaupt je lebendig war. Sehr lebendig ist aber die Notwendigkeit, in der Ausbildung der jungen Menschen arbeitsmarktgängige Fähigkeiten zu vermitteln, die den Übergang in das Beschäftigungssystem gewährleisten. Auch wenn sich das System der beruflichen Bildung aus vielen Gründen ändern muß, wird diese Notwendigkeit einer »Berufs«ausbildung nicht in Zweifel gezogen. Für das allgemeine Bildungswesen, für die Schule, eignet sich dieser Ansatz jedoch nicht, denn es geht nicht um die Arbeitsmarktfähigkeit der im Bildungswesen erworbenen Fähigkeiten.

Die Betreuung der Kinder als Leitidee des Kindergartens mag zwar für die Entwicklung der Grundschule von Bedeutung sein, und es muß gefragt werden, ob und wie weit sozialpädagogische Elemente auch das Schulwesen im ganzen prägen; als Leitidee für die Schule insgesamt eignet sich der Betreuungsbegriff jedoch nicht, und schon gar nicht für die Aufgabe der Wissensvermittlung. Es kommt hinzu, daß auch im Bereich des Kindergartens »Betreuung« nicht mehr so fraglos als Leitidee benannt werden kann, wie es in den vergangenen zwanzig Jahren vielleicht der Fall war. Immer stärker drängt sich die Frage nach der Bildungsfunktion des Kindergartens auf. In einer Zeit des Wandels des Kindergartens von einer sozialpädagogischen Betreuungseinrichtung für Kinder in eine Einrichtung des Bildungswesens wäre die Übertragung des Betreuungsgedankens vom Kindergarten auf die Schule als Leitidee jedenfalls unzeitgemäß.

Wie kann man sich eine Wissensvermittlung in der Schule und durch die Schule vorstellen, die nicht auf dem Modell der Vermittlung fachspezifischen Wissens durch Unterricht beruht? Auf diese Frage gibt es zur Zeit drei Antworten, die nicht befriedigen.

1. Die erste Antwort auf die gestellte Frage lautete lange Zeit: Das moderne Bildungswesen soll nicht fachspezifisches Wissen, sondern fachübergreifendes Können vermitteln, und zwar »Schlüsselqualifikationen«, die für alle Fächer gleichermaßen wichtig sind. Der »Schlüssel« für alle Schlüsselqualifikationen ist das «Lernen des Lernens«. Dieses geniale Konzept verhindert durch seine Reflexivität jeden Rückgriff auf jedwede Fähigkeiten. Wer das »Lernen des Lernens« beherrscht, braucht weder Mathematik noch Fremdsprachen zu beherrschen; er beherrscht die Fähigkeit, Mathematik und Fremdsprachen zu erlernen, und das reicht.

In der Folge entwickelte sich jedoch eine Diskussion über »Schlüsselqualifikationen«, die das »Lernen des Lernens« ermöglichen sollten. Mertens stieß 1974 diese Diskussion mit dem Vorschlag an, von vier Typen von Schlüsselqualifikationen auszugehen:

»– Basisqualifikationen als Qualifikationen höherer Ordnung mit vertikalem Transfer auf spezielle Wissens- und Anwendungsgebiete. Sie liegen vor allem auf dem Gebiet der Denkschulung (Beispiel: Logisches Denken; Lehrstoffbeispiel: Formale Logik).

– Horizontalqualifikationen, die eine möglichst effiziente Nutzung der Informationshorizonte der Menschheit sichern (Informationen über Informationen; Lehrstoffbeispiel: Bibliothekskunde).

– Breitenelemente als spezielle Kenntnisse, die in so zahlreichen Ausbildungsnormen als Erfordernis beschrieben werden, daß die Vermutung naheliegt, daß sie im Grunde ebenso wie Lesen und Schreiben bereits zu den Allgemeinbildungserfordernissen zählen (Lehrstoffbeispiel: Meßtechnik).

– Vintage-Faktoren als Bildungsinhalte, die jeweils erstmals der jüngeren Generation im Allgemeinbildungskanon vermittelt werden und deren Verständnis für die älteren Absolventengenerationen den Schlüssel für das Mitdenken mit den Jüngeren liefert (Lehrstoffbeispiel: Programmiertechniken).«[6]

Seither gibt es eine unüberschaubare Literatur zu diesem Thema, die jedoch zu keinerlei Klarheit darüber geführt hat, was denn Schlüsselqualifikationen eigentlich sein sollen und wozu sie den Schlüssel liefern. Einerseits gibt es Fähigkeiten, die jeder in (fast) jeder Situation benötigt: Abstraktionsvermögen, Kreativität, Spontaneität, Ausdrucksfähigkeit, Kooperationsfähigkeit, Teamfähigkeit – sie fehlen in keinem bildungspolitischen Programm der letzten zwanzig Jahre. Doch inwiefern handelt es sich um »Schlüsselqualifikationen«? Was schließen sie auf? Andererseits wurde der Versuch unternommen, die Berufsausbildung durch Schlüsselqualifikationen zu strukturieren, sie auf die Vermittlung von »Schlüsselqualifikationen« zu beschränken, um so Konflikte über die Ziele der Berufsausbildung zu vermeiden. Für Geißler und Orthy sind Schlüsselqualifikationen eine postmoderne »begriffliche Stopfgans«, in die jeder zur Aufrechterhaltung von Dissens und zur Erzielung von Scheinkonsensen hineinstopfen kann, was er will.[7] Nach einer fünfundzwanzigjährigen Diskussion um das Konzept der Schlüsselqualifikationen läßt sich feststellen, daß die Probleme der Expansion und Differenzierung des fachlichen Wissens durch Reduktion und Integration mit Hilfe dieses Konzeptes nicht gelöst worden sind und auch nicht gelöst werden können.

2. »Die Antwort auf unsere behauptete oder tatsächliche Orientierungslosigkeit ist Bildung« – diese überraschende und einfache Antwort gibt Hartmut von Hentig auf die Frage nach der Integration des Wissens. »Die ›Rückkehr‹ zur Bildung ist pädagogisch geboten – ein ›Fortschritt‹. Was bildet den Menschen?« – »Alles!« Schon wieder eine radikal einfache Antwort. Wenn also alles bildet, dann vielleicht auch das fachliche Wissen in den Schulfächern? Ja, warum denn nicht? »Die Fächer der herkömmlichen Schule sind brauchbare Anlässe für Bildung«, doch »kann keines so bleiben, wie es ist«. Bildung wird möglich durch ganz normale Lebenstätigkeiten. Von den Fächern und

ihren Gegenständen kann man deshalb absehen. Worum handelt es sich? 1. Um das Geschichtenerzählen, 2. um das Gespräch, 3. um Sprache und Sprachen, 4. um das Theater, 5. um Naturerfahrung, 6. um Politik, 7. um Arbeit, 8. um das Feiern, 9. um die Musik und 10. um den Aufbruch! Ach, wie wunderbar: keine Schule mehr – im Gras liegen, den Vögeln zuhören und miteinander sprechen. Ja, ich glaube, daß dies bildet, bilden kann! Hentig geht es nämlich nicht um die Lösung des Wissensproblems, es geht ihm wirklich um Bildung, um Menschenbildung: 1. Abscheu und Abwehr von Unmenschlichkeit, 2. Wahrnehmung von Glück, 3. Fähigkeit und Wille, sich zu verständigen, 4. Bewußtsein von der Geschichtlichkeit der eigenen Existenz, 5. Wachheit für letzte Fragen und 6. Bereitschaft zur Selbstverantwortung in der Res publica.[8] Diese Ziele können nun wirklich nicht durch die Vermittlung fachlichen Wissens erreicht werden, sondern nur durch die »Bildung« des Menschen. Was aber wird dann aus dem Wissen, der Entwicklung der Wissenschaften? Alles unbedeutend angesichts der Aufgabe, den Menschen zu bilden? Hentig läßt mit dieser schönen klaren und radikalen Antwort alle Fragen, die sich heute dem institutionalisierten Bildungswesen stellen, nicht nur ungelöst, sondern er weigert sich, sie überhaupt zu stellen.

3. Das »elektronische Klassenzimmer oder der virtuelle Campus«:

Alle Schüler und alle Lehrer verfügen sowohl in der Schule als auch zu Hause über einen Netzanschluß, über den sie erstens alle anderen Schüler und Lehrer bestimmter Organisationseinheiten, z. B. der Klasse, zweitens eine Vielzahl von internationalen Netzwerken, z. B. alle im Netz vertretenen Proust-Interessierten, und drittens alle Quellen für Sachwissen in der ganzen Welt erreichen können. Diese Vernetzung der Schüler und Lehrer erlaubt, mit einer definierten Anzahl von Personen in Kontakt zu treten sowie alles verfügbare Wissen der Welt abzufragen und auf dem Bildschirm sichtbar zu machen, gegebenenfalls auch ausdrucken zu lassen.

Eine Unterrichtsschule zur Vermittlung von Sachwissen gibt es in diesem Modell nicht, da alles Sachwissen jederzeit verfügbar ist. Wozu dann noch ein »elektronisches Klassenzimmer«? Warum nicht gleich ein »virtuelles Klassenzimmer«? Warum müssen die Schülerinnen und Schüler überhaupt noch an einem Ort zusammenkommen? Wozu die doppelte Investition in Hardware zu Hause und in der Schule? Diese Fragen lassen sich zur Zeit noch nicht endgültig beantworten, weil weder das »elektronische Klassenzimmer« noch gar der »virtuelle Campus« in absehbarer Zeit Wirklichkeit wird. Die Entwicklung wird graduell und differenziert, wenn auch schnell vor sich gehen. Im Programm des BMBF »Schulen ans Netz« ist geplant, daß im Jahre 2000 rund 10 000 Schulen (von rund 40 000 Schulen insgesamt) ans Internet angeschlossen werden. Eine Schule mit »elektronischen Klassenzimmern« wird Aufgaben erfüllen, die einstweilen noch von Schulen erfüllt werden sollten: Aufgaben zur Ausbildung von Fähigkeiten, zur Entwicklung von Einstellungen und zur Anleitung zum Handeln; auch im Bereich des Wissens behält die Schule als sozialer Ort der Wissensvermittlung ihre Funktion. Ihre Aufgaben sind dann die Programmierung der elektronischen Wissensvermittlung, die Steuerung des Ablaufs, insbesondere die Kontrolle elektronischer Wissensvermittlung, sowie die Interpretation und Bewertung des gewonnenen und genutzten Wissens. Warum gerade Proust z. B.? Wieviel Proust? Was bedeutet das, und was macht man mit dem »Weltwissen« über Proust wann und wo? Aus diesem Grunde ist das »elektronische Klassenzimmer« mit einem großen Anteil Telelernen zu Hause wahrscheinlicher als der »virtuelle Campus«, bei dem es die Schule bzw. Hochschule als sozialen Ort nicht mehr gibt. Die Schulstunden und die Lehrerzahlen lassen sich so vielleicht auf die Hälfte senken, jedenfalls soweit es um die Vermittlung von Fachwissen geht. Eine »Unterrichtsschule« ist dies aber nicht mehr.

Da es keine neuen überzeugenden Antworten auf das Problem gibt, das die Entwicklung des Wissens und der Wissenschaftsgesellschaft stellt, kann sich die Schule hochmütig »in ihrem Sessel zurücklehnen«: Seht, euch ist auch nichts Besseres eingefallen. Die Schulfächer und ihre behutsame Anpassung an die Differenzierung und Integration der Wissenschaften und ihre stetige prüfende Anpassung an die Entwicklung der Wissensbestände vermögen allein die Probleme zu lösen, nicht aber Hektik und Spekulation über eine Zukunft, die noch gar nicht begonnen hat.

Dieser Hochmut steht nun in einem bemerkenswerten Gegensatz zur internationalen Bildungsdiskussion, die angesichts der Veränderungen im Beschäftigungssystem grundlegendere Reformen im Bildungswesen fordert. In dieser Diskussion geht es nicht um die scheinbar autonome Wissensentwicklung und ihre Folgen für die Lehrpläne, sondern es geht um die für die Weiterentwicklung von Wirtschaft und Arbeit erforderlichen Qualifikationen. Ich berufe mich auf die letzten drei Dokumente der internationalen Organisationen, die in Reformen des Bildungswesens die wichtigste Voraussetzung für die Weiterentwicklung der westlichen Gesellschaftsform sehen, auf das »Weißbuch zur allgemeinen und beruflichen Bildung« der Europäischen Kommission, auf »Education and Training« der OECD und auf den UNESCO-Bericht zur Bildung für das 21. Jahrhundert. Alle drei Berichte stimmen in den folgenden Aussagen und Forderungen überein:

1. Weltweite gesamtgesellschaftliche Veränderungen, die mit den Schlagworten der Globalisierung und des Lokalismus, der Wissens- und Informationsgesellschaft, Ungleichheit und Exklusion, Multikulturalität und Partizipation zusammengefaßt werden, erzwingen Veränderungen im Bildungswesen.

2. Es besteht ein Mißverhältnis zwischen dem Bedarf an hochqualifizierten Mitarbeiterinnen und Mitarbeitern in Wirtschaft und Gesellschaft und der Arbeitslosigkeit von jungen Menschen mit geringen Qualifikationen, für die es keinen Bedarf mehr zu geben scheint.

3. Derzeit besteht auch ein Mißverhältnis zwischen den im Bildungswesen produzierten Qualifikationen und dem Bedarf von Wirtschaft und Gesellschaft nach Qualifikationen. Man lernt etwas, was man nicht brauchen kann, und gebraucht wird etwas, was nicht gelernt wird.

4. Statt des Bildungs- und Berufswissens der traditionellen Schulfächer und Berufe bedarf es einer Grundbildung, die nicht auf Wissen und Qualifikation, sondern auf Verstehen und Erfindungsreichtum, Kompetenz- und Urteilsfähigkeit aufgebaut ist.

5. Eine Unterscheidung von allgemeiner und beruflicher Bildung findet nicht statt, weil die neue Allgemeinbildung gesellschafts- und wirtschaftsbezogen ist und weil die neue Berufsbildung eine allgemeine Kompetenz verlangt.

6. Die Unterrichtsschule soll durch eine modularisierte lebenslange multilokale Organisationsform ersetzt werden, die Lernen und Arbeit miteinander verbindet. An die Stelle der generationsgetrennten, altersbestimmten, funktionsunterschiedlichen Lehrer-Schüler-Beziehung tritt das Peer-Lernen im Gemeinwesen.

7. Alle Bildungseinrichtungen bedürfen der Akkreditierung, alle erworbenen Fähigkeiten werden zertifiziert. Die Beschleunigung aller Bildungsprozesse ist angesagt.

8. Niemand wird aus dem Bildungssystem ausgeschlossen; wer den Zugang nicht findet, aus persönlichen Gründen aufgibt oder letztlich scheitert, erhält eine zweite Chance.

9. Jeder lernt drei Sprachen.

10. Ausgaben für die Bildung sind nicht Kosten, sondern Investitionen.

Solche Forderungen stoßen in Deutschland weitgehend auf Ablehnung, weil sie Traditionen des deutschen Bildungswesens beseitigen: die *Unterrichtsschule*, die Wissen in Schulfächern vermittelt, das *duale System* der Berufsausbildung, das Wissen und Können für Lebensberufe erzeugt, die *Universität*, die berufliches Handeln durch wissenschaftliches Arbeiten vorbereitet. Hochmut kommt vor dem Fall, sagt das

Sprichwort. Wir sind auf den Lorbeeren von Fröbel und Disterweg, Humboldt und Kerschensteiner eingeschlafen.

Ausbildung und Arbeitsmarkt

Im Abschnitt »Wissen« habe ich mich mit der Bildungsfunktion des Wissens beschäftigt; jetzt will ich danach fragen, wie berufliche Fähigkeiten im Ausbildungssystem erzeugt und wie sie auf dem Arbeitsmarkt genutzt werden können. Die Arbeitsmarktfunktion der Ausbildung setzt zweierlei voraus: den Arbeitsmarkt und die Ausbildung.

Den Arbeitsmarkt stellen wir uns immer noch als die marktförmige Organisation einer *Arbeitsgesellschaft* vor:

– *Arbeit:* Alle arbeiten. Der Arbeitsmarkt befindet sich grundsätzlich im Gleichgewicht.
– *Beschäftigung:* Arbeitgeber beschäftigen Arbeitnehmer in Arbeitsverhältnissen. Selbständigkeit ist die Ausnahme.
– *Zeit:* Die Arbeit nimmt den weitaus größten Teil der wachen Zeit ein und dauert das ganze Leben.
– *Einkommen:* Der Lohn für die Arbeit und die Lohnersatzleistungen (Rente, Arbeitslosengeld oder -hilfe, Krankengeld) decken zumindest die Lebenshaltungskosten.
– *Qualifizierung:* Die Arbeitnehmer können die Arbeit nur leisten, wenn sie das dafür erforderliche Können gelernt haben oder »on the job« lernen.
– *Bewußtsein:* Durch Arbeit leistet man einen Beitrag zur gesellschaftlichen Gesamtleistung.

Die Ausbildung stellen wir uns als *Berufs*ausbildung vor:

– Jeder erlernt im Bildungssystem einen Beruf.
– Dieser Beruf eröffnet den Zugang zum Beschäftigungssystem.
– Man arbeitet in seinem Beruf und nutzt das berufliche Wissen und Können, das durch Weiterbildung »aufgefrischt« und weiterentwickelt wird.
– Man verbleibt in seinem Beruf grundsätzlich das ganze Leben; Berufswechsel gilt als Ausnahme.

- Die Beschäftigungsbedingungen und die Höhe des Einkommens hängen von der Stellung im Beruf ab.
- Die gesellschaftliche Stellung hängt vom Beruf ab.

Trotz dieser »Gewißheiten« gibt es seit langem eine Diskussion um das »Ende der Arbeitsgesellschaft« oder sogar um das »Ende der Arbeit«; zu dieser Diskussion kommt seit einiger Zeit die These vom »Ende der Beruflichkeit« hinzu, vom »Ende des Berufs«. Arbeit und Beruf – Säulen von Bildung und Beschäftigung – sind ins Wanken geraten, denn man kann in der Tat davon ausgehen, daß diese Voraussetzungen der Berufsausbildung so nicht weiterbestehen; man kann sogar bezweifeln, daß sie je bestanden haben. Der Hochmut der Bildungspolitik besteht darin, daß sie diese Entwicklungen zwar beschwört, aber nicht ernsthaft zur Kenntnis nimmt, daß sie davon ausgeht, daß alles so bleibt, wie es ist, und die Opfer dieses Hochmuts auch noch beschimpft, daß sie selber schuld seien, weil sie sich auf die »Zukunft ohne Arbeit« nicht einstellen und vorbereiten.

Die bekannten Zahlen über die anhaltend hohe Arbeitslosigkeit widerlegen die Grundannahme des Modells »Arbeitsgesellschaft«; es handelt sich nämlich nicht mehr um die Verbindung von konjunkturell bedingter, zeitlich begrenzter Arbeitslosigkeit und dauernder individuell bedingter Arbeitsunfähigkeit, sondern um eine dauerhafte Veränderung der Gesellschaftsstruktur aller westlichen Industriegesellschaften. Die niedrigeren Arbeitslosenquoten in den USA und in Japan zeigen allerdings, daß durch Veränderung des Charakters der Arbeitsgesellschaft die Arbeitslosenquoten konstant niedrig gehalten werden können, wenn gleichzeitig positive Beschäftigungsentwicklungen in Gang gesetzt werden.

Es werden nicht alle arbeiten, jedenfalls nicht in Arbeitsverhältnissen, wie wir sie bisher gewohnt waren. An die Stelle des Arbeitsverhältnisses im klassischen Sinne (tarifvertraglich geregelt, unbefristet, vollzeitlich und weisungsgebunden) tritt eine Beschäftigung mit flexibler Tages- und Lebensarbeitszeit – in der Regel zeitlich befristet –, die stärker einzelbetrieblich als tarifvertraglich bestimmt ist und Elemente von Teilselbständigkeit enthält. Neue Formen von Selbständigkeit treten auf. Das ist nicht mehr der klassische Angestellte und schon gar nicht mehr der klassische Arbeiter, wie wir ihn bisher gekannt haben, sondern jemand, der sein Können selbständig vermarktet. Das Arbeitseinkommen deckt häufig nur noch einen Teil der Lebenshaltungskosten; es wird hinzuverdient. Viele haben mehrere Arbeitsverhältnisse. Die Risikovorsorge wird weitgehend dem einzelnen überlassen und vom Arbeitsverhältnis abgekoppelt.

Arbeit entspricht nicht mehr einem Beruf im Sinne eines erlernten Lebensberufes. Soweit der Arbeitsmarkt es hergibt, »kaufen« die Arbeitgeber Qualifikationen auf dem Markt »just in time« ein und qualifizieren selbst – soweit erforderlich – »on the job«. Dies gilt auch für hochqualifizierte Arbeit, sieht man von einem kleinen Kreis von Führungskräften einmal ab. Die Bedeutung des Faktors Arbeit nimmt insgesamt im Vergleich zu Kapital und Wissen ab, so lautet eine beliebte These zur Wissensgesellschaft.

Auch wenn man diese Entwicklung relativiert, kritisiert und entdämonisiert, so spricht dennoch einiges dafür, daß »die Reise in diese Richtung geht«. Damit stellt sich die Frage nach der Bedeutung dieser Entwicklung für die Bildungspolitik. Das erste »Opfer« wird der Beruf als Leitidee der Berufsausbildung sein. Noch erlernt jeder irgendeinen Beruf, auch wenn die Lücke zwischen Nachfrage und Angebot von Ausbildungsplätzen nur noch mit Mühe geschlossen werden kann. Die Wahrscheinlichkeit ist jedoch hoch, daß sich – trotz einer demographisch bedingten Erleichterung am Ende des nächsten Jahrzehnts – die Ausbildungskrise verschärfen wird, wenn sich die derzeitigen Entwicklungen fortsetzen.

Aber auch ein erlernter Beruf eröffnet nicht mehr »automatisch« den Zugang zum Beschäftigungssystem, denn die Ausbildungsbetriebe übernehmen nur noch einen Teil der von ihnen ausgebildeten Fachkräfte in Arbeitsverhältnisse. Die Jugendarbeitslosigkeit nach der Ausbildung entspricht deshalb bereits heute der allgemeinen Arbeitslosigkeit. Auch das Studium eröffnet nicht mehr für alle den Zugang zum Arbeitsmarkt, wenn auch Hochschulabsolventen immer noch leichter

Beschäftigung finden als Absolventen der betrieblichen Ausbildung. Zwischen Ausbildung und Arbeit schiebt sich eine längere Phase des Übergangs, in der die Absolventen warten, suchen, jobben. Das Bild von der ersten Schwelle (Zugang zur Ausbildung) und zweiten Schwelle (Zugang zum Beruf) ist falsch, weil es den unmittelbaren Übergang suggeriert, auch wenn zunächst eine Hürde zu überwinden ist.

Die Berufsausbildung hat das ausgesprochene Ziel, berufliche Fähigkeiten zu vermitteln, die im Beruf genutzt werden können und tatsächlich auch genutzt werden. Dies scheint jedoch weitgehend nicht der Fall zu sein. Die erworbenen Qualifikationen werden nach Einschätzung vieler Arbeitnehmer im Beruf gar nicht genutzt; viele Arbeitnehmer halten sich für überqualifiziert, die Arbeitnehmer ohne Ausbildung halten sich begreiflicherweise für unterqualifiziert. Auch wenn die Feststellung von Über- und Unterqualifikation ein schwieriger Bewertungsvorgang ist, so wird jedenfalls deutlich, daß das »für die Schule« Gelernte »im Leben« häufig nicht nützlich ist, daß man die erworbenen beruflichen Qualifikationen im Beruf gar nicht nutzen kann. Auch aus diesem Grund ist der Berufswechsel inzwischen Normalität; der Mythos vom Lebensberuf ist längst zerstört, wenn er überhaupt je ein Stück Wirklichkeit abgebildet hat.

Man kann auch nicht mehr davon ausgehen, daß Arbeitsbedingungen und Einkommen der Ausbildung entsprechen. Die Arbeitseinkommen hängen nämlich nicht nur von der Ausbildung, sondern auch von der Arbeitsmarktposition der Beschäftigten ab.

Wer für seine Stelle überqualifiziert ist, verdient weniger als jemand, der ausbildungsadäquat eingesetzt ist, und viel weniger als jemand, der unterqualifiziert ist. Wenn die Aussagen zur Unterqualifizierung aussagekräftig sind, würde dies bedeuten, daß die Ausbildung sich jedenfalls finanziell überhaupt nicht lohnt. Die Bedeutung, die der Beruf für die gesellschaftliche Stellung einmal hatte, ist längst dahin.

Die *Berufs*ausbildung hat ihren Bezug zum Beruf verloren, nicht aber zur Arbeit. Auch wenn die Arbeitnehmergesellschaft traditioneller Art im Schwinden begriffen sein mag, wir können uns ein Leben ohne Arbeit nicht vorstellen. Dies gilt auch für junge Menschen, die Ausbildung und Arbeit wollen und Arbeitslosigkeit fürchten. Nach einer Untersuchung des Deutschen Jugendinstituts zum Berufseinstiegsprozeß war für 75 % der Jugendlichen von allen Zukunftsfragen die der Arbeitsplatzsicherheit die wichtigste, und in der Shell-Jugendstudie 1997 wurde als Hauptproblem von Jugendlichen »Arbeitslosigkeit« angegeben.[9]

Andere konnten und können sich freilich eine Welt ohne Arbeit vorstellen, z. B. Paul Lafarge, der Schwiegersohn von Karl Marx, der das »Recht auf Faulheit – Widerlegung des ›Rechts auf Arbeit‹ von 1848« schrieb:

> »Eine seltsame Sucht beherrscht die Arbeiterklasse aller Länder, in denen die kapitalistische Zivilisation herrscht, eine Sucht, die das in der modernen Gesellschaft herrschende Einzel- und Massenelend zur Folge hat, es ist dies die Liebe zur Arbeit, die rasende, bis zur Erschöpfung der Individuen und ihrer Nachkommenschaft gehende Arbeitssucht.«

Die Anspielung auf den Anfang des Kommunistischen Manifestes ist unverkennbar!

Oder das »Manifest der Glücklichen Arbeitslosen« aus dem Berlin des Jahres 1998, in dem Arbeitslosigkeit als Funktionsbedingung der kapitalistischen Ökonomie bezeichnet wird, die dementsprechend entlohnt werden sollte:

> »Vollbeschäftigung bedeutet ökonomische Krise, Arbeitslosigkeit bedeutet gesunder Markt. Eine andere Art von Eingliederung wünschen wir uns.«

Dies ist eigentlich zu zynisch, um noch witzig zu sein. Trotz aller Veränderungen in der Arbeitsgesellschaft bleiben zwei Tatsachen unumstößlich bestehen:

- Wir sind zum Leben auf die Einnahmen aus Arbeit angewiesen; d. h., *Erwerbsarbeit* ist unverzichtbar.
- Wir müssen die Arbeit verrichten können, d. h., *Können* ist unverzichtbar.

Welches Können, welche Fähigkeiten werden für Erwerbsarbeit erforderlich sein, und welchen Beitrag kann das Bildungswesen dazu leisten, daß Menschen durch Arbeit ihren Lebensunterhalt auch in Zukunft verdienen können?

1. Als »Arbeit« müssen wir in Zukunft neben der Arbeit in Arbeitsverhältnissen ansehen: Self-employment, Ausbildung und Weiterbildung, Bürgerarbeit (Gemeinwesenarbeit, Ehrenamt, Nachbarschaftshilfe und ähnliches), Schwarzarbeit – alles dies muß »irgendwie« entlohnt werden.

2. Die allgemeinen Schulen und Universitäten müssen sowohl auf »Arbeit« in diesem Sinne vorbereiten als auch ein »Leben jenseits der Erwerbsarbeit« in den Blick nehmen. Sie müssen einerseits berufsunspezifische allgemeine Kompetenzen, die Voraussetzungen jeder Arbeitsfähigkeit sind, hervorbringen – von den Arbeitstugenden (z. B. Pünktlichkeit) über die technologischen Fähigkeiten (z. B. EDV) bis zu Sozialkompetenzen (z. B. Kommunikationstechniken). Sie müssen andererseits durch Suchtechniken, Unterhaltssicherstellung, Familienarbeit, Bildung und »Freizeitgestaltung« die Überlebensfähigkeit für ein »Leben ohne Arbeit« sicherstellen.

3. Das, was einmal Berufsausbildung war, bedarf der vertikalen und horizontalen Differenzierung, d. h. der Zerlegung der Berufsausbildung in Teilkompetenzen, die zu verschiedenen Zeiten in der Biographie (vertikal) und an verschiedenen Orten (horizontal) erworben werden können, und zwar in allen Formen der Ausbildung und »Arbeit« in dem bezeichneten Sinn. Es versteht sich, daß alle Formen zusammenhängender Ausbildung in Betrieb und Schule erhalten bleiben müssen, soweit sie sich als arbeitsmarktgängig erweisen. Alle Teilqualifikationen müssen prüfbar, mit Zeugnissen ausgestattet und zu einem »Qualifizierungspaß« zusammenfügbar sein.

4. Die Qualifizierung orientiert sich an den Inhalten einer Erwerbsarbeit, die jedoch im oben bezeichneten Sinne zu verstehen ist, denn nur die Orientierung an der Erwerbsarbeit stellt

die Beschäftigung sicher. Im Vordergrund steht dabei die Orientierung an den derzeitigen Anforderungen der Erwerbsarbeit, da jede Bedarfsprognose mit großen Risiken verbunden ist. Die Zerlegung in Teilqualifikationen erleichtert in Verbindung mit der vertikalen Differenzierung die Berücksichtigung von Veränderungen in der Qualifikationsstruktur.

5. Fähigkeiten bilden sich am besten in der Praxis heraus, die freilich der theoretischen Einführung und Begleitung bedarf. Die derzeitige starre Verteilung auf Schule/Hochschule und Betrieb bedarf der Lockerung, da es auf die Lernorte und Lerninhalte, nicht auf die Organisationsform ankommt. So sollten Schulen und Hochschulen mehr Praxisanteile anbieten und Betriebe mehr Theorieanteile, unter Umständen aber auch weniger – je nach den Bedürfnissen des Arbeitsmarktes.

6. Die Prognosen über die Qualifikationsanforderungen des Arbeitsmarktes widersprechen sich: Einerseits wird die allgemeine Höherqualifizierung angesichts steigender Anforderungen in allen Tätigkeiten gefordert und der Fortfall einfacher Tätigkeiten vorhergesagt; andererseits zeigt sich, daß ein großer Teil der Beschäftigten schon heute überqualifiziert ist und bei einfachen Tätigkeiten viel weniger verdient als die Unterqualifizierten. Auch hieraus folgt der Zwang zur Zerlegung der Qualifikationen in Teilqualifikationen, während Erwerb bei horizontaler und vertikaler Differenzierung durch den Arbeitsmarkt gelernt werden soll.

7. Die bisherige Benachteiligtenpolitik verdeckt die Tasache, daß die Beseitigung von Nachteilen allein nicht zu Ausbildung und Arbeit verhilft; sie legt fälschlicherweise die Hoffnung nahe, daß ausschließlich die individuelle Förderung zur Integration in den Arbeitsmarkt führt. Eine folgerichtige Bildungspolitik zugunsten der Problemgruppen des Arbeitsmarktes muß dagegen eine Qualifizierung anstreben, die diesen Gruppen die ihnen angemessenen Ausbildungs- und Arbeitsmöglichkeiten verschafft.

8. Eine Bildungspolitik zugunsten der stark leistungsfähigen und leistungsbereiten jungen Menschen gibt es in der Bundesrepublik einstweilen nicht. Sie werden auf die üblichen Aufstiegsmöglichkeiten im Bildungswesen verwiesen und suchen folglich außerhalb des Bildungssystems nach zusätzlichen Qualifizierungsmöglichkeiten. Damit bleibt »Humankapital« brach liegen, wird verschwendet. Es bedarf deshalb einer deutlichen Förderung der Leistungsstarken im Bildungssystem.

9. Die derzeitige Berufsausbildung fördert die Selbständigkeit der Menschen nicht hinreichend – Selbständigkeit nicht im Sinne unternehmerischer Selbständigkeit, denn nicht jeder kann und soll Unternehmer werden, sondern im Sinne der Fähigkeit, das eigene Schicksal selbst in die Hand zu nehmen. Der Erwerb dieser Fähigkeit im Bildungs- und Beschäftigungssystem ist schwieriger geworden und wird noch schwieriger werden. Andererseits lehrt die Praxis, daß die jungen Menschen sich schon heute sehr viel mehr auf sich selbst verlassen, weil sie sich von der älteren Generation verlassen fühlen. Eine neue Kultur der Anerkennung und Förderung des selbständigen Ausbildungs- und Arbeitsverhaltens ist dringend erforderlich.

10. Wie aber soll man sich zurechtfinden im Dschungel der Möglichkeiten und Schwierigkeiten? Instanzen der Beratung müssen nicht nur für Entscheidungen über Übergänge, sondern während der gesamten Zeit der Qualifizierung vorhanden und zugänglich sein, und zwar nicht nur in ihren spezialisierten und professionalisierten Formen der Arbeits- und Berufsberatung, sondern auch als Erziehungs- und Familienberatung, Individuen- und Institutionenberatung, Beratung in Schule und Jugendhilfe – schlechterdings überall und jederzeit!

Das deutsche Bildungswesen ist den Entwicklungen der Wissens- und Arbeitsgesellschaft noch nicht nachgekommen: Eine neue Grundbildung ist erforderlich. Die Unterscheidung von Allgemein- und Berufsbildung muß endlich fallen. Der gesellschaftliche Qualifikationsbedarf bestimmt das Curriculum, nicht der traditionelle Lehrplan der Fächer. Eine modularisierte lebenslange multilokale Bildung ersetzt die Unterrichtsschule. Bildung ist auch Ausbildung für ein »Leben jenseits der abhängigen Erwerbsarbeit«. Niemand wird ausgeschlossen, denn jeder erhält eine zweite Chance. Selbständigkeit ist das Ziel jeder Bildung.

---

5 Verschleierung oder Von der Leistungsfähigkeit der Leistungsbewertung

Das Bildungswesen verschleiert die Kriterien der Leistungsbewertung. Es deckt nicht auf, wie die Leistungen der Lernenden gemessen werden,

- nach einem absoluten Leistungsmaßstab (A löst 50 % der für Zehnjährige standardisierten Testaufgaben),
- nach einem relativen Leistungsmaßstab (B löst genau so viele Testaufgaben wie der Durchschnitt seiner Klasse),
- nach einem individuell retrospektiven Leistungsmaßstab (C löst im Vergleich mit seinen letztjährigen Leistungen nach absoluten oder relativen Leistungsmaßstäben mehr Testaufgaben) oder
- nach einem individuell prognostischen Leistungsmaßstab (D wird die nächste Klasse schaffen, weil er die nach absoluten oder relativen Maßstäben gemessenen Leistungen durch die Lösung einer bestimmten Anzahl von Testaufgaben erbracht hat).

Bei der individuellen Leistungsbewertung, insbesondere bei Zensuren und Prüfungsentscheidungen, führt diese Unklarheit nicht nur zu großer Unsicherheit, sondern auch zu Ungerechtigkeiten. Denn Prüfungen und Zensuren verleihen Berechtigungen, die über Bildungs- und Lebenswege, über Status und Einkommen entscheiden, nachdem alle anderen gesellschaftlichen Verteilungsgesichtspunkte, wie z. B. Herkunft, Religion, Geschlecht, Beziehungen oder Geld, zu Recht verpönt sind.

Bei der institutionellen Leistungsbewertung mag sich diese Unklarheit einstweilen auf die Bildung und Verbreitung von – allerdings manchmal höchst bedeutsamen – Gerüchten beschränken (z. B.: »Ein bestimmter Notenschnitt im Abitur am Josefinum ist doppelt soviel wert wie dasselbe Ergebnis am Hermaneum«). Wenn die Finanzierung der Bildungsinstitutionen aber in Zukunft von ihren Leistungen abhängig gemacht wird, wenn diese Leistungen der Institutionen an den Ergebnissen der Leistungsbewertung bei den Lernenden gemessen werden und wenn die Wahlfreiheit der Lernenden durch die Profilbildung der Institutionen eine größere Bedeutung erhält, dann darf es keine Verschleierung der Maßstäbe der Leistungsbewertung mehr geben.

Die ländervergleichenden Leistungsbeurteilungen erschrekken viele, z. B.: »Die naturwissenschaftlichen Leistungen ostasiatischer Schülerinnen und Schüler sind für deutsche Schülerinnen und Schüler unerreichbar« oder »Die durchschnittlichen mathematischen Leistungen der Hauptschüler des Landes X liegen rund um ein Jahr hinter den durchschnittlichen mathematischen Leistungen der Hauptschüler des Landes Y zurück«. Sie können nur nach absoluten Leistungsmaßstäben erfolgen. Es kommt darauf an, die Öffentlichkeit davon zu überzeugen, daß mathematische und naturwissenschaftliche Durchschnitts-, aber auch Spitzenleistungen nicht das einzige Kriterium zur Beurteilung der Leistungsfähigkeit des Bildungswesens eines Landes sind. Unter dieser Voraussetzung können sie durchaus sinnvoll und nützlich sein, und zwar auch zwischen den deutschen Bundesländern. Der historische Leistungsvergleich (»Die Schüler werden immer dümmer«) ist dagegen weder nützlich noch sinnvoll, weil er wissenschaftlich nicht möglich und politisch nicht vertretbar ist.

Was sagen Leistungsbewertungen aus?

Leistungsbewertungen markieren Unterschiede – zwischen einzelnen Menschen (A hat in Deutsch eine 2, B eine 5), zwischen Gruppen (Die Mädchen haben im Durchschnitt bessere Deutsch-, aber schlechtere Mathematiknoten als die Jungen), zwischen Institutionen (Die X-Schule schneidet bei den Bundesjugendspielen besser ab als die Y-Schule), sogar zwischen Ländern (Die Koreaner können besser rechnen als die Deutschen), und zwar heute und im Zeitvergleich (Die Rechtschreibung der Lehrlinge und Studenten war früher besser als heute).

Über Leistungen sprechen heißt, über Unterschiede sprechen, die man jedoch so genau nicht kennt, die wir aber mit Hilfe von Leistungsbewertungen fixieren möchten.

Leistungen und Leistungsbewertung werden jedoch von einem Schleier umhüllt, den es zu lüften gilt. Es gibt aber so etwas wie eine »große Koalition« derjenigen, die keinerlei Interesse daran zu haben scheinen, die Probleme der Leistungsbewertung aufzuklären. Die Kultusminister scheuen den Vergleich der Schulleistungen ihrer Länder. Die deutschen Professoren lehnen das Ranking der Universitäten ab. Die Eltern und Lehrer wollen nicht, daß sich die Sitzordnung in der Klasse nach der Schulleistung der Kinder richtet. Die Leistungsbewertung umgibt etwas Mysteriöses, das dringend der Aufklärung bedarf. Es kann nicht sein, daß ein zentrales gesellschaftliches Steuerungsinstrument, das tief in das Leben der einzelnen Menschen eingreift und über die Verteilung des Sozialproduktes mitentscheidet, weitgehend undiskutiert und unkritisiert massenhaft eingesetzt wird. Mehr Licht!

Leistungsvergleiche zwischen Ländern

Es gibt kaum ein Partygespräch, bei dem nicht behauptet würde, daß die Schulen in Bayern schwerer seien als die in Hessen, daß die Schulleistungen im schleswig-holsteinischen Umfeld von Hamburg besser seien als in der Stadt Hamburg. Man weiß es aber nicht genau. Leistungsvergleiche zwischen den Bundesländern werden entweder nicht durchgeführt, oder ihre Ergebnisse werden nicht veröffentlicht, wie jüngst bei der Third International Mathematics and Science Study (TIMSS). Wir können jeden Monat die Arbeitslosenstatistiken in den Zeitungen lesen, die starke Unterschiede zwischen den Ländern zeigen, und wir können auch die unterschiedliche Ausstattung der Länder mit Kindergartenplätzen zur Kenntnis nehmen – die Leistungsunterschiede der Schülerinnen und Schüler in den verschiedenen Ländern der Bundesrepublik kennen wir nicht.

Nun sind Leistungen im Bereich der Mathematik, der Naturwissenschaften, der Sprachwissenschaften, des Sports gut meßbar; im Bereich der Literatur, der Musik und Kunst, der Geschichte, Geographie und Gemeinschaftskunde dagegen nicht so sehr. Vielleicht sind schlechte Mathematiker jedoch interessante Künstler und gute Chemiker miserable Literaturkenner. Kann von den Durchschnittsergebnissen bei bestimmten meßbaren Leistungen zwischen den Bundesländern darauf geschlossen werden, daß Schülerinnen und Schüler andere Leistungen nicht erbringen können? Gilt der Satz »Was Hänschen nicht lernt, lernt Hans nimmermehr«, weil Lernen ein Aufbauphänomen ist? Ist die Studier- und/oder Berufsfähigkeit bei niedrigen Schulleistungen in bestimmten Fächern wirklich gefährdet? Sind Spitzenleistungen in den betreffenden Fächern oder in anderen Fächern in den »schlechteren Ländern« nicht zu erwarten?

Diese Fragen können wir nicht beantworten. Leistungsfeststellungen müßten sehr viel aussagekräftiger werden, um aus ihnen bildungspolitische Folgerungen ziehen zu können. Ließe sich z. B. behaupten, daß die Leistungsschwäche der Schülerinnen und Schüler in bestimmten Ländern den Zugang zu weiteren Bildungsgängen verhindert, daß z. B. das Abitur in einem Land, in dem die durchschnittlichen Mathematikleistungen niedriger liegen als in einem anderen, die Voraussetzungen für das Studium nicht vermittelt, oder ließe sich sagen, daß mittelmäßige Durchschnittsleistungen in der Schulmathematik in einem Land Spitzenleistungen im Mathematikstudium oder in der Anwendung der Mathematik in Wissenschaft und Beruf nicht ermöglichen, dann müßte in den »schwächeren Ländern« wirklich etwas geschehen! Aber solche Behauptungen lassen sich zur Zeit nicht ernsthaft aufstellen. Doch gerade aus diesem Grunde sollten die Länder regelmäßig Leistungsvergleiche durchführen und die Ergebnisse veröffentlichen.

Ein Aufschrei ging 1997 durch die »Bildungslandschaft«, als die Ergebnisse des internationalen Vergleichs des mathematischen und naturwissenschaftlichen Unterrichts veröffentlicht wurden, und die öffentliche Diskussion hält an: Deutschland – Mittelmaß! Aus den USA ist diese Diskussion bekannt, denn die USA befinden sich seit langer Zeit im internationalen Vergleich der Schülerleistungen in einer sehr schlechten Position. Man wundert sich, woher die Spitzenleistungen der USA in

Wirtschaft und Wissenschaft kommen! Auch Deutschland hat bereits häufiger an solchen internationalen Ländervergleichen teilgenommen und ähnlich schlechte Ergebnisse erzielt. Also an sich nichts Neues – aber das ist kein Grund zur Beruhigung!

Viel beunruhigender als den Rang der Bundesrepublik beim »Medaillenspiegel« der »Bildungsolympiade« finde ich die inhaltlichen Aussagen zu den mathematischen und naturwissenschaftlichen Leistungen deutscher Schülerinnen und Schüler. Die Mathematikleistungen der »internationalen Spitzengruppe« liegen angeblich für die deutschen Schülerinnen und Schüler in »unerreichbarer Höhe«. Sie stehen für ein »qualitativ anderes Niveau mathematischen Verständnisses«. Auch die Aussage, daß das durchschnittliche Leistungsniveau der Hauptschüler auf der Ebene eines »erweiterten Niveaus elementarer Rechenfertigkeit« liegt und daß es in den Naturwissenschaften »Alltagswissen« auf Grundschulniveau nicht überschreitet, erschreckt gewaltig!

Vor einigen Jahren, als die Bewunderung der japanischen wirtschaftlichen Leistungsfähigkeit ihren Höhepunkt erreicht hatte, nahm ich an einem Elternabend in der ersten Grundschulklasse teil, bei dem die Ankündigung der Klassenlehrerin diskutiert wurde, den Schülerinnen und Schülern von Freitag auf Montag eine Hausaufgabe zu geben, die mit einem durchschnittlichen Zeitaufwand von zwanzig Minuten zu erledigen sei. Eine Mutter – selbst Lehrerin – protestierte vehement, weil sie die Auffassung vertrat, daß das Wochenende ihr und ihrer Tochter ganz allein gehöre, sie machten »so viel Schönes miteinander«, daß jede Hausaufgabe dabei nur störe. Dies veranlaßte einen jungen Manager zu dem Aufschrei: »Ich komme gerade aus Japan zurück. Wenn Sie dem Vorschlag der Lehrerin nicht folgen, werden wir Japan wirtschaftlich unterliegen.«

Leistungsbeurteilungen im Zeitvergleich

Ähnlich selbstkritisch, ja masochistisch wie die Aussagen zur Stellung Deutschlands im internationalen Vergleich der Schulleistungen fallen auch die Aussagen zur historischen Entwicklung der Leistungen aus. Früher, da wurde noch gelernt! Früher, da kannten die Schülerinnen und Schüler noch Gedichte auswendig! Früher, da war die Schule noch in Ordnung – nostalgische Vorurteile zur angeblich höheren Leistungsfähigkeit des Bildungswesens in einer nicht näher bezeichneten Vergangenheit.

Daß es sich dabei nicht nur um »Stammtischgerede« handelt, sondern auch um durchaus differenzierende Urteile, zeigt eine Lehrerbefragung im Auftrag des Bundesministeriums für Bildung, Wissenschaft, Forschung und Technologie.

Tabelle 4: Lehrerbefragung
Treffen Sie bitte eine Aussage bezüglich der Veränderungen im Schulsystem seit Beginn Ihrer Erwerbszeit.
Hier: Das Leistungsniveau der Schüler sinkt ständig.

	Zustimmung in %	unentschieden in %	Ablehnung in %	Summe abs.
Sek-I-Stichprobe	59	23	18	1116
Grundschulstichprobe	48	25	27	330
Sek-I-Stichprobe nach Geschlecht				
männlich	59	23	18	544
weiblich	59	23	18	572
Sek-I-Stichprobe nach Schulform				
Hauptschule	67	19	15	276
Realschule	63	21	16	299
Gymnasium	52	26	22	322
Gesamtschule	51	30	18	151
Sek-I-Stichprobe nach Bundesland				
West	59	22	18	790
Ost	57	26	17	326
Sek-I-Stichprobe nach Berufsalter				
bis 12 Jahre	55	27	18	254
13-19 Jahre	59	22	19	291
20-25 Jahre	62	20	18	312
über 25 Jahre	58	25	17	236
Sek-I-Stichprobe nach Alter				
bis 39 Jahre	55	28	17	279
40-49 Jahre	61	20	18	490
über 50 Jahre	59	24	17	346

Quelle: Kanders u. a. 1997, S. 39

Daß das Leistungsniveau der Schülerinnen und Schüler ständig sinkt, wird nur in der Grundschule von den Lehrern nicht mehrheitlich festgestellt. In der Sekundarstufe I, sogar in der Gesamtschule, stimmt ein hoher Prozentsatz dieser Feststellung zu. Daß diese Meinung unabhängig vom Alter und den Berufsjahren vertreten wird, legt die Annahme nahe, daß es sich hier eher um ein kollektives Vorurteil als um eine erfahrungsgesättigte Tatsachenfeststellung handelt.

Die Industrie- und Handelskammern haben in Hessen seit langer Zeit Ausbildungsanfänger dasselbe Diktat schreiben lassen und ein kontinuierliches Absinken der Rechtschreibleistungen festgestellt.

Tabelle 5: Ergebnisse von Rechtschreibtests bei Ausbildungsanfängern nach Schulformen und Jahren

Schulform	Durchschnittliche Fehlerzahl				
	1977	1980	1984	1992	1997
Hauptschule mit Abschluß	22,8	24,3	24,9	27,8	31,9
Hauptschulzweig an Gesamtschulen mit Abschluß	23,5	25,1	25,5	27,0	30,0
Berufsgrundschuljahr mit Abschluß	15,0	21,0	23,2	23,6	31,9
Realschule mit Abschluß	11,8	12,2	13,3	25,1	18,3
Realschulzweig an Gesamtschulen mit Abschluß	14,2	14,2	14,4	17,7	18,8
Berufsfachschule mit Abschluß	13,3	13,6	13,6	14,2	22,2
Abitur	6,9	7,7	7,6	7,9	8,1
alle Testteilnehmer	16,2	17,0	15,5	17,7	20,7

Quelle: Deutscher Industrie- und Handelstag, veröffentlicht in: Position 1998, S. 24

Die Zuverlässigkeit und die Aussagekraft dieser Ergebnisse wurden allerdings aus unterschiedlichen Gründen stets in Zweifel gezogen.

Nur wiederholte Erhebungen bei einem repräsentativen Querschnitt aller Bildungsbeteiligten lassen Aussagen im Zeitvergleich zu. Die gibt es aber nicht, denn es handelt sich stets um unterschiedliche Gruppen, deren Leistungen gemessen werden. Auch die Konzentration auf die einzelne Leistung verzerrt die Wahrnehmung. Ein realistisches Bild ergibt sich erst, wenn man sie im Gesamtzusammenhang der Anforderungen und Leistungen damals und heute sieht. Allein aus dem Ausmaß, in dem sich das Wissen in diesem Jahrhundert und insbesondere in den vergangenen Jahrzehnten differenziert und vermehrt hat, ergeben sich völlig andere Anforderungen. Auch die Methoden des Unterrichts haben sich verändert, denn an die Stelle des lehrerzentrierten Frontalunterrichts tritt das durch Medien gestützte lehrergelenkte Unterrichtsgespräch. Die Bedingungen, unter denen einst und jetzt gelernt wurde bzw. wird, haben sich ebenfalls radikal verändert – von der Ausstattung mit Büchern und Unterrichtstechnologie bis zur Mediennutzung und zum Familienleben –, so daß auch insofern Leistungsbeurteilungen im Zeitvergleich wenig aussagen. Dennoch sollten sie durchgeführt werden, denn sie könnten zeigen, was unter den heutigen Bedingungen gelernt wird, und dazu beitragen, die rückwärts gewandte Leistungsnostalgie zu zerstören und eine vernünftige und wirklichkeitsnahe Beurteilung der Gegenwart zu ermöglichen. Ich bin mir sicher, daß solche Leistungsbeurteilungen im Zeitvergleich zugunsten des heutigen Bildungswesens ausfallen würden.

Individuelle Leistungsbeurteilung

»Hasenmax, der Bösewicht,
konnte heut sein Verschen nicht,
hat gepfiffen und geschwätzt,
Hasenlieschens Rock zerfetzt,
eine neue Bank zerkracht

und dabei noch laut gelacht.
In die Ecke muß er nun.
Ei, da kann er Buße tun!«[1]

Gute Leistungen werden belohnt, schlechte Leistungen werden bestraft. So einfach ist das in der »Häschenschule«.

Die Zensur, die Note, ist der zentrale Mechanismus zur Messung der Leistung, eine Ziffer, die mit einer äußerst knappen Erklärung verbunden wird: »sehr gut« – »ungenügend«. Die Zensur ist eine geniale Erfindung, die Zuordnung sämtlicher Leistungen zu Ziffern auf einer knappen Skala, mag diese nun sechs oder fünfzehn bzw. achtzehn Stellen umfassen, dazu die Festlegung der magischen Grenze des »Bestehens« – »Nichtbestehens«, pass or fail – einfach genial!

Zensuren können der Herstellung einer leistungsbestimmten Ordnung dienen, z. B. wenn alle Schülerinnen und Schüler zu Beginn der Stunde aufstehen, der Lehrer dann Kopfrechenaufgaben stellt und wenn diejenigen, die sie als erste gelöst haben, sich hinsetzen dürfen oder auch wenn sich die Sitzordnung in der Klasse nach den Klassenarbeitsergebnissen richtet. In den deutschen Schulen ist das Ranking nicht mehr in Mode, wohl aber in anderen Ländern, und im bayerischen zweiten juristischen Staatsexamen werden landesweit Rangplätze vergeben, die – jedenfalls im öffentlichen Dienst – über den Zugang zum Beruf entscheiden. Im Sport ist das Wettbewerbsprinzip und das Ranking sowieso gang und gäbe und gänzlich unangefochten, auch im Schulsport.

Warum aber kommt der Leistung und der Leistungsbeurteilung in den Bildungsinstitutionen aus der Sicht des Individuums, des einzelnen Schülers und Studenten, eine so große Bedeutung zu? Warum die ganze Aufregung, die Belastung, der Streß? Die Bedeutung der Leistungsbeurteilung für das Individuum läßt sich in vier Dimensionen erfassen:

Absolute Leistung

Inwieweit erfüllt der einzelne die Anforderungen, die an ihn gestellt werden? Dabei kann es sich um standardisierte Leistungsanforderungen für ein bestimmtes Alter oder eine bestimmte Gruppe handeln, in Allgemeinbildung oder Berufsbildung, um intellektuelle oder manuelle Leistungen, Fähigkeiten oder Fertigkeiten usw. Wichtig ist der von außen angelegte Maßstab. Das Individuum möchte wissen, ob und inwieweit es das kann, was von ihm verlangt wird. Auf dieser Grundlage kann dann die Lernleistung geplant werden, kann das Leistungsverhalten verändert werden, können Anforderungen abgelehnt oder kritisiert werden.

Relative Leistungen

Wie verhalten sich Leistungen der einen zu den Leistungen der anderen, zu denen sie sinnvollerweise in eine Beziehung gebracht werden können, z. B. in einer Schulklasse oder einer Prüfungsgruppe? Wo steht der einzelne in der Gruppe? Schülerinnen und Schüler wollen wissen, welche Leistung sie im Verhältnis zu anderen erbringen, weil dies für ihr Selbstwertgefühl und ihre Anstrengungen von Bedeutung ist. Auch im Verhältnis zu den absoluten Leistungen ist diese Information sinnvoll, denn eine Person kann in ihrer Gruppe die besten Leistungen erbringen und dennoch den externen Anforderungen nicht genügen, weil das Leistungsniveau der Gruppe insgesamt sehr niedrig ist.

Individuelle Leistungsentwicklung in der Vergangenheit

Wie haben sich die Leistungen zwischen zwei bestimmten Zeitpunkten entwickelt? Die Bedeutung des individuellen Leistungsfortschritts ist zur Beurteilung der Wirksamkeit pädagogischer Maßnahmen wichtig, aber auch zur Beurteilung der eigenen Anstrengungen. Jeder und jede möchten gerne wissen, ob sich die Anstrengungen gelohnt haben oder ob sie umsonst waren. Auch die Beurteilung der individuellen Leistung steht in einem Verhältnis zu anderen, im Verhältnis zu den absoluten und den relativen Leistungen. Alle individuellen Leistungsfortschritte können die Beurteilung nach relativen Maßstäben nicht beeinflussen, wenn sie zur Steigerung der absoluten Anforderungen proportional sind und wenn alle Vergleichspersonen entsprechende Fortschritte gemacht haben.

Individuelle voraussichtliche Leistungsentwicklung in der Zukunft

Wie werden sich die Leistungen in Zukunft entwickeln? Hier wird eine besonders schwierige Leistungsbeurteilung verlangt, denn aus den vergangenen und den gegenwärtigen Leistungen wird auf die zukünftigen Leistungen geschlossen. Es ist nämlich nicht nur von Interesse, ob einzelne Lernende die absoluten und die relativen Leistungsanforderungen erfüllen und wie sie sich in der Vergangenheit entwickelt haben; das eigentliche Interesse an einer Leistungsmessung liegt vielmehr in der Beurteilung der Leistungsfähigkeit und der Leistungsbereitschaft im Hinblick auf die zukünftige Entwicklung der Leistungserbringung.

Diese Unterschiede zwischen absoluten, relativen und individuellen Leistungen sind die Grundlage der Leistungsmessung, denn die Maßstäbe der Leistungsmessung richten sich nach absoluten, relativen oder individuellen Gesichtspunkten.

Leistungsanforderungen, Leistung und Leistungsbeurteilung im Bildungswesen berühren immer auch das Thema der Gerechtigkeit. Um in den aristotelischen Kategorien zu sprechen: Die Lernenden erwarten zu Recht die Einhaltung des Gleichheitsgebotes bei der austeilenden Gerechtigkeit, vor allem bei den Leistungsbeurteilungen, aber auch bei den Leistungsanforderungen; sie erwarten aber auch ausgleichende Gerechtigkeit, die Kompensation von Nachteilen nämlich, die im Bildungswesen bestehen, wenn sich diese in ihren Leistungen ausdrücken. Doch was ist gerecht? Ist es gerecht, allen Schülerinnen und Schülern eines Altersjahrgangs dieselben Aufgaben zu stellen und dieselben Beurteilungsmaßstäbe anzulegen? Oder ist es gerechter, den bisherigen Leistungsstand bei den Anforderungen und bei der Beurteilung zu berücksichtigen? Die Lernenden erwarten zu Recht, daß nicht nur die Anforderungen und Maßstäbe gerecht sind, sondern daß auch das Verfahren fair ist, daß die Zensuren in einem transparenten und fairen Verfahren gebildet werden, daß die Belobigungen und Bestrafungen nicht diskriminieren, wenn das denn überhaupt möglich ist.

Institutionelle Leistungsfähigkeit

Es gibt internationale Mythen institutioneller Leistungsfähigkeit: Oxford und Cambridge, Harvard und Princeton, ENA und ENS, LSE, The Seven Sisters – selbst die Abkürzungen werden unter Eingeweihten gehandelt. In Deutschland bilden sich beispielsweise um die Landerziehungsheime Legenden der Leistungsfähigkeit und -unfähigkeit: Salem – Odenwaldschule; und jede Großstadt hat ihre Traditionsgymnasien, denen eine besondere Leistungsfähigkeit zugeschrieben wird, z.B. dem Christianeum in Hamburg-Othmarschen und dem Johanneum in Hamburg-Mitte. Die Bildung solcher Mythen wird begünstigt, wenn die Lernenden bzw. ihre Eltern unter verschiedenen Bildungsinstitutionen wählen können. Universitäten werden frei gewählt; Sekundarschulen können an sich ebenfalls frei gewählt werden, doch es kommt auf die örtlichen Bedingungen an; Ausbildungsplätze können frei gewählt werden, wenn es sie denn gibt; Grundschulen können nicht frei gewählt werden. Wenn die Universitäten in Zukunft Schwerpunkte setzen und ihre Studenten auswählen, wenn die Schulen in Zukunft Profile bilden und dementsprechend bestimmte Schülerinnen und Schüler anziehen, dann wird die institutionelle Leistungsfähigkeit wirklich wichtig werden.

Die Qualität der Bildungsinstitutionen wird auch für die Absolventen und für den Zugang zu Bildungsgängen und Berufspositionen wichtig, weil die Qualität der Bewerberinnen und Bewerber um einen Ausbildungs- oder Arbeitsplatz häufig nach der Qualität der abgebenden Bildungsinstitution beurteilt wird. Auch aus diesem Grunde ist es dringend erforderlich, über die Leistungsfähigkeit von Bildungsinstitutionen und die Qualität ihrer Absolventen aufzuklären.

Es gibt in Deutschland bisher keinerlei zuverlässige Informationen über die Leistungsfähigkeit bestimmter Bildungsinstitutionen und die Qualität ihrer Absolventen. Auch die in den Magazinen »Spiegel« und »Focus« veröffentlichten Rangreihen der deutschen Universitäten enthalten keine zuverlässigen Informationen, weil sie im wesentlichen auf Einschätzung der Betroffenen beruhen, empirisch aber nicht gesichert sind.

Die Leistungsfähigkeit der Bildungsinstitutionen ist schließlich auch für die staatliche Haushaltswirtschaft von Bedeutung. Es geht um die Wirtschaftlichkeit der staatlichen Verwaltung, und Wirtschaftlichkeit meint das Verhältnis von Aufwand und Ertrag. Der Aufwand sind die im wesentlichen aus Steuermitteln finanzierten Ausgaben des Staates für die Bildungsinstitutionen. Was aber ist der Ertrag?

Messen ohne Maß

Die formalisierte Leistungsbeurteilung ist das Gerüst des Bildungswesens. Ständig finden Eingangstests und Abschlußtests, Übungsarbeiten und Klassenarbeiten, Wiederholungsarbeiten und Prüfungsarbeiten statt. Die Leistungsbeurteilung in den Bildungsinstitutionen beschränkt sich aber nicht auf schriftliche Arbeiten und Prüfungen. Im Grunde findet Leistungsbeurteilung ständig statt, weil die Lehrenden ständig Informationen über die Leistungen der Lernenden erhalten und festhalten, sei es in ihrem Kopf, im kleinen Notizbuch oder gar im Notebook. Es findet auch ständig ein Austausch über die Leistungen der Lernenden statt, zwischen den Lernenden untereinander, zwischen den Lernenden und den Lehrenden sowie zwischen den Lehrenden untereinander, außerdem natürlich zwischen den Lernenden und ihren Eltern sowie sonstigen Personen und gelegentlich auch zwischen den Lehrenden und den Eltern der Lernenden: »Was hast du in Mathe?« – »Wie ist denn bei Ihnen die Englischarbeit ausgefallen?« – »Na, hast du diesmal wieder eine 5 eingefangen?« usw. Ein Besucher »von einem anderen Stern« könnte meinen, daß die Aufgabe der Bildungsinstitutionen die Leistungsbeurteilung und sonst nichts sei und daß die Lehrenden Spezialisten der Leistungsbeurteilung seien und sich vornehmlich dieser Aufgabe widmen.

In Wirklichkeit aber sind das Verhältnis des Bildungssystems und die Einstellung insbesondere der Lehrenden zur Leistungsbeurteilung mehr als zwiespältig. Es wird überlegt, ob die Bildungsinstitutionen die Eingangs- bzw. Zugangsprüfungen (z. B. Hochschulreifeprüfungen oder die ersten und zweiten Staatsexamina der Pädagogen und Juristen) aufgeben, die Auswahl den aufnehmenden Einrichtungen überlassen und sich auf reine Abschlußprüfungen (z. B. Abitur im wörtlichen Sinne, Hochschuldiplom für Pädagogen und Juristen) beschränken sollten. Kein Lehrer, Ausbilder und Professor prüft gerne. Prüfen gilt als ausgesprochen lästig, zeitaufwendig und irgendwie unwürdig. Wie aber soll man erklären, daß die Lehrenden eine ihrer zentralen Aufgaben eher ablehnen? Die Einstellung der Lehrenden zum Prüfungswesen kann nur als schizophren bezeichnet werden, weil sie diese wesentliche Aufgabe, in der sie kompetente Spezialisten sind, in ihrer Bedeutung leugnen und tendenziell ablehnen. Oder kommt darin ein schlechtes Gewissen zum Ausdruck, weil auch die Lehrenden wissen, daß Qualität und Transparenz der Leistungsbeurteilung mangelhaft sind?

Die zentrale Frage, die Frage nach den Maßstäben der Leistungsbeurteilung ist theoretisch ungeklärt und praktisch ungelöst. Im Schulalltag werden wohl alle genannten Maßstäbe nebeneinander zur Anwendung kommen, d. h., die Lehrenden gehen vom absoluten Leistungsmaßstab aus, den sie jedoch durch relative und individuelle Gesichtspunkte korrigieren. Das klingt pragmatisch vernünftig, ist aber keine Lösung, denn die einzelnen Maßstäbe eignen sich in unterschiedlicher Weise, um die verschiedenen Zielsetzungen der Leistungsbewertung zu erfüllen.

Die Prüfungsforschung hat darüber hinaus auf breiter Basis die Unzuverlässigkeit der Leistungsbewertung nachgewiesen, nicht nur die Fehlerhaftigkeit in Einzelfällen, sondern die Unzuverlässigkeit im allgemeinen, insbesondere aufgrund unterschiedlicher Maßstäbe unterschiedlicher Prüfer, und die Unzuverlässigkeit von Prüferurteilen ist vielfach belegt worden. Sie wird auch gar nicht bestritten. Verschiedene Prüfer beurteilen gleiche Arbeiten häufig unterschiedlich; ein einzelner Prüfer kann für gleiche Arbeiten zu unterschiedlichen Zeiten unterschiedliche Zensuren geben; je freier die Aufgabe, desto größer die Differenzen – verständlicherweise. Bei unterschiedlichen Prüfungen klaffen die Bewertungen noch weiter auseinander. Die Prüfungsforschung hat eine Fülle von Fehlerquellen entdeckt: Manche Prüfer neigen zur Überbewertung des Schriftbildes oder der Rechtschreibung und der Zeichensetzung, andere Prüfer haben bestimmte »Steckenpferde« oder »Reizthemen«, wiederum andere Prüfer diskriminieren schicht- oder geschlechtsspezifisch. Auch äußere Phänomene spielen eine Rolle: die Tageszeit der Leistungsbeurteilung, die Position der Kandidaten in einer Rangreihe, Einzel- oder Gruppenprüfung u. a. m.

Entschleierung

Die bisherige Verschleierung der Leistungsmängel bei der Leistungsbeurteilung ist unverzeihlich, die Entschleierung damit unvermeidlich, und zwar unverzüglich. Wir sollten jede Verteufelung und jede Verherrlichung des Leistungsprinzips durch eine nüchterne Betrachtungsweise überwinden. Alle sind an Leistung und an Leistungsbeurteilungen interessiert, die Lernenden und ihre Eltern, die Lehrenden, die Bildungsinstitutionen und die Wissenschaft, die Wirtschaft und die Gesellschaft insgesamt, aber sie wollen durchaus Unterschiedliches. Die einen wollen z. B. wissen, »wo sie stehen«, die anderen wollen z. B. wissen, ob jemand einen Job ausüben kann. Auch die Beurteilungsmaßstäbe sind unterschiedlich, wie wir gesehen haben – absolut oder relativ, individuell-retrospektiv oder individuell-prognostisch. Die erste Aufgabe der Entschleierung der Leistungsbewertung besteht also in ihrer Differenzierung, denn Leistung ist nicht gleich Leistung.

Ich will es ganz konkret machen: Zeugnisse sollten in Zukunft vier unterschiedliche Abschnitte haben. Im ersten Abschnitt (Leistungsstand) wird der absolute Leistungsmaßstab zugrunde gelegt und nur dieser – ungeschminkt und ungeschönt. Er gibt Auskunft darüber, inwieweit die einzelnen Lernenden die für ihre Ausbildung geltenden Anforderungen erfüllt haben. Dies setzt natürlich voraus, daß diese Anforderungen so präzise formuliert sind, daß zuverlässige und gültige Aussagen über den Leistungsstand gemacht werden können, was heute in den meisten Schul- und Studienfächern der Fall ist. Dieser Leistungsstand sollte wie bisher in Ziffern ausgedrückt werden, wobei ich mir vorstellen kann, daß sechs Ziffern genügen. In der Regel lassen sich die Anforderungen nicht so präzise formulieren, daß eine differenzierende Benotung auf einer Skala von fünfzehn oder sogar achtzehn Punkten möglich ist. Im zweiten Abschnitt (Leistungsvergleich) sollte der relative Maßstab angewandt werden. Wo stehen die Lernenden in ihrer Gruppe, in der Klasse, dem Jahrgang, dem Ausbildungsberuf? Gehören sie nach dem Leistungsdurchschnitt aller Fächer zum oberen Drittel oder zum unteren Drittel? Auch eine fachspezifische Ordnung ist denkbar. So kann B zum Beispiel in den Naturwissenschaften zu den ersten fünf gehören, in den Sprachen zur mittleren Gruppe usw. Die Vergabe von Platzzahlen durch Rangreihenbildung scheint mir einerseits zu präzise, andererseits zu global zu sein, manchmal vielleicht willkürlich, häufig stigmatisierend. Ich würde die Verbalisierung und Zusammenfassung zu Gruppen vorziehen.

Dem dritten Abschnitt (bisherige Leistungsentwicklung) liegt der retrospektiv-individuelle Maßstab zugrunde. Wie hat sich die Leistung in der Vergangenheit entwickelt? Es liegt nahe, dies stufenweise, möglicherweise auch jahrgangsweise darzustellen. Es sollte sich nicht nur um globale Bewertungen wie »Prima, Gustav, weiter so!« handeln, sondern durchaus um präzise Angaben, die aus einer Mischung von Ziffern und Beschreibungen bestehen könnten. Glanzpunkte und Schwächen sollten deutlich hervorgehoben werden, auch Ausreißer. An die bereits existierenden Berichtszeugnisse kann angeknüpft werden. Im letzten Abschnitt (prognostisch-individueller Maßstab) kommt dann die Eignungsbeurteilung, die die Prognose der Leistungsentwicklung bringt. Dies ist der schwierigste Teil; wenn hier mehr als z. B. »Willy berechtigt zu den schönsten Hoffnungen« stehen soll, dann muß dies fach- bzw. berufsspezifisch geschehen, z. B.: »Andrea ist für das Studium der ökonomischen Wissenschaften gut geeignet, weniger aber für Sprachwissenschaften« oder »Brigitte besitzt alle Voraussetzungen, um eine gute pharmazeutisch-technische Assistentin zu werden«. Wichtig ist, daß hierbei auch Schwächen herausgestellt werden, damit diese durch die weitere Ausbildung oder durch Weiterbildung ausgeglichen werden können, z. B.: »Es wird dringend empfohlen, daß Claus als Referendar seine Wahlstation im Bereich des internationalen Gesellschaftsrechts macht, wenn er seinen Berufswunsch, Wirtschaftsanwalt zu werden, verwirklichen will.«

Zeugnisse dieser Art gewinnen an Aussagekraft im Vergleich zu den bisherigen Zeugnissen, die mit ihren Ziffern eine Präzision vortäuschen, die sie nicht besitzen. Darüber hinaus bedürfen die Lehrenden, insbesondere die Ausbilder und Professoren, dringend einer Ausbildung in psychologisch-pädagogischer Diagnostik, denn sie entscheiden über Karrieren, über Scheitern und Erfolg im Beruf, häufig ohne über die geringsten Kenntnisse in der Leistungsbewertung zu verfügen. Zeugnisse der geschilderten Art lösen auch das von den Lehrenden als belastend empfundene Problem der gerichtlichen Kontrolle der Leistungsbewertung, die in einem Rechtsstaat unverzichtbar und – wie die Untersuchungen zum Lehrerurteil zeigen – in der Praxis nötig ist. Eine gerichtliche Kontrolle wird aber eigentlich erst durch eine differenzierte Leistungsbeurteilung, wie ich sie hier vorschlage, möglich. Ich kann mir gut vorstellen, daß manche gerade aus diesem Grunde die bisherige Verschleierung vorziehen, aber das sollte nicht sein. Im Ergebnis werden sich bessere Informationen über die Leistung auch in der gerichtlichen Überprüfung der Leistungsbeurteilung positiv auswirken.

Die Differenzierung der Leistungsbewertungen und der Leistungsvergleiche zwischen Individuen und Institutionen tragen zur Entschleierung der Leistungsbewertung bei; die wichtigste Aufgabe besteht aber darin, den Leistungsbegriff und das Leistungsprinzip seiner mystischen Gestalt zu entkleiden. Es ist unsinnig, daß sich die angeblichen Anhänger und

Gegner des Leistungsprinzips bekriegen. Sie müssen nur sagen, was für sie Leistung ist, wie sie gemessen und verglichen wird, und sie müssen anerkennen, daß Leistung eine wesentliche Voraussetzung der Bildung in Institutionen ist. In der Tat erbringen die Lernenden und Lehrenden in den Bildungsinstitutionen enorme Leistungen. In den heutigen Bildungsinstitutionen ist dies in allererster Linie die Vermittlung und Ansammlung von Wissen. Hinzu kommen die Vermittlung und der Erwerb von Fähigkeiten, von den intellektuellen und künstlerischen bis zu den sportlichen und sozialen. Auch wenn angesichts der wissenschaftlichen und pädagogischen Entwicklungen eine Verlagerung von der Wissens- zur Fähigkeitsvermittlung wahrscheinlich ist, bleibt es eine wichtige Aufgabe der Bildungsinstitutionen, Leistung und Leistungsfähigkeit der Lernenden zu verlangen, zu entwickeln und zu fördern. Doch Leistung ist nicht alles im Leben, auch nicht in der Bildung.

Ich habe vor vielen Jahren einmal in England an einer amerikanisch-englischen wissenschaftlichen Konferenz teilgenommen, und zwar als einziger Deutscher, weil ich damals in den USA unterrichtete. Es war der Tag der Abreise nach etwa einer Woche des gemeinsamen Arbeitens und Lebens. Eine größere Gruppe stand vor dem Tagungsgebäude und wartete auf die Taxen. Es kam ein VW-Bus. Ein Amerikaner sagte zu mir: »You Germans build wonderful cars.« Dabei war es nicht einmal ein Mercedes oder ein BMW. Ein anderer Amerikaner fiel ein: »... and wonderful concentration camps, too.« Ich habe nun als Individuum weder mit der deutschen Autoproduktion von heute noch mit den deutschen Konzentrationslagern von einst etwas zu tun, dennoch werde ich zu Recht dem Volk, dem ich angehöre, zugerechnet. Zur Bildung eines Volkes – wie eines Individuums – gehört eben mehr als Leistung im Sinne von Wissen und Können: Verständnis und Urteilskraft, Wertbewußtsein und Einfühlungsvermögen, Humanität und Historie, Konflikt- und Konsensfähigkeit und vieles andere mehr, was Hartmut von Hentig so ausgedrückt hat: 1. Abscheu vor und Abwehr von Unmenschlichkeit, 2. die Wahrnehmung von Glück, 3. die Fähigkeit und der Wille, sich zu verständigen,

4. ein Bewußtsein von der Geschichtlichkeit der eigenen Existenz, 5. Wachheit für letzte Fragen, 6. die Bereitschaft zur Selbstverantwortung und Verantwortung für die Res publica.

Da es eine Einigung auf einen einzigen bestimmten Leistungsmaßstab nicht geben kann, da alle Leistungsmaßstäbe ihren Sinn haben, kommt es darauf an, sie auseinanderzuhalten und die Ergebnisse getrennt auszuweisen, d. h., die Lernenden werden nach einem absoluten Leistungsmaßstab beurteilt (Was kann ich?), nach einem relativen (Wo stehe ich?), nach einem retrospektiven (Was habe ich geschafft?) und nach einem prognostischen (Was schaffe ich in Zukunft?). Statt einer Zensur erhalten wir dann vier Zensuren.

Leistung ist im Leben wie auch im Bildungswesen nicht alles, die Leistungsbewertung ist aber doch so wichtig geworden, daß die sozialen und psychischen Kosten der Unklarheit und Unsicherheit den Lernenden nicht länger aufgebürdet werden dürfen. Doch nur wenn die Leistungsbewertung differenziert, rational, transparent und nachvollziehbar erfolgt, kann dem neuen ganzheitlichen Lebensgefühl, dem »Denken mit dem Bauch«, im Bildungswesen Raum gewährt werden.

---

6 Verwahrlosung oder Null Bock

Verwahrlosung – nicht im Sinne von schmutzigen Hemdkragen und losen Reden, sondern im Sinne von Normlosigkeit, von Anomie – herrscht in den Bildungsinstitutionen, die sich für eine Erziehung zu Gemeinschaftswerten nicht verantwortlich fühlen. Null Bock bei Schülerinnen und Schülern als Ursache? Burn-out bei Lehrerinnen und Lehrern als Folge?

»In die Schule geh' ich (un)gern, alle Tage wieder.« Nicht nur im Schulalltag herrscht ein Lebens- und Lerngefühl, für das »Schulmüdigkeit« noch ein gar zu milder Ausdruck ist. Schon die deutschen Dichter haben Schule und Hochschule als Qual oder Perversion erlebt, z. B. der kleine Hanno Buddenbrook oder der große Alfred Dorn. Das Lernen in Institutionen, insbesondere in den sogenannten totalen Institutionen, führt bei den Schülerinnen und Schülern zu Gleichgültigkeit und Unterschleif, Gewalt oder Flucht, Ängsten und Psychosen. In repräsentativen Umfragen wird jedoch häufig auch ein ganz anderes Bild der Schule und Hochschule gezeichnet: freundlich und hell, fröhlich und lustvoll. Was ist zutreffend?

»In die Schule geh' ich gern, alle Tage wieder«

Das Bild, das die Dichter von den deutschen Bildungsinstitutionen malen, widerspricht dieser Zeile deutlich. Die schöne Literatur ist voller Schulgeschichten, Geschichten von Kindern und Jugendlichen, ihren Erziehern, Lehrern, Meistern und Professoren. Doch die Dichter schildern ihre Erfahrungen in der Schule häufig als Entfremdung und als Qual. So z. B. im Falle des kleinen Hanno Buddenbrook.

»›Buddenbrook!‹ – Doktor Mantelsack hatte ›Buddenbrook‹ gesagt, der Schall war noch in der Luft, und dennoch glaubte Hanno nicht daran. Ein Sausen war in seinen Ohren entstanden. Er blieb sitzen.

›Herr Buddenbrook!‹ sagte Dr. Mantelsack und starrte ihn mit seinen saphirblauen, hervorquellenden Augen an, die hinter den scharfen Brillengläsern glänzten ... ›Wollen Sie die Güte haben?‹

Gut, also es sollte so sein. So hatte es kommen müssen. Ganz anders, als er es sich gedacht hatte, aber nun war dennoch alles verloren. Er war nun gefaßt. Ob es wohl ein sehr großes Gebrüll geben würde? Er stand auf und war im Begriffe, eine unsinnige und lächerliche Entschuldigung vorzubringen, zu sagen, daß er ›vergessen‹ habe, die Verse zu lernen, als er plötzlich gewahrte, daß sein Vordermann ihm das offene Buch hinhielt.«[1]

Der Kindergarten erscheint in der Grassschen »Blechtrommel« als Groteske:

»Es begann harmlos mit Tante Kauers Kindergarten, Hedwig Bronski holte mich jeden Morgen ab, brachte mich mit ihrem Stephan zur Tante Kauer in den Posadowskiweg, wo wir mit sechs bis zehn Gören – einige waren immer krank – bis zum Erbrechen spielen mußten. Zum Glück galt meine Trommel als Spielzeug, und es wurden mir keine Bauklötze aufgezwungen und Schaukelpferde nur dann untergeschoben, wenn man einen trommelnden Reiter mit Papierhelm brauchte. (...)

Die Spaziergänge am Nachmittag durch Kastanienalleen zum Jeschkentaler Wald, den Erbsberg hoch, am Gutenbergdenkmal vorbei, waren so angenehm langweilig und unbeschwert albern, daß ich mir heute noch Bilderbuchspaziergänge an Tante Kauers Papierhand wünsche.

Ob wir acht oder zwölf Gören waren, wir mußten ins Ge-

> schirr. Dieses Geschirr bestand aus einer hellblauen, gestrickten, eine Deichsel meinenden Leine. Sechsmal ergab sich links und rechts dieser Wolldeichsel wollenes Zaumzeug für insgesamt zwölf Gören. Alle zehn Zentimeter hing eine Schelle. Vor Tante Kauer, die die Zügel führte, trotteten wir klingelingeling machend, plappernd, ich zähflüssig trommelnd, durch herbstliche Vorortstraßen. Dann und wann stimmte Kauer ›Jesus dir leb' ich, Jesus dir sterb' ich‹ an oder auch, ›Meerstern ich dich grüße‹ was die Straßenpassanten rührte, wenn wir ›Oh Maria hilf‹ und ›Gottesmutter, sühühühüße‹ der klaren Oktoberlust anvertrauten. Sobald wir die Hauptstraße überquerten, mußte der Verkehr aufgehalten werden. Straßenbahnen, Autos, Pferdefuhrwerke stauten sich, wenn wir den Meerstern über den Fahrdamm hinübersangen. Jedesmal bedankte sich dann Tante Kauer mit knisternder Hand bei dem uns das Geleit gebenden Verkehrspolizisten.«[2]

Die deutschen Juristen werden bekanntlich nicht an der Universität, sondern beim Repetitor ausgebildet, und zwar insbesondere im »Kampf ums Dasein«, wie Alfred Dorn in Martin Walsers »Die Verteidigung der Kindheit« erlebt:

> »Am Morgen des ersten Repetitionskurses war Alfred pünktlich bei Dreyer und konstatierte: Rammelvoll. Wie hatte der Vater gesagt: Ein Schweinegeld. Gerade daß er noch einen Platz in der letzten Reihe bekam. Und nur auf einem Stuhl, der nicht an einem Tisch stand. Weiter vorne hatten Studenten für einander alle Tischplätze belegt. Wenn Dreyer ihn aufrufen wollte, müßte er über alle hinweg antworten. Entsetzlich. Und das Schlimmste: Dreyer bat dringend darum, daß jeder für die Dauer des Kurses jeden Morgen den Platz einnehme, auf dem er heute sitze. Es sei Energieverschwendung, jeden Tag mit Platzeroberungskämpfen zu beginnen. Am zweiten Tag war Alfred einer der ersten, er setzte sich einfach in die erste Reihe, wurde aber von einem, der neben ihm Platz nahm, einem Herrn Brasch, gewarnt: Dieser Platz sei besetzt für Herrn Halbritter, der gestern

zwar noch gefehlt habe, der aber wahrscheinlich heute, ganz sicher aber morgen aus den Ferien zurückkommen werde. Dann seinen Platz besetzt zu finden, das sähe Herr Halbritter gar nicht gern!«[3]

Gibt es eigentlich auch positive glaubwürdige literarische Würdigungen des deutschen Bildungswesens? Interessanterweise handeln die Erzählungen und Romane weniger vom Unterricht als vielmehr vom Leben in den Institutionen, davon, wie die Lehrenden und Lernenden miteinander umgehen, wie sie dort leben. Dies sagt vielleicht mehr aus über Kindergarten, Schule und Universität als Lehrpläne und Studienordnungen.

Lernen in Institutionen

Bildung findet nicht nur in den Bildungsinstitutionen statt, sondern auch in der Familie, im Betrieb und in der Clique oder Gang; diese verfolgen in allererster Linie jedoch andere als Bildungszwecke. Die Schule ist dagegen eine Zweckschöpfung für die Erziehung und den Unterricht. Das Studium an der Hochschule und die Berufsausbildung im Betrieb dienen ausschließlich der Bildung junger Menschen, wenn auch nicht zu verkennen ist, daß der Betrieb nicht nur für die Berufsausbildung da ist und die Hochschule nicht ausschließlich der Lehre dient. Kindergärten sollen kleine Kinder in erster Linie betreuen, aber auch bilden. Mit dem Lernen in Institutionen muß es eine besondere Bewandtnis haben. Was ist das Besondere an den Institutionen der Bildung?

Das Spezifische der Bildungsinstitutionen läßt sich in acht Punkten umreißen:

1. Die bereits erwähnte *Zweckrationalität*: Die Lebenslagen von Kindern und Jugendlichen in den Bildungsinstitutionen können nicht ohne die Tatsache gedacht werden, daß *Bildung* der primäre Zweck des Aufenthalts in diesen Einrichtungen ist, mögen auch andere Zwecke, z. B. Aufbewahrung und Betreuung, Auswahl und Verteilung, die Sozialisation und anderes

mehr, eine Rolle spielen; aber diese Zwecke können ohne den Bildungszweck nicht gedacht werden.

2. *Pflichtbesuch* und/oder mit dem Besuch verbundene Vor- oder Nachteile: Kinder und Jugendliche gehen *nicht freiwillig* in die Schule, Hochschule bzw. in die Berufsausbildung. Es besteht entweder Schulpflicht, oder mit dem Besuch der Bildungsinstitutionen sind *Vorteile*, mit dem Nichtbesuch *Nachteile* verbunden. Die Bildungsinstitutionen sind unmittelbar oder mittelbar mit Zwang verbunden; insoweit sind sie mit den Betrieben der Erwerbsarbeit vergleichbar.

3. Verhalten und Leistung unterliegen der *Bewertung*: Was immer Kinder und Jugendliche in den Bildungsinstitutionen tun oder nicht tun, alles wird bewertet, ob intern oder extern, formell oder informell. Es ist ja keinesfalls so, daß nur Leistungen bewertet werden, nein, auch z. B. die Beliebtheit; und nicht nur die Lehrer, sondern vor allen Dingen die anderen Kinder und Jugendlichen sowie die Eltern und Verwandten, ja, die Gesamtgesellschaft schaut auf Erfolg und Mißerfolg in den Bildungsinstitutionen, und zwar nicht nur auf die *Noten.*

4. Statusgleichheit und Statusungleichheit in der *Generationsbeziehung*: Die Kinder und Jugendlichen sind in den Institutionen erstens im wesentlichen unter *Altersgenossen* und zweitens unter *Lernenden,* und sie stehen einer Generation von *Erwachsenen* als *Lehrenden* gegenüber. Diese Generation- und Statuskonfrontation ist so wichtig, weil es die erste institutionalisierte Begegnung der Kinder und Jugendlichen mit dem Erwachsensein und der Professionalität ist, die sich von den bisherigen Begegnungen in Familie, Kirche, Nachbarschaft usw. grundsätzlich unterscheidet.

5. Die Kinder und Jugendlichen in den Bildungsinstitutionen nehmen sich als *Gruppe* wahr und werden auch von außen als Gruppe wahrgenommen. Gruppenbildung heißt Identifikation mit der Gruppe und Abwehr nach außen. Führungsrollen und Außenseiterstigmatisierungen können sich lebenslang ein-

prägen, der »Kampf der Tertia« geht bis aufs Blut, man bleibt sein Leben lang ein »Salesianer« oder »Kruppianer«.

6. Für die Entwicklung der *Geschlechterbeziehung* bieten die Bildungsinstitutionen hervorragende Gelegenheiten: Dies gilt für die Ausbildung der geschlechtsspezifischen Verhaltensweisen, und zwar individuell wie kollektiv, sowie für die Aufnahme, Entwicklung und Pflege der Beziehungen zwischen den Geschlechtern.

7. Bildungsinstitutionen sind Orte der *Welterfahrung*: Trotz Familie und Freundschaft, Mobilität und Medien, Konsum und Kommunikation ist die Bildungsinstitution nach wie vor der Ort, an dem der einzelne die Welt in ihrer *sozialen Differenzierung* (männlich und weiblich, arm und reich, bekannt und fremd, gläubig und ungläubig u. a. m.) wie in ihrer *personalen Ausprägung* (schön und häßlich, begabt und dumm, fleißig und faul u. a. m.) und nicht zuletzt in *Wert und Wissen* (von der Bibel bis BSE) erlebt.

8. Und schließlich zeichnen sich die Bildungsinstitutionen durch eine gewisse Einheit und Identität in *Raum* und *Zeit* aus: Man weiß, wie eine Schule aussieht, und zwar von innen wie von außen, und alle Bildungsinstitutionen teilen die Zeit in Unterrichtseinheiten ein, mit Klingelzeichen und Abschlußfeier.

Es versteht sich von selbst, daß Lehren und Lernen unter institutionellen Bedingungen anders verlaufen als in individuellen, familialen, freundschaftlichen oder nachbarschaftlichen Zusammenhängen. Die Motivation und das Leistungsverhalten werden in den Institutionen nicht nur durch die Lehrenden, sondern wesentlich auch von den anderen Lernenden, der Lerngruppe, bestimmt. Für die Entwicklung des Sozialverhaltens stellt die Institution gewissermaßen das natürliche Übungsfeld dar: Konfliktaustragung und Konsensbildung, Mehrheits- und Minderheitsverhalten, Führung und Unterordnung, Selbstbewußtsein und Toleranz, Isolierung und Solidarität können hier erfahren und erworben werden. Auch das individuelle Verhalten gestaltet sich unter institutionellen Bedingungen anders; Freude, Lust und Leiden, Trauer, Schmerz und Weinen erhalten im institutionellen Umfeld eine besondere Ausprägung; gemeinsam lacht und weint man anders als allein. Hanno Buddenbrook leidet unter den institutionellen Bedingungen des Unterrichts noch stärker als unter dem individuellen Lehrerverhalten und hätte lieber weiter noch Privatunterricht bei Ida Jungmann genossen, und für Alfred Dorns juristische Ausbildung sorgte Fräulein Dr. Goelz im heimischen Dresden weit mehr als der Repetitor.

Leben in Institutionen

Schülerinnen und Schüler entwickeln Verhaltensweisen, die auch ihr Lernverhalten regeln, und Lehrerinnen und Lehrer reagieren auf diese Verhaltensweisen – oder auch nicht, indem sie sie ignorieren. Zu den alltäglichen »Strategien« der Lernenden gehört, daß sie

- sich langweilen, sich verweigern, sich oberflächlich anpassen oder »stören«,
- sich aggressiv und gewalttätig verhalten,
- mit Krankheit reagieren,
- sich »durchmogeln«,
- Fluchtversuche unternehmen.

Beschreibungen dieses Verhaltens, das wir alle aus unserer Alltagserfahrung kennen, stehen allerdings in einem bemerkenswerten Gegensatz zu Ergebnissen empirischer Untersuchungen, die ein ganz anderes Bild der Institutionen zeichnen.

1. Langeweile oder Lernlust

Walter Kempowski hat 1974 eintausend Menschen gefragt: »Was bedeutet Ihnen Ihre Schulzeit?« – Der Haupteindruck dieser Dokumentation: Ich kann mich nicht erinnern. Zu den Erinnerungsfetzen gehört z. B. »Schule, das war die schönste Zeit« (Krankenschwester, geboren 1954), »Ich fand es in der

Schule gräßlich langweilig. Ich wußte einfach nicht, was ich da sollte« (Bibliothekarin, geboren 1925).

Reiner Aster hat 1990 an einer Berliner Hauptschule Lehrer zum Schülerverhalten befragt und unter anderem die folgende Äußerung notiert, die symptomatisch ist:

> »Sie sitzen da und hören gar nicht zu, sind apathisch. Ich sage denen dann, daß ich nicht der ›schwarze Kasten‹, der Fernseher bin, der zu Hause steht. Mädchen schalten besonders ab. Da gibts so Trantüten, die nur die Zeit absitzen. Sie sperren sich, machen nicht mit oder sagen: ›Sie wissen doch, daß ich nichts weiß.‹«[4]

Die jüngste Befragung von Schülern und Lehrern im Auftrage des Bundesministeriums für Bildung, Wissenschaft, Forschung und Technologie bestätigt diesen Eindruck nicht, sondern zeigt gemischte Einstellungen. Auf die Frage, ob sie gerne zur Schule gehen, antworten 40 % der Schülerinnen und Schüler mit »unentschieden«, aber immerhin 36 % mit »ja«. Dasselbe Ergebnis zeigt sich, wenn danach gefragt wird, ob sie meinen, daß die anderen Schülerinnen und Schüler gerne zur Schule gehen. Auch die Antworten auf die pauschale Frage, ob sich die Schüler in der Schule langweilen, sind in ihrer Allgemeinheit nicht besonders aussagekräftig.[5]

Zwischen den Lehrerzitaten aus der Hauptschule und den Aussagen der Hauptschüler zeigt sich ein erheblicher Unterschied: »Nur« 20 % der Hauptschüler langweilen sich, aber immerhin 31 % gehen gerne in die Schule[6]; demgegenüber zeichnen die Lehrer ein durchweg desolates Bild der Schulsituation. Liegt das an den unterschiedlichen Perspektiven von Lehrern und Schülern? Oder ist der Grund darin zu suchen, daß eine Fragebogenerhebung wie die vom Bundesministerium für Bildung, Wissenschaft, Forschung und Technologie in Auftrag gegebene weniger Einblick in den schulischen Ablauf erlaubt als die tagtägliche Beobachtung der Lehrer, die der Berliner Hauptschulstudie zugrunde liegt?

Doch Langeweile ist nicht der einzige Effekt von Schule. Glaubt man den Aussagen empirischer Untersuchungen, vor allem im medizinischen und psychologischen Bereich, so sind Kinder heute nervös, reizbar, konzentrationsschwach, leicht ablenkbar, reizüberflutet usw. – und viele sagen: mehr als früher. Neben gesundheitlichen, psychischen und psychomotorischen Problemen wird auch von einem veränderten Sozialverhalten berichtet.

In den Äußerungen der Berliner Hauptschullehrer klingt das so:

> »Mich stört am meisten das unmögliche Sozialverhalten, daß sie andere Leute und auch andere Schüler nicht respektieren. Wenn ich alle auf einmal habe, benehmen sie sich total schweinisch. Wenn ich einen alleine habe, ist das überhaupt kein Problem. Oder wenn sie zu mir nach Hause kommen, dann sind sie ganz höflich mit ›bitte‹ und ›danke‹. Aber in der Schule sind sie dann wieder unmöglich.«[7]

In der pädagogischen Theorie gehen wir von hochmotivierten, interessierten, wohlerzogenen und gesitteten Schülerinnen und Schülern aus. In der pädagogischen Wirklichkeit herrscht dagegen wohl eher »null Bock«.

2. Bullying oder »Spaßkloppe«

Daß Jungen im Kindergarten miteinander raufen, sich in der Schule »verkloppen«, daß es in der Ausbildung und manchmal sogar unter erwachsenen männlichen Studenten zu Schlägereien kommt, gehört zum Alltag des Bildungswesens.

Die Konfliktaustragung im Bildungswesen vollzieht sich, wie auch sonst im Leben, in der Regel nicht als fairer Wettkampf, sondern Gemeinheit und Bosheit, Neid und Haß, Vergeltung und Rache spielen dabei ebenfalls eine Rolle, und letztlich geht es immer wieder um die Frage nach der Gewalt.

Wie kommt es, daß die Frage nach der Gewalt im Bildungswesen in der Diskussion eine neue Dimension erhalten hat?

1. Jugendgewalt in der Gesellschaft wurde ein Thema, weil es zwischen Jugendgruppen und -banden gewalttätige Auseinan-

dersetzungen gegeben hat, weil Jugendliche Schwache und Außenseiter angegriffen haben, Ausländer, Alte, sogar Behinderte, und schließlich, weil die Kriminalstatistiken einen Anstieg der Jugendkriminalität verzeichnen, und zwar auch der mit Gewalt verbundenen Eigentumskriminalität (Raub).

2. Von der These einer wachsenden Jugendgewalt in der Gesellschaft zur Frage, welchen Anteil das Bildungswesen hieran hat, war es nur ein kleiner Schritt. Bereitet nicht die Gewalt in der Schule die Gewalt in der Gesellschaft vor? Was tut die Schule gegen die Gewalt? Wie ist es möglich, daß Gewalt trotz einer Erziehung zur Gewaltfreiheit (»Schule ohne Gewalt«) im Alltag vieler Kinder und Jugendlicher eine große Rolle spielt?

Bund und Länder haben zusammen in den vergangenen zehn Jahren jährlich etwa 50 Millionen DM für Programme gegen die Jugendgewalt ausgegeben, die Bundesregierung allein 20 Millionen für das sogenannte AgAG-Programm (Aktionsprogramm gegen Ausländerfeindlichkeit und Gewalt) und die Länder noch mal etwa dieselbe Summe für Programme gegen Gewalt in der Schule. Außer in Modellprogramme zur Gewaltprävention flossen auch Gelder in wissenschaftliche Untersuchungen zu den Ursachen und zum Ausmaß der Gewalt an Schulen. Deskriptive Forschungsergebnisse kommen zu dem Schluß, daß sie ein erschreckendes Ausmaß angenommen hat.

Eine Bochumer Untersuchung kommt zum Ergebnis, daß verbale Aggressionen unter Schülern zum Alltag gehören, daß sich verbale Aggression nicht nur gegen Schülerinnen und Schüler, sondern auch – wenn auch in geringerem Ausmaß – gegen Lehrer richtet, daß Beschädigung von Schuleigentum fast Normalität zu sein scheint, denn mehr als zwei Drittel der Schulleiter, Lehrer, Hausmeister und Sekretärinnen haben Sachbeschädigungen manchmal festgestellt oder oft, daß Prügeleien und Raufereien unter Schülerinnen und Schülern an der Tagesordnung sind.[8]

Aber es geht nicht mehr allein um »Spaßkloppe«, denn es gibt auch Berichte über Brutalitäten und den Einsatz von Waffen an Schulen. Zwar weisen Schulen übertriebene Medienberichte zurück, aber die Mißhandlung wehrloser Schülerinnen und Schüler und das – wenn auch nur demonstrative – Mitführen von Waffen (vor allem Messer, aber auch Schlagringe, Ketten usw.) ist ein bedrohlicher Zustand, selbst wenn nur Minderheiten dies einräumen. Ebenso erschreckend ist es, daß ein Drittel der Schülerinnen und Schüler der Klassen sieben bis dreizehn von der Anwendung körperlicher Gewalt gegen Lehrerinnen und Lehrer berichten.

Zu ganz anderen Resultaten kommt auch hier wieder die Untersuchung, die im Auftrag des Bundesministeriums für Bildung, Wissenschaft, Forschung und Technologie durchgeführt wurde. »In nur 6 bis 8 % der untersuchten Schulen gibt es nach Ansicht der befragten Lehrerinnen und Lehrer große Probleme mit Gewalt und Kriminalität« lautet der erste Satz des entsprechenden Berichts. Dies wird der folgenden Tabelle entnommen:

Tabelle 6: Antworten von Lehrerinnen und Lehrern auf die Frage: »Gibt es Ihrer Meinung nach an Ihrer Schule: große Probleme mit Gewalt und Kriminalität, etwas Probleme oder keine Probleme?«

	große Probleme in %	leichte Probleme in %	keine Probleme in %	Summe abs.
Sek-I-Stichprobe	8	67	26	1107
Grundschulstichprobe	6	61	34	325
Sek-I-Stichprobe nach Geschlecht				
männlich	7	62	31	540
weiblich	8	71	21	566
Sek-I-Stichprobe nach Schulform				
Hauptschule	13	69	18	273
Realschule	8	70	22	300
Gymnasium	3	53	45	315
Gesamtschule	9	84	7	152

Quelle: Kanders u. a., S. 85

Bei den Schülerinnen und Schülern sowie den Eltern ergeben sich ähnliche Ergebnisse.

Hierzu ist anzumerken, daß »leichte Probleme« von zwei Dritteln der Lehrer gesehen werden, von gut der Hälfte der Schüler und von über einem Drittel der Eltern. Es kommt also wohl darauf an, was »Gewalt » ist und was man unter »großen« und »leichten« Problemen zu verstehen hat. Wenn nach derselben Untersuchung 28 % der Lehrer an Gesamtschulen sagen, daß sich der Gebrauch von Waffen in der Schule »im Rahmen« hält, fragt man sich, was das für ein Rahmen ist. Halten diese Lehrer den Waffengebrauch auch nur eines Schülers an Gesamtschulen bereits für normal? Das gleiche gilt für den Vandalismus, den anscheinend über 50 % der Sekundarstufe-I-Lehrer für »normal« halten. Das nähere Hinschauen auf diese Daten zeigt also dann doch ein ganz anderes Bild als die beschönigende Interpretation im Bericht.

Die Einführung des anglo-amerikanischen Begriffes »Bullying« in die deutsche Diskussion hat zwar die traditionelle Verharmlosung der Gewalt an Schulen in Frage gestellt, neue Erkenntnisse über die Ursachen von Gewalt aber nicht vermittelt. Als »Bullying« bezeichnet man körperliche und verbale Gewalt unter Schülerinnen und Schülern. Eine Übersicht über ältere Untersuchungen ergibt folgendes Bild: 40 % aller Schülerinnen und Schüler waren während ihrer Schulzeit mindestens einmal Opfer von Bullying. Bei Jungen besteht das Bullying aus körperlichen Angriffen und Bedrohungen, bei Mädchen aus Gerüchten, Klatsch und sozialer Isolierung. Täter und Opfer sind mehr Jungen als Mädchen. Opfer der Jungen sind Jungen und Mädchen, bei den Mädchen meistens nur Mädchen. Bei den Jungen richtet sich das Bullying in der Regel gegen jüngere Schüler, bei den Mädchen gegen gleichaltrige Mädchen. In den Grundschulen kommt das Bullying häufiger vor als in den Sekundarschulen. 3 bis 8 % aller Schülerinnen und Schüler sind Täter.[9]

Es gibt keine Untersuchung, die die Existenz und die Erscheinungsformen der Gewalt in den Bildungsinstitutionen hinreichend erklären kann. Hier eine Auswahl:

1. Gewalt als Spaß (»geil auf Gewalt«),
2. Gewalt als Sozialisation (erwachsen werden),
3. Gewalt als Imitation von Stars (Heldenverehrung),
4. Gewalt als virtuelle Gewalt (Fernsehen als Wirklichkeit),
5. Gewalt als veralltäglichte Konfliktlösung (Verrohung der Sitten),
6. Gewalt als Normlosigkeit (»Alles ist erlaubt«),
7. Gewalt als Ausdruck chaotischer Sozialbeziehungen (»Bambule«),
8. Gewalt als Herstellung von Herrschaft (Wer ist der Boß?),
9. Gewalt aus Status- und Sozialneid (schicke Klamotten),
10. Gewalt aus Not, Armut und Benachteiligung.

Jeder dieser Gründe und Ausprägungen und alle zusammengenommen ergeben zwar ein »Bild der Gewalt«, aber keine Erklärung.

All diese der Gewaltdiskussion entnommenen Gesichtspunkte spielen auch in den Bildungsinstitutionen, insbesondere in der Schule, eine Rolle, aber es kommt noch eine institutionenspezifische Ursache hinzu, die etwas hochtrabend »strukturelle Gewalt« genannt wird: Institutionen, insbesondere »totale Institutionen«, begünstigen die Entstehung eines »Klimas der Gewalt«, weil ihr Zwangscharakter als Gewalt empfunden wird, auf die wiederum mit Gewalt reagiert wird. Solche Zwänge sind institutioneneigen und existieren nicht nur in autoritären, sondern auch in liberal geführten Einrichtungen.

3. Angst oder die Flucht in die Krankheit

Institutionen machen angst, Bildungsinstitutionen in besonderem Maße: Angst vor dem Lehrer bzw. der Lehrerin, Angst vor den Mitschülern und Mitschülerinnen, Angst vor der schulspezifischen Öffentlichkeit, Angst davor, sich zu blamieren, Angst aber vor allem vor dem Versagen angesichts der Leistungsanforderungen. Nach der zitierten Untersuchung für das Bundesministerium meinen 40% der Schülerinnen und Schüler, ihre Leistungen in der Schule wären besser, wenn sie weniger Angst vor Prüfungen, vor schriftlichen Arbeiten hätten. Nach Klassenarbeiten quälen sich 41 % mit dem Gedanken, was sie hätten besser machen können. 42 % berichten, daß sie beim Abfragen in der Schule die Dinge vergessen haben, die sie zu Hause noch wußten.[10] Wie paßt das zusammen, die Gleichgültigkeit und die Angst und die Gewalttätigkeit mit der Angst? Daß Angst in Aggression umschlagen kann, ist ein häufig beobachtetes Phänomen, und die Gleichgültigkeit mag bei manchen nur vorgetäuscht sein, mag ein Gebot der »Coolness« sein, hinter der sich in Wirklichkeit Angst verbirgt.

Der kleine Hanno Buddenbrook hat Angst, weil ihm die Welt der Schule fremd geblieben ist, weil er vielleicht überhaupt Angst vor einer Außenwelt hat, vor der er bisher – von Frauen wohlbehütet und dem männlichen Prinzip von Wettbewerb und Strenge noch nicht ausgesetzt – weitgehend bewahrt wurde, so daß er sich noch in die Welt der Träume und des Musischen flüchten konnte. Alfred Dorn hat vor dem Repetitor Angst, weil seine Ost-Sozialisation dort mit einer West-Sozialisation zusammenstößt, weil Frauen ihm zu Hause einen Schutz- und Schonraum geboten hatten, weil er die rauhbeinige Sexualität, die bei den Juristen herrscht, nicht teilen kann und will. Beider Angst liegt an sich im Menschlichen, im Sozialen begründet, überträgt sich jedoch auf die Leistungsanforderungen der Lehrenden; beide versagen vor den Leistungsanforderungen – nicht aus Unfähigkeit, sondern weil sie das soziale Klima nicht ertragen.

Angst macht krank – jedenfalls kann sie krank machen. Leistungsanforderungen der Schule und Streß in der Schule können zu psychosomatischen Störungen führen: einerseits Beschwerden wie Schweißausbrüche, Leibschmerzen, Kopfschmerzen, Schlafstörungen und andererseits Krankheiten wie Magengeschwüre, Dickdarmentzündungen, Bronchialasthma, Ekzeme und Migräne. Untersuchungen haben ergeben, daß mehr als die Hälfte der Mittelstufenschüler im Falle von Versagenserlebnissen Symptome psychisch-somatischer Beschwerden zeigen, interessanterweise am stärksten in der Gesamtschule, möglicherweise eine Wirkung der Leistungsdifferenzierung in dieser Schulform.[11]

Doch nicht nur auf Leistungsanforderungen der Schule reagieren Schülerinnen und Schüler mit psychosomatischen Beschwerden, sondern etwa in dem gleichen quantitativen Ausmaß auch auf die Leistungsanforderungen der Eltern.

Die stärkste psychische Reaktion auf Schulprobleme ist zweifellos der Selbstmord. Mag der Schülerselbstmord auch eine »romantisch-pubertäre« Seite haben und häufig nicht der Schule als »totaler Institution« zuzurechnen sein, sondern aus Beziehungsproblemen zu einzelnen Schülern, Lehrern oder Eltern resultieren, er bleibt das schrecklichste Zeichen der Ausweglosigkeit und enthebt die Institution nicht des Vorwurfs, daß sie nicht in der Lage sei, der Versuchung zum Selbstmord etwas entgegenzusetzen. Auch wenn die Zahl der Selbstmorde von Kindern und Jugendlichen in absoluten Zahlen gering ist (1995 registrierte das Statistische Bundesamt 52 Fälle bei Kindern zwischen 5 und 15 Jahren und 806 Fälle bei Jugendlichen zwischen 15 und 25 Jahren[12]), so beruhen bei den 15- bis 25jährigen doch 14 % aller Sterbefälle auf Selbstmord, der nach den Verkehrsunfällen die häufigste Todesursache von Jugendlichen ist.[13] Dramatisch werden die Zahlen aber erst, wenn man berücksichtigt, daß – nach einer Berliner Studie – auf einen vollendeten Selbstmord bei Jugendlichen 40 Selbstmordversuche kommen – bei Erwachsenen dagegen nur 10.[14] Rechnet man diese Zahl auf die Daten des Statistischen Bundesamtes um, dann kann man 1995 von rund 35 000 Selbstmordversuchen von Kindern und Jugendlichen ausgehen. Auch wenn nach vorliegenden Forschungsergebnissen Schulprobleme selten der alleinige Auslöser von Selbstmordversuchen sind, zur Hälfte aber im Zusammenhang mit schulischen Problemen stehen, so ist es doch erschreckend, auch nur daran zu denken, daß Schulprobleme dazu beitragen, daß sich jährlich so viele junge Menschen das Leben nehmen wollen.

4. Anpassung oder »Unterschleif«

Reflexionen über die Sozialpsychologie der Bildungsinstitutionen dürfen aber nicht nur Gleichgültigkeit, Gewalt und Krankheit, sondern müssen auch das institutionsspezifische »Überlebenstraining« mit einbeziehen. Jede normativ geprägte

Institution erzieht zur äußeren Anpassung an die Normen und gleichzeitig zur Umgehung der Normen. Mögen Professoren und Pädagogen noch so sehr die Internalisierung der Normen vertreten, nachprüfen läßt sich nur die äußere Normerfüllung, die Anpassung an das normativ geforderte Verhalten. Die Institutionen der Bildung scheinen deshalb nicht so sehr das kreative Individuum oder die solidarische Gruppe hervorzubringen, sondern einen Menschentyp, der zur Anpassung an die vorgegebenen Normen neigt und folglich selber Anpassung belohnt und Verweigerung bestraft.

Häufig handelt es sich dabei aber nur um eine oberflächliche Anpassung. Die Befolgung der Befehle ist der bequemste Weg; Widerstand ist anstrengend. Man muß ja nicht daran glauben. Im Roman von Heinrich Mann passen sich selbst die garstigsten Schüler in der Schule Professor Unrat an, um ihn außerhalb der Schule grausam reinzulegen und der Lächerlichkeit preiszugeben.

> »Da er Raat hieß, nannte die ganze Schule ihn Unrat. Nichts konnte einfacher und natürlicher sein. Der und jener Professor wechselten zuweilen ihr Pseudonym. Ein neuer Schub Schüler gelangte in die Klasse, legte mordgierig eine vom vorigen Jahrgang noch nicht genug gewürdigte Komik an dem Lehrer bloß und nannte sie schonungslos bei Namen. Unrat aber trug den seinigen seit vielen Generationen, der ganzen Stadt war er geläufig.«[15]

Normen werden aber nicht nur befolgt oder nicht befolgt, sondern sie werden vor allem umgangen. Normativ bestimmte Institutionen laden geradezu dazu ein, deren Imperativen auszuweichen, die Regeln zu mißachten, und zwar insbesondere dann, wenn man trotzdem oder gerade deswegen erfolgreich sein kann. Bildungsinstitutionen erzeugen eine »Kultur des Betrugs«, die sich in immer neuen Erfindungen der Regelumgehung äußert. Eine klassische Form dieses Betrugs ist zweifellos das »Abschreiben« bei schriftlichen Arbeiten. Das »Abschreiben« hat mehrere Seiten: Einerseits werden die Regeln der individuellen Erfolgszurechnung umgangen, denn es wird eine nicht erbrachte Leistung gemessen und dem einzelnen fälschlicherweise zugerechnet, d. h. der Grundsatz der absoluten, der kriterienorientierten Leistungsmessung wird verletzt. Andererseits wird aber auch der Grundsatz der relativen Leistungsmessung verletzt, weil die wirklichen Leistungsrelationen innerhalb der Gruppe verschoben, verfälscht werden. Dies geschieht – jedenfalls beim klassischen Abschreiben – durch einseitiges, häufig aber durch zweiseitiges Handeln, d. h., Abschreiben und Abschreibenlassen haben einen Solidareffekt. Es kommt hinzu, daß dem Abschreiben auch ein institutions- und autoritätskritischer Aspekt innewohnt, denn die Regeln der Institution werden invalidiert und die Herrschaft der Lehrenden unterminiert. Und schließlich kommt noch ein subversives, spannendes und gefährliches Verhalten hinzu, das in der Regel in der Gruppe der Gleichaltrigen positiv gesehen, häufig bewundert wird. Wer nicht abschreiben läßt, gilt als Spielverderber, Streber, jedenfalls als Unsympath. Die Techniken des Abschreibens sind z. T. uralt, genauso wie das Abgucken, das ja eigentlich eine Form des »geistigen Diebstahls« ist. Wer aber sein Heft zudeckt oder seine Hand schützend davorhält, gilt als »gemein«. Zum Teil bedienen sich die Schüler aber auch hochmoderner Techniken, die sie fürs »Schummeln« umfunktionieren, z. B. eingebauter Sender, Internetanschlüsse usw.

Neben dem »Abschreiben« gibt es zahlreiche andere Formen, das Überleben in Institutionen auf mehr oder weniger legale Weise zu sichern. Zum Beispiel das berühmte Spicken, das Vorauslernen, das »Schleimen«, das Vorsagen, die Hilfe der Eltern, das Bestechen, der Kauf von Leistungen auf dem »schwarzen Markt«.

Es gibt beim »Unterschleif« auch so etwas wie eine »Ganovenehre«: sich nicht erwischen zu lassen, die anderen nicht zu verpetzen, keine falsche Hilfe heimtückisch anzubieten, echte und möglichst erfolgreiche Hilfe zu leisten, auch »Gegenleistung« zu erwarten. Man könnte sagen, daß die »Schule der Tugend« gleichzeitig eine »Schule der Untugenden« ist. Zeigt sich hier die Kultur der »Feuerzangenbowle«? Ist es die »Rache des gesunden Menschenverstandes«? Ist es gar notwendiger Widerstand gegen die »totale Institution«?

Die Bildungsinstitutionen können die Bedürfnisse der Lernenden nicht befriedigen, weil sie normativ geprägt, potentiell total verfaßt und grundsätzlich egalitär ausgerichtet sind. Die Dauer der Bildungsgänge, die Zeit, die das Lernen täglich beansprucht, die räumliche Enge und die Enge des sozialen Raums – alles dies legt die Institutionenflucht nahe. Die Flucht kann kompensatorischen Charakter haben und durchaus funktional sein: Freizeit, Fernsehen, Hobbys, Nachhilfe usw. können im Dienste der Institutionen stehen. Die Flucht führt aber auch in ein anderes Leben, führt zum Leben in zwei oder gar mehreren Welten, in die Freizeitwelt (Sport und Disco z.B.), in die Welt des Lernens und Arbeitens (Computer und Jobben z.B.), in Beziehungen und Aktivitäten (Cliquen und Banden z.B.), in Maßlosigkeit und in Mißbrauch (Alkohol und Drogen, Kriminalität z. B.). Es wäre sicherlich verfehlt, die Fülle problematischer Erscheinungen jugendlichen Erlebens und Lebens gänzlich auf die Anforderungen und Zwänge der Bildungsinstitutionen zurückzuführen; doch beziehungslos stehen sie nicht nebeneinander. Mögen die Zusammenhänge auch diffus und komplex sein, Reaktionen der Kinder und Jugendlichen auf die Normen der Bildungsinstitutionen finden sich allemal. Es wäre also verfehlt, in diesen Verhaltensweisen ausschließlich die »Flucht aus den Institutionen« zu sehen; die moderne Welt bietet neben den Bildungsinstitutionen eben eine Vielzahl von alternativen Lebensmöglichkeiten. Da diese »Lebenswelten« gleichzeitig »Lernwelten« sind, werden sie zu Alternativen der Bildungsinstitutionen. Vielleicht lernt man in ihnen gerade das, was man in den Bildungsinstitutionen nicht lernt, – und dies auch noch mit Vergnügen.

Hilflosigkeit

Die Bildungspolitik steht den Perversionen des institutionalisierten Lernens hilflos gegenüber. Gegen »null Bock« helfen keine Aufrufe zum »demokratischen Handeln«, weil sie die

Welt der Gleichgültigkeit gar nicht erreichen. Die Anti-Gewalt-Programme wenden sich in erster Linie an die Jugendhilfe, nicht an die Schule; sollen wir Metalldetektoren an den Schultüren aufstellen, wie in den USA? Die Gesundheitserziehung soll an den Schulen in Zukunft eine größere Bedeutung haben; das ist lobenswert. Aber wie steht es mit den Krankheiten, die die Schule selber verursacht? Die Techniken des Mogelns werden offensichtlich durch die Informationstechnologie perfektioniert; ob Leistungsanforderungen befolgt oder umgangen werden, ist nicht mehr feststellbar, wenn im Internet die Lösungen aller je aufgegebenen Hausarbeitsaufgaben abrufbar sind. Die Bildungspolitik sieht ohnmächtig zu, wie außerhalb der Bildungsinstitutionen, insbesondere in den Medien, »Lernwelten« entstehen, die die Schule »alt« aussehen lassen. Aber welche Möglichkeiten hat sie?

Die Bildungspolitik kann ganz unterschiedlich reagieren:
- zynisch: Das ist nun mal »die Schule des Lebens«,
- radikal: Dann muß man eben die Schule abschaffen,
- funktional: Die Schule bleibt die Schule,
- reformerisch: Die Schule muß sich ändern.

Die zynische Variante bedarf keiner Erklärung; Bertolt Brecht hat sie in den »Flüchtlingsgesprächen« unübertrefflich formuliert:

> »Ich weiß, daß die Güte unserer Schulen oft bezweifelt wird. Ihr großartiges Prinzip wird nicht erkannt oder nicht gewürdigt. Es besteht darin, den jungen Menschen sofort, im zartesten Alter in die *Welt, wie sie ist*, einzuführen. Er wird ohne Umschweife und ohne daß ihm viel gesagt wird, in einen schmutzigen Tümpel geworfen: Schwimm oder schluck Schlamm!
>
> Die Lehrer haben die entsagungsreiche Aufgabe, Grundtypen der Menschheit zu verkörpern, mit denen es der junge Mensch später im Leben zu tun haben wird. Er bekommt Gelegenheit, vier bis sechs Stunden am Tag Roheit, Bosheit und Ungerechtigkeit zu studieren. Für solch einen Unter-

> richt wäre kein Schulgeld zu hoch, er wird aber sogar unentgeltlich, auf Staatskosten geliefert.«[16]

Wenn die Institutionalisierung der Nährboden für die pädagogischen Fehlentwicklungen ist, von denen die Rede war, dann scheint die Entinstitutionalisierung, die Abschaffung der Schule als Institution, geboten. Hierfür gibt es die klassische sozialpädagogische Variante, die Ersetzung der Schule durch die gemeinsame Arbeit, wie sie Makarenko nach der russischen Revolution im »Weg ins Leben« geschildert hat.

> »Sechs Kilometer von Poltawa steht auf sandigen Hügeln ein Kiefernwald, etwa 200 Hektar groß. An seinem Rand führt das einförmig glänzende Band der Charkower mit ihrem sauberen Kopfsteinpflaster vorbei. Im Walde ist eine Lichtung von etwa vierzig Hektar, und in einer Ecke dieser Lichtung stehen fünf Ziegelbauten, geometrisch abgezirkelte Steinkästen, die zusammen ein regelmäßiges Viereck bilden. Und das ist die neue Kolonie für Jugendliche, die sich gegen das Gesetz vergangen haben. (...) Der öde Wald um uns her, die Häuser unserer Kolonie, diese leeren Steinkästen, die zehn Feldbetten, eine Axt und ein Spaten als Werkzeug und fünf Zöglinge, die nicht nur unsere Erziehungskunst, sondern die ganze menschliche Kultur entschieden ablehnten, das alles entsprach, offengestanden, in keiner Weise unseren bisherigen Schulerfahrungen. (...) In meinem ganzen Leben habe ich nicht so viel über Erziehung gelesen wie im Winter 1920. Das Hauptergebnis dieser Lektüre war für mich die feste Gewißheit, von der ich plötzlich unerschütterlich überzeugt war, daß ich mit diesen Büchern keinerlei Wissenschaft in meinen Händen hatte und auch keine Theorie, daß die Theorie erst aus der Summe der sich vor meinen Augen abspielenden realen Erscheinungen abgeleitet werden müsse.«[17]

Trotz aller Faszination, die nach wie vor von diesem Modell ausgeht, kann es heute allenfalls Anregungen für die Erlebnispädagogik einerseits und die sozialpädagogische Arbeit mit schwierigen Kindern und Jugendlichen andererseits geben,

z. B. in der Kriminalitätsprävention, um die es bei Makarenko ging. Wenn »lebensweltliche« Einflüsse die Institutionen überwuchern, so ist nicht die Entinstitutionalisierung die Lösung, sondern entweder die entschiedene Reinstitutionalisierung durch die Zurückdrängung dieser Einflüsse oder die entschiedene Einbeziehung dieser Einflüsse durch die Reform der Institutionen.

In der neuerlichen Debatte über den Zweck der Schule hat Hermann Giesecke am deutlichsten der traditionalen schulischen Funktion »Unterricht« das Wort geredet und jede »Sozialpädagogisierung« zurückgewiesen. Die Schule solle sich als Institution wieder auf ihre eigentlichen Aufgaben besinnen, diese entschlossen wahrnehmen und auf Störungen mit Sanktionen antworten:

> »Wenn nun Zweck der Schule Unterricht ist – alle anderen ihr angesonnenen Zwecke werden von den übrigen Sozialisationsinstanzen mindestens ebenso gut und vor allem billiger erfüllt – dann folgt daraus, daß sie als Institution auch *Sanktionen* ergreifen können muß, um ihren Zweck zu sichern. Sie muß also *Strafmaßnahmen* gegen solche Schüler ergreifen können, die z. B. durch Disziplinlosigkeit oder gar Gewalttätigkeit die ordnungsgemäße Durchführung des Unterrichts erheblich behindern. Nun hat der unpolitische pädagogische Zeitgeist aber erreicht, daß ›Schulstrafen‹ fast völlig abgeschafft wurden. Keine Institution wie auch darüber hinaus keine menschliche Gemeinschaft kann aber fortdauernd auf Sanktionen verzichten, ohne dabei ihre Existenz aufs Spiel zu setzen. Sie sollen ja nicht nur die Abweichler, die ›Störer‹ im Zaume halten, sondern gerade dadurch auch die anderen, nämlich die Lernwilligen schützen. Der eigentliche Skandal an vielen Schulen ist, daß eine kleine Minderheit von undisziplinierten Schülern die Mehrheit der lernwilligen terrorisieren darf und dafür dann nicht nur die besondere Aufmerksamkeit der Lehrer erhält, sondern auch noch als prototypisch für die Probleme *aller* Schüler bzw. Jugendlichen ausgegeben wird.«[18]

Da sich sowohl der Unterricht in den Institutionen als auch das Umfeld der Institution »Schule« grundlegend verändert hat und weiter verändern wird, kann es sich nicht um die Verteidigung der traditionellen Unterrichtsschule handeln und um die repressive Abwehr von Störungen der Institution, sondern nur um eine Neubestimmung der Stellung der Schule in der Welt von heute.

In der Tradition der Reformbewegung der deutschen Pädagogik hat Hartmut von Hentig den Versuch einer solchen Neubestimmung unternommen. Hentig kritisiert fünf Typen der Schule: erstens die Lernschule, zweitens die Bewahranstalt, drittens die Indoktrinationsschule, viertens die Sozialisationsagentur und fünftens die Selektions- und Allokationseinrichtung des Staates. Ihr stellte er einen sechsten Typ gegenüber, den er die »Schule als Lebens- und Erfahrungsraum« nennt.

> »Wir müssen es mit den Lebensproblemen der Schüler aufnehmen, bevor wir ihre Lernprobleme lösen können, die sie auch nicht haben müßten. Es ist der alte Grund, den ich schon in anderen Schriften vorgetragen habe. Er läßt sich nur austragen in einer ›Schule als Lebens- und Erfahrungsraum‹. In diesem Wortgebilde ist die zweite Begründung versteckt: Die Schule ist heute schon für den größten Teil der Kinder für den größten Teil ihrer Zeit der einzige *Aufenthalts*ort geworden; nun sollte er auch ihr *Lebensort* sein können. Und wenn er Lebensort ist, dann muß man in ihm nicht nur wirklich leben können, sondern auch die wichtigsten Lebenserfahrungen machen – mit den Schwierigkeiten und Versprechungen, die unsere Gesellschaft für uns bereithält. Zur Schule wird man jedoch nur kommen, wenn sie weiterhin auch deutlich ein Lernort ist.«[19]

Ich glaube nicht, daß die Schule die anderen fünf Funktionen, die ich hier nur schlagwortartig bezeichnet habe, aufgeben kann; sie muß sie vielmehr in den »Lebensraum« integrieren.

Verwahrlosung

Mit dem Begriff »Verwahrlosung« meine ich nicht Schülerinnen und Schüler, die ungewaschen und ungekämmt ohne Frühstück in die Schule kommen, Studentinnen und Studenten, die der Prostitution nachgehen, und auch nicht »Straßenkinder«, die von der Polizei in Obhut genommen und in Heimen untergebracht werden. Gemeint sind auch nicht Professoren, die ihre Sprechstunden in der Kneipe abhalten, Lehrerinnen und Lehrer, die regelmäßig zehn Minuten zu spät zum Unterricht kommen, und Sozialarbeiter, die sich aus falsch verstandener Solidarisierung wie »Fürsorgezöglinge« anziehen. Alles dies soll es geben – natürlich aber nur in Ausnahmefällen.

»Verwahrlosung« war früher nach § 64 Jugendwohlfahrtsgesetz Voraussetzung für die Anordnung der öffentlichen Erziehung (Fürsorgeerziehung), für die Trennung der Kinder von ihren Eltern (Art. 6 Abs. 3 GG). Von Verwahrlosung sprach man damals aber nun nicht etwa nur in den soeben bezeichneten und ähnlichen Fällen, sondern die Gerichte hielten Verwahrlosung für

> »ein erhebliches, nicht nur erkennbar vorübergehendes Herabsinken des *körperlichen, geistigen oder sittlichen Zustandes unter den Normalzustand* (Hervorh. d. Verf.), der bei einem Minderjährigen unter sonst gleichen Verhältnissen als Ergebnis einer ordnungsgemäßen Erziehung vorausgesetzt werden muß«.

Die Definition erinnert an den Krankheitsbegriff des Krankenversicherungsrechts, der ebenfalls vom gesundheitlichen Normalzustand ausgeht. Von einer Verwahrlosung der Lernenden in den Bildungsinstitutionen wäre also bereits dann zu sprechen, wenn ihr geistiger und sittlicher Zustand unter dem Normalzustand liegt, den man aufgrund ordnungsgemäßer Erziehung und Bildung voraussetzen kann und muß. Ich glaube, daß viele Menschen heute der Auffassung sind, daß das Verhalten der Schülerinnen und Schüler, der Studentinnen und Studenten nicht den durchschnittlichen Erwartungen an ein

»ordentliches« Verhalten in Schule und Hochschule entspricht. Überträgt man den Gesichtspunkt der normalen Verhaltenserwartungen auf die Lehrenden, so würde das Urteil angesichts des geringen öffentlichen Ansehens des Berufsstandes nicht sehr viel anders ausfallen: Verwahrlosung!

Doch es geht mir nicht um Verhaltenserwartungen an die Lehrenden und Lernenden aufgrund einer wie immer gearteten Normalitätsdefinition. Was ist heute schon normal? Es geht mir vielmehr um *Normlosigkeit*, um Anomie. Durkheim hat Anomie als einen Zustand ökonomischer oder sozialer Regellosigkeit beschrieben und in ihm eine der Ursachen des Selbstmordes gesehen. Verwahrlosung als Zustand der Regellosigkeit interessiert hier nun nicht im Hinblick auf den Selbstmord – das wäre ein sehr spezielles Thema –, sondern im Hinblick auf Lernen und Lehren in Bildungsinstitutionen. Regellosigkeit führt zu Orientierungslosigkeit und Orientierungslosigkeit zu Verantwortungslosigkeit, Verantwortungslosigkeit wiederum führt zu Verwahrlosung.

Bildungsinstitutionen für verwahrlost im Sinne von regel-, orientierungs- und verantwortungslos zu erklären wird vielen Lehrenden und Lernenden völlig unbegründet, gar abwegig erscheinen. Die Lehrenden neigen ganz im Gegenteil dazu, die Bildungsinstitutionen für überreglementiert zu halten: Gesetze, Verordnungen, Erlasse, Formulare, Gremien, Protokolle, Berichte, Evaluationen usw. Es sei doch gerade die Überregulierung, die Orientierung verhindere, nicht die Regellosigkeit; Verantwortung setze doch Handlungsfreiheit und Selbständigkeit voraus, die die derzeitige Gängelung gar nicht zulasse. Für die Lernenden erscheint die Welt der Institutionen erst recht als eine fremde bürokratische Welt, in der unverständliche Regeln gelten, die die Orientierung verhindern und die Übernahme von Verantwortung ausschließen. In der Tat, die Existenz von formalen Regeln allein gewährleistet noch kein regelgebundenes verantwortungsvolles Handeln.

Wenn das Leben in den Bildungsinstitutionen – wie oben dargestellt – dazu führt, daß sich die Lernenden nur oberflächlich an die bestehenden Regeln anpassen, in Wirklichkeit aber anderen Gesetzen folgen, daß sie auf die Institutionen mit Aggressionen reagieren, weil sie sich unter die geltenden Regeln nicht unterordnen wollen, daß sie angesichts der Verhaltenserwartungen in Krankheiten flüchten, daß sie ihre Anstrengungen daransetzen, das bestehende Regelsystem zu umgehen, und daß sie letztlich ihr Leben in den Institutionen als entfremdet empfinden, dann kann man nicht von einem verantwortungsvollen, selbständigen, orientierten und regelgesteuerten Verhalten sprechen, sondern muß dies institutionelle Verwahrlosung nennen, auch wenn sie als Befragte einer im Auftrage der Bundesregierung durchgeführten Untersuchung das Gegenteil behaupten.

Ich möchte diesen Eindruck an zwei Erfahrungen verdeutlichen, die ich außerhalb der Bildungsinstitutionen gemacht habe, die jedoch die Verwahrlosung verdeutlichen.

1. Ich fuhr im vergangenen Jahr am frühen Nachmittag mit der Straßenbahn von Ettlingen nach Karlsruhe, um an einer Veranstaltung des Deutschen Juristentages über Werte und Verfassung teilzunehmen. Die Urteile des Bundesverfassungsgerichts zum Kruzifix in der Schule, zu Mutlangen und zu »Soldaten sind Mörder« standen dort im Kreuzfeuer. Die beiden Wagen der Straßenbahn waren überwiegend mit Schülerinnen und Schülern der oberen Altersstufen voll besetzt, nur ganz wenige Erwachsene. An einer Haltestelle stieg ganz, ganz mühsam – die Stufen der Straßenbahn sind sehr hoch – und ohne Hilfe ein junges türkisches Paar mit einem Doppelkinderwagen mit zwei kleinen Kindern und einem weiteren Kind an der Hand ein; der Mann und die Frau schleppten außerdem riesige Einkaufstüten eines Supermarktes. Mit dem Wagen, den Kindern und den Tüten versperrten die beiden den gesamten Freiraum vor dem Eingang bzw. Ausgang, zumal ihnen niemand einen Platz anbot. Ein etwa vierzigjähriger Mann wollte vorbei, kam nur mit Mühe durch und pöbelte das erschöpft wirkende Paar mit den übelsten ausländerfeindlichen Parolen an, die man sich vorstellen kann. Jeder in den beiden Wagen hat sie gehört, denn sie übertönten das Reden der Schülerinnen und Schüler, niemand sagte etwas, niemand! Ich – zugegeben nicht gerade ein Held in solchen Situationen – baute mich, in Schlips und Kra-

gen, vor dem Mann auf und herrschte ihn an, er solle verschwinden, was er auch tat – durchaus eine Situation, in der eine Schlägerei entstehen kann. Und wieder: niemand sagte etwas, niemand!

2. Ich hatte kürzlich Gelegenheit, die Schüler einer Berufsschulklasse während einer einstündigen Dampferfahrt im Hamburger Hafen zu beobachten. Etwa dreißig bis vierzig Schüler, alle gut und sehr modisch gekleidet, keine »Glatzen«, keine Tätowierungen, nur wenige Ohrringe, kein Alkohol, keine Anzeichen für Drogen; Kaffee und Kuchen! – Eine Lehrerin, zwei Lehrer und ein Referendar. Ich weiß nicht, ob es ein »Wandertag« war oder regulärer »Unterricht«. Die Fahrt begann um 10.30 Uhr und endete um 11.30 Uhr. Die Lehrer ließen die Schüler um 11.30 Uhr nach Hause gehen, obwohl an sich bis 15.00 Uhr Unterricht war. Über Lautsprecher gab es die üblichen touristischen Erklärungen der Sehenswürdigkeiten, des Hafens, seiner Geschichte, der Schiffe usw. Verstehen konnte man nur mit Mühe, die Schüler hörten nicht zu, sondern saßen rum. Die Lehrer tranken an einem Extratisch Kaffee. Irgendwelche pädagogischen Interventionen gab es während dieser Stunde nicht, keine Erklärungen, kein Gespräch, gar nichts. Die Mehrheit der Schüler waren Ausländer, überwiegend Türken, die sich zum Teil auf türkisch untereinander, zum Teil sehr gut auf deutsch unterhielten. Etwa ein Drittel der Schüler hörte Popmusik über Kopfhörer. Mehrere Schüler saßen die ganze Stunde allein herum und wurden weder von Lehrern noch von den anderen Schülern angesprochen. Andere beschäftigten sich überwiegend mit ihren Handys, telefonierten oder hantierten an ihnen herum. Es herrschte insgesamt eine lockere, gelangweilte Atmosphäre, kein Streit, keine Aggressionen, offensichtlich auch ein gutes Klima zwischen den deutschen und den ausländischen Schülern.

Normlosigkeit heißt nicht, daß es keine Normen gibt, daß die Schülerinnen und Schüler sie nicht kennen, sondern daß sie keine Bedeutung zu haben scheinen. Orientierungslosigkeit heißt nicht, daß die Schüler nicht wissen, woran sie sich orientieren sollen. Verantwortungslosigkeit heißt nicht, daß Chaos herrscht; es gibt nur anscheinend nichts, wofür irgend jemand Verantwortung übernehmen könnte oder müßte. Verwahrlosung heißt Beliebigkeit und Gleichgültigkeit – Anfang und Ende des »Unterrichts« spielen offensichtlich keine Rolle, die türkische Familie geht die Schülerinnen und Schüler offensichtlich nichts an. Ziele und Inhalte kommen nicht vor, oder sie gelten jedenfalls außerhalb der Schule nicht. Verhaltensregeln sind offen und liberal, fordern zum Handeln nicht auf, pädagogische Interventionen gibt es nicht; wer sollte auch in der Straßenbahn pädagogisch intervenieren? Pädagogische Interventionen scheinen auch nicht erforderlich, weder vorbeugend noch eingreifend. Erziehung und Bildung werden nicht erwartet und finden nicht statt – Anomie.

> »Der Begriff der Anomie bezeichnet ein Verhältnis zwischen dem einzelnen Subjekt und seiner gesellschaftlichen Umwelt und damit ein gegenseitiges Bedingungsgefüge, in welchem konstruktive Normenansprüche entweder nicht gelten oder von Individuen nicht erfüllt werden können.«[20]

Bestand an diesem Morgen auf dem Schiff im Verhältnis zwischen dem einzelnen Schüler und seiner Umwelt ein gegenseitiges Bedingungsgefüge, in dem erstens »konstruktive Normansprüche nicht gelten« oder zweitens »von Individuen nicht erfüllt werden können«? Normansprüche galten schon, z.B. die Schulpflicht, nur konstruktiv schienen sie nicht zu sein, und erfüllt konnten Normansprüche nur insoweit werden, als sie dem einzelnen auferlegt wurden, was nicht der Fall war.

In der Straßenbahn bestand ein sehr intensives Bedingungsgefüge zwischen den Schülerinnen und Schülern einerseits und der türkischen Familie andererseits, und zwar ein normgeregeltes. Die Norm lautet: Hilfeleistung für die Schwachen und Angegriffenen. Sie ist durchaus konstruktiv, denn sie gebietet zu handeln; doch sie beansprucht keine faktische Geltung, obwohl sie erfüllt werden konnte, insbesondere aufgrund der überwältigenden Mehrheit der deutschen Schülerinnen und Schüler.

Jürgen Raschert meinte im Vierten Weinheimer Gespräch über »Werte und Erziehung« (1996), daß Anomie ein zentrales Thema gegenwärtiger Gesellschaften geworden sei, weil die kulturelle und die soziale Desintegration aufgrund von sozialer Ungleichheit sowie der Diskrepanz zwischen Lebenszielen und Lebensmöglichkeiten zunehmen. Wolfgang Edelstein sucht in demselben Gespräch die Ursache im Schwinden von Zukunftsgewißheiten, in der Arbeitslosigkeit und im Zusammenbruch der Wertorientierungen im Ost-West-Gegensatz und spricht von einer »Ohnmacht der Institutionen« angesichts der »Krisen der Jugend«.

Wenn von Verwahrlosung in der Öffentlichkeit die Rede ist, dann heißt die Forderung: Erziehung, insbesondere Werteerziehung in der Familie, die aber viele Debattenredner schon aufgegeben haben. Dann also um so mehr im Kindergarten und in der Schule; von der Berufsausbildung im Betrieb oder in der Hochschule scheint man Erziehung nicht mehr zu erwarten, obwohl doch gerade sie ein weites Feld für eine Werteerziehung bieten, insbesondere in der professionellen Ethik. Wie soll man sich eine solche Werteerziehung vorstellen? Doch nicht so, daß in der Schule Werte abstrakt als solche gelehrt werden in der Erwartung, daß Schülerinnen und Schüler sie beherzigen. Ein Blick in die Lehrpläne und in die Schulbücher zeigt, daß Werteerziehung einen hohen Stellenwert hat. Sie ist offensichtlich aber nicht verhaltenssteuernd. Die Schülerinnen und Schüler in der Straßenbahn wußten ganz genau, daß man Schwachen helfen und beistehen soll, insbesondere wenn sie angegriffen werden. Sie würden bei einer Befragung wahrscheinlich nicht nur einem dementsprechenden prosozialen Verhalten zustimmen, sondern auch eine Verletzung des Gebotes ablehnen. Warum sagt und tut dann niemand etwas? Es ist schließlich kein Einzelfall, sondern dasselbe ist viele Male berichtet und erörtert worden. Ich will einmal davon ausgehen, daß die Klasse im zweiten Beispiel einem türkischen Mitschüler beispringen würde, wenn er von einem Mitreisenden verbal oder tätlich angegriffen worden wäre. Die soziale Nähe schafft Solidarität. Aber in der Öffentlichkeit? – Wer ist da verantwortlich?

Vielleicht vermag ein Beispiel aus einem ganz anderen Zusammenhang die sozial verheerenden Auswirkungen individualistischer und egoistischer Verhaltenstendenzen zu verdeutlichen. Spät in der Nacht sendet der WDR im Fernsehen regelmäßig eine Sendung, die »Domian« heißt. Domian ist ein homosexueller Mann, der in einer Direktschaltung Fragen beantwortet. Die Zuschauer sehen nur Domian, nicht die Fragesteller. Es ist eine moderne Form von »Fragen Sie Frau Irene!« Modern, weil alles, aber auch schlechterdings alles gefragt werden kann, und zwar insbesondere aus dem Bereich der Sexualität. Am 2.9.1998 griff ein Berliner Homosexueller Domian scharf an, weil dieser offensichtlich in einer früheren Sendung einen HIV-positiv Infizierten dafür kritisiert hatte, daß er vor dem Geschlechtsverkehr mit einem anderen Mann diesem von seiner Infektion keine Mitteilung gemacht hatte. Domian hielt seine Auffassung, daß es hier eine Mitteilungspflicht aus Gründen der moralischen Verantwortung für einen anderen Menschen gebe, trotz der wütenden Angriffe seines Gesprächspartners bis zum Ende des Telefonates durch. Dieser meinte nämlich, der andere könne sich ja durch ein Kondom schützen und er habe weniger Spaß, wenn er seine Infektion mitteilen würde; er habe schließlich schon genug unter der Krankheit zu leiden, so daß er diese Störung des sexuellen Erlebens nicht auch noch hinnehmen wolle. – Ich glaube, daß die Aussagen für sich selber sprechen: Es gibt keine Verantwortung für einen anderen, nicht einmal, wenn man mit ihm Geschlechtsverkehr haben möchte; dieser andere könne ja für sich selber sorgen, es stehe ihm frei, er habe ja nichts dagegen!

Ich bin sicher, daß die meisten Schüler der Berufsschulklasse – mit der Fragestellung abstrakt konfrontiert – diese egoistische Position nicht teilen würden, da es sich nicht einmal um ein moralisches Dilemma handelt, wie es in der Werteerziehung beschrieben wird, wo auf beiden Seiten grundsätzlich gleich wertvolle Positionen stehen. Doch ich bin mir nicht sicher, wie Menschen handeln, die mit sich und ihren Peers allein gelassen werden.

In derselben Sendung billigte ein Fußballfan (neunzehn Jahre alt) das Verhalten der deutschen Fußballfans im Stadion von Lens während der Weltmeisterschaft, bei der ein französischer Polizist zusammengeschlagen und fast getötet wurde. Er würde genauso handeln und er handle auch so, wenn seine Mannschaft am Siegen sei, dann würde er sich daran beteiligen, die anderen Fans, deren Mannschaft verloren habe, zu verprügeln, und zwar auch wenn dabei jemand »draufgehe«. Domian hatte es wirklich schwer an diesem Abend. Er versuchte zunächst, sich diesem Problem über Beziehungsstrukturen zu nähern: »Wer ist dir der liebste Mensch?« – »Meine Mutter.« – »Und was sagt sie dazu?« – Schweigen ... »Aber wenn ich dann in der Kurve mit den Fans bin, dann kann ich nicht anders.« – »Auch wenn es deine Mutter träfe?« – Das war sichtlich daneben. Aus psychoanalytischer Sicht lag es ja nun nahe, nach anderen Beziehungen oder vielmehr nach dem Fehlen solcher Beziehungen zu fragen: »Hast du denn eine Freundin?« – »Ja, schon«, wieder danebengegriffen. Domian spielt nicht mehr, hält kräftig dagegen, appelliert an Egoismus und Selbsterhaltungstrieb, das Risiko für seinen Gesprächspartner selbst: »Und wenn es dich selber trifft?« Es scheint, daß Domian ein wenig Nachdenklichkeit erzeugt hat. »Denk mal darüber nach!« – Immerhin schon ein Erfolg, ein öffentlicher Erfolg für die Werteerziehung.

Das Erstaunliche der beiden öffentlichen Gespräche, die zwar anonym geführt werden, deren Anrufer jedoch durch die Stimmen identifiziert werden können, ist nicht so sehr die Tatsache, daß deutlich egoistisch-hedonistische bzw. sadistisch-faschistische Positionen vertreten werden, sondern daß die Anrufer sie quasiöffentlich verteidigen, weil sie auf Akzeptanz hoffen, weil sie von einer allgemeinen Legitimierbarkeit ausgehen. Nach einer Werteerziehung zu rufen – in Schulen, Hochschulen oder in der Berufsausbildung – scheint hoffnungslos, es handelt sich schließlich um volljährige erwachsene Menschen. Doch wenn es Lehrende gäbe, die – so wie Domian in der genannten Sendung – verantwortete moralische Positionen öffentlich vertreten und gegen Angriffe verteidigen, dann, ja dann hätte »Werteerziehung« auch in Bildungsinstitutionen eine Chance. Die Distanz der Bildungsinstitutionen gegenüber praktisch-politischen und praktisch-moralischen Problemen, die Anomie, die in den Bildungsinstitutionen herrscht, verhindert jedoch Wertorientierung und moralische Verantwortung.

Die in der Öffentlichkeit allenthalben geforderte Werteerziehung in den Schulen ist angesichts der Verwahrlosung der Bildungsinstitutionen wirkungslos, denn deren Ursachen liegen nicht im fehlenden Wertebewußtsein der Schülerinnen und Schüler. Im übrigen gibt es eine solche Werteerziehung in den Schulen auch zur Zeit durchaus – aber als Werteunterricht. Der Verwahrlosung der Bildungsinstitutionen kann man nur durch die Wahrnehmung von individueller und kollektiver Verantwortung begegnen, und zwar durch die Lernenden wie die Lehrenden selbst – jenseits von null Bock und Burn out.

---

7 Bürokratisierung oder Das unerfüllte Versprechen der Verstaatlichung

Das Bildungswesen ist heute in Deutschland weitgehend ein staatliches Bildungswesen, d. h., der Staat ist Eigentümer (Träger) der Einrichtungen, die Lehrenden sind Beamte oder Angestellte im öffentlichen Dienst, der Staat trägt die Kosten der Bildung und die Staatsverwaltung regelt und verwaltet die Bildung.

Dieses Bild stimmt nicht ganz:

1. Die *Kindergärten* haben öffentliche (kommunale) oder freie Träger. Die Erzieherinnen sind Angestellte im öffentlichen Dienst oder werden entsprechend behandelt. Die Eltern zahlen Beiträge. Die Träger regeln und verwalten die Kindergärten.

2. Für die *Schulen* stimmt das Bild – mit der Präzisierung, daß die Kommunen Träger der öffentlichen Schulen sind. Daneben gibt es Privatschulen, die allerdings durch die Staatsverwaltung weitgehend geregelt und finanziert werden.

3. Die *Berufsausbildung* findet in privaten Betrieben und öffentlichen oder privaten Schulen statt. Die staatliche Finanzierung beschränkt sich auf die Subventionierung der betrieblichen Ausbildung und die Unterhaltung der Schulen. Die Auszubildenden erhalten eine Ausbildungsvergütung, die durch die Tarifvertragspartner festgelegt wird. Die Regelung erfolgt durch die Selbstverwaltung der Wirtschaft.

4. Die *Hochschulen* sind – bis auf eine Minderheit von Fachhochschulen und einige wenige Universitäten – staatlich, genießen allerdings das Recht der Selbstverwaltung.

Die Verstaatlichung des Bildungswesens in diesem Jahrhundert sollte

- die *Volksschule* aus den Händen der Kirchen und Kommunen befreien und der *Verweltlichung*, der *Gleichheit* und der *Bildung* dienen,

- die *Kinder- und Jugendarbeit* im Handwerk und in der Fabrik zugunsten von *Berufsbildung*, *Qualifizierung* und *Sozialpartnerschaft* beseitigen und

- das *Gymnasium sowie die Universität* durch *Modernisierung* vom Humanismus lösen, durch *Demokratisierung* für das ganze Volk öffnen und durch das *Berechtigungswesen* leistungsgerechter umgestalten.

Wenn man heute nach einem Jahrhundert Bilanz zieht, so muß man feststellen, daß diese Versprechungen weitgehend unerfüllt geblieben sind, daß die Verstaatlichung zur Bürokratisierung des Bildungswesens geführt hat, die der Lösung der heutigen Probleme eher entgegensteht.

Verstaatlichung des niederen Schulwesens

Die Verstärkung des staatlichen Einflusses im Bildungswesen richtete sich in diesem Jahrhundert vor allem auf die »niederen Schulen«. Das waren um 1900 die ländlichen und städtischen Volksschulen sowie die städtischen Mittelschulen. Diese Schulen waren Gemeindeschulen und Konfessionsschulen, d. h., *Kommunen und Kirchen* hatten das Sagen. Die Verstaatlichung sollte sie aus dem Einflußbereich von Kommunen und Kirchen befreien; die Verstaatlichung sollte der Verweltlichung, der Gleichheit und der Bildung dienen.

Die ländliche Volksschule war um 1900 mehrheitlich eine Einklassenschule, in der etwa achtzig Kinder täglich gleichzeitig unterrichtet wurden. Sie war eine Konfessionsschule, d. h., Kinder und Lehrer gehörten grundsätzlich derselben Konfession an. Die Aufsicht über die Schule führte der Ortspfarrer, der auch dem Ortsschulrat vorsaß; die Oberaufsicht hatte der Dekan oder der Superintendent. Das damalige Verhältnis von Lehrer und Pfarrer verdeutlicht ein Interview mit einem Schulrat aus Württemberg, das in den siebziger Jahren geführt wurde:

»›Nein, der Pfarrer war immer mehr. Das war Hochwürden bei uns, und wissen Sie, wir vergessen, daß bis zum Jahre 1906 bei uns in Württemberg der Lehrer Messner war. Es gab keinen Lehrer, der nicht also Messner sein mußte.‹ ... ›1906 ist das abgeschafft worden durch das Gesetz. Eigens ist das da abgeschafft worden. Bis dahin war der Lehrer halt der Diener, mußte den Pfarrer angeschirre, sagt man bei uns, also die Stola und das Zingel umlegen, legte er dem Priester dienend um, wie es irgendwo heißt, und mußte Glocken läuten, mußte die Glocken schmieren, mußte eigentlich eben all das tun, was heute der Messner tut. In einem harten Ringen ist diese Befreiung durchgekommen, und davon sind sehr viele Ressentiments in der Lehrerschaft zurückgeblieben, in dem Kampf, denn da ist zum Teil ganz wüst gestritten worden, sowohl von den Geistlichen als auch von den nach Freiheit drängenden und ringenden Lehrern. Deshalb war das Verhältnis lange, lange schlecht zwischen Lehrern und Geistlichen. Von 1906 ab bis 1919, wo dann ..., bis dahin führte der Geistliche den Vorsitz im Ortsschulrat, also in dem Schulträgerverband nicht wahr, und als der 1919 nach dem ersten Krieg abtreten mußte, da gab es die heftigsten Rathauskämpfe, wo der Akademiker diesem hergelaufenen Schulmeister den ersten Platz räumen mußte, aber das Gesetz war da, und es ist durchgeführt worden.‹ (...)«[1]

Kirchen und Kommunen stellten die geistige und politische Autorität dar, Pfarrer und Polizist standen für Moral und Ordnung, für Gott, Kaiser und Vaterland. Die von Kirchen und Kommunen unterhaltenen und beherrschten Volksschulen sollten die religiösen, politischen und sozialen Werte vermitteln, auf denen Staat und Gesellschaft des Kaiserreichs aufgebaut waren, und sie sollten diejenigen Kräfte abwehren, die diese Ordnung bedrohten, nämlich sozialistische, jüdische, papistische und internationalistische Ideen. Die Volksschullehrer kamen selbst aus der Volksschule und hatten keine höhere Bildung genossen. Mit den Pfarrern oder Gymnasialprofessoren standen sie nicht auf einer Stufe. Von den Staatsbeamten waren sie durch Welten getrennt. Die Kommunen bezahlten sie wie andere gemeindliche Bedienstete, schlecht und häufig in Naturalien. Das passive Wahlrecht besaßen sie nicht; der Zugang zu Ämtern war ihnen verschlossen. Viele standen liberalen oder sozialistischen Ideen nahe; ihre politischen Bestrebungen wurden unterdrückt. Angesichts von Abhängigkeit, Benachteiligung und Unterdrückung erschien »Verstaatlichung« als Weg der Befreiung des niederen Schulwesens von Kirche und Kommune. In der Revolution von 1918 und in der Weimarer Reichsverfassung von 1919 setzten die Liberalen und Sozialdemokraten im Verein mit der Lehrerschaft die »Verstaatlichung« des »niederen Schulwesens« gegen die Zentrums-Partei und die Konservativen durch.

Die Weimarer Republik sollte ein weltlicher, einheitlicher und demokratischer Staat werden. Die Verstaatlichung des »niederen Schulwesens« sollte der Schaffung eines solchen Staates dienen – durch die Verdrängung der Kirchen aus dem öffentlichen Schulwesen, durch die Überwindung der Klassenschule und durch die Beseitigung des Partikularismus. Die von der Weimarer Verfassung angeordnete Verstaatlichung des »niederen Schulwesens« ist inzwischen weitgehend durchgesetzt, denn die Kirchen spielen im öffentlichen Schulwesen keine Rolle mehr, die Kommunen sind auf die Unterhaltung des Schulgebäudes beschränkt, und wir haben trotz Föderalismus ein weitgehend einheitliches und gleichzeitig offenes differenziertes Schulsystem. Doch mit der Verstaatlichung des »niederen Schulwesens« verbanden sich weitergehende Hoffnungen: Freiheit, Gleichheit und Brüderlichkeit – die Forderungen der Französischen Revolution – sollten auch im und durch das Bildungswesen verwirklicht werden. Dieses Versprechen blieb unerfüllt.

Verstaatlichung der Lehrlingserziehung

Die Gewerbeordnung von 1869 führte in Deutschland die Gewerbefreiheit ein und beseitigte die Zunftverfassung. Es herrschte Vertragsfreiheit, und zur Vertragsfreiheit gehörte auch die Regelung des Verhältnisses zwischen den selbständigen Gewerbetreibenden und ihren Lehrlingen. Im Hochkapitalismus konnte also jeder »Lehrlinge« beschäftigen und dafür Lehrgeld verlangen oder Arbeitslohn zahlen oder weder das eine noch das andere tun.

Die traditionale handwerkliche Meisterlehre beruhte auf der Integration des Lehrlings in den Betrieb, insoweit war er Arbeiter. Das pädagogische Modell der Meisterlehre war das Imitationsmodell, der Lehrling ahmte den Meister nach. Die persönliche Erziehung der Lehrlinge erfolgte in der Familie des Meisters, in der sie Kost und Logis erhielten. Hermann Hesse hat dieses Modell der Meisterlehre in seiner autobiographischen Erzählung »Unterm Rad« 1906 verherrlicht:

> »In der Werkstatt wurde schon flott gearbeitet. Der Meister war gerade am Schmieden. Er hatte ein Stück rotwarmes Eisen auf dem Amboß, ein Geselle führte den schweren Vorhammer, der Meister tat die feinern, formenden Schläge, regierte die Zange und schlug zwischenein mit dem handlichen Schmiedehammer auf dem Amboß den Takt, daß es hell und heiter durch die weit offenstehende Türe in den Morgen hinausklang. (...)
>
> Hans blickte die Esse, die stillstehenden Drehbänke, die sausenden Riemen und Leerlaufscheiben schüchtern an. Als der Meister sein Stück fertig geschmiedet hatte, kam er herüber und streckte ihm eine große, harte und warme Hand entgegen.

›Da hängst du deine Kappe auf‹, sagte er und deutete auf einen leeren Nagel an der Wand.

›So, komm. Und da ist dein Platz und dein Schraubstock.‹ (...)

›Bis Mittag hast du genug daran zu schaffen, dann zeigst du mir's. Und bei der Arbeit kümmerst du dich um gar nichts, als was dir gesagt wird. Gedanken braucht ein Lehrling nicht zu haben.‹«[2]

Durch die »Verstaatlichung« der Lehrlingserziehung sollte eine Berufsbildung gewährleistet, der Qualifikationsbedarf der Wirtschaft gedeckt und die Arbeitskraft der Lehrlinge vor Ausbeutung geschützt werden. Die Lehrlingserziehung sollte allerdings nicht vom Staat durchgeführt, sondern nur durch den Staat geregelt werden.

Die Weimarer Republik sollte ein gemeinwirtschaftlicher, sozialer und demokratischer Staat werden. Ein Sozialstaat überläßt die Ausbildung nicht einfach dem »freien Spiel der Kräfte«, sondern sorgt für die Qualifizierung der Arbeitskraft. Die »Verstaatlichung« der Lehrlingserziehung sollte der Schaffung eines solchen Staates dienen – durch die Entwicklung einer Berufsbildung, durch die Gewährleistung der Ausbildungsqualität und durch die Mitbestimmung der Arbeitnehmer- und Arbeitgeberorganisationen in der Berufsausbildung. Eine solche Verstaatlichung der Berufsausbildung ist heute selbstverständlich geworden, weil staatliche Ausbildungsordnungen das »duale System« in der Berufsausbildung regeln, weil das System der Berufe die Grundlage dieser Ausbildungsordnungen ist und weil die Jugendlichen sowohl durch die staatlichen Gesetze wie auch im Rahmen des Tarifvertragssystems in Arbeit und Ausbildung geschützt sind. Doch mit der Verstaatlichung der Lehrlingserziehung verbanden sich weitergehende Hoffnungen: die Gleichwertigkeit von Allgemein- und Berufsbildung, die Mitbestimmung der Beschäftigten über die Ausbildung im Betrieb und die Sicherheit des Arbeitsplatzes. Diese Hoffnungen haben sich nicht erfüllt.

Verstaatlichung des höheren Bildungswesens

Das höhere Bildungswesen bestand um die Jahrhundertwende im wesentlichen aus den »höheren Knabenschulen« und den Universitäten. Doch diese darf man nicht mit den heutigen Gymnasien und den heutigen Universitäten vergleichen. 1887 besuchten 5 % der vierzehnjährigen Knaben höhere Schulen[3], und heute sind es 43 % aller Kinder dieser Altersstufe (Realschule und Gymnasium)[4]; der relative Schulbesuch der Mädchen lag deutlich unter dem Anteil der Knaben. Um die Jahrhundertwende gab es im damaligen Gebiet des Deutschen Reiches 30 000 Studenten; in der heutigen Bundesrepublik gibt es mehr als 1, 5 Millionen Studentinnen und Studenten. Frauen wurden erst um die Jahrhundertwende überhaupt zum Studium an den Universitäten zugelassen.[5] Doch nicht nur aus quantitativen Gründen sah das höhere Bildungswesen ganz anders aus als das heutige Bildungswesen: Die höhere Bildung war um die Jahrhundertwende eine humanistische Bildung der männlichen Jugend aus dem Besitz- und Bildungsbürgertum, die um ihrer selbst willen standesgemäß vermittelt wurde. Der angeblich zweckfreie Humanismus für männliche Führung in Gesellschaft und Staat und die Vorbereitung auf Ehe und Mutterschaft in der Mädchenbildung waren die Leitbilder des höheren Bildungswesens.

Um die Jahrhundertwende war ein Drittel bis die Hälfte der gymnasialen Bildung der sprachlichen und humanistischen Bildung in »Kultursprachen« gewidmet, die keinen alltagspraktischen Nutzen hatte. Im Unterricht ging es um stark formalisierte Leistungen. »Latinitätsdressur« nannte Paulsen diesen Unterricht bereits 1885 – von »humanistischer Bildung« war er weit entfernt. Aber gerade durch das Ideal der humanistischen Bildung und seine elitäre Interpretation schloß das Gymnasium die weit überwiegende Mehrheit der Bevölkerung vom Zugang zur Universität aus. Erst um die Jahrhundertwende wurde das Zugangsmonopol des gymnasialen Abiturs zugunsten der Absolventen von sogenannten Realgymnasien und Oberrealschulen gebrochen. In den höheren Mädchenschulen – Lyzeum und Oberlyzeum – gab es, nachdem sie sich um die

Jahrhundertwende durchgesetzt hatten, überhaupt keine humanistische Bildung. Auch in der Unterrichtsorganisation und -methode wichen die höheren Mädchenschulen in charakteristischer Weise von den höheren Knabenschulen ab. Wert- und Gefühlsbildung und die Vorbereitung auf die Rolle in der Familie standen im Mittelpunkt, nicht Latinität und Drill. Die höhere Mädchenbildung führte in die »Frauenschule«, in die Lehrerinnenausbildung und auch in die Universität.

Das Studium galt als Selbstzweck; der eigentliche Zweck, die Berufsausbildung, wurde als »Brotstudium« verachtet, auch wenn die Universität dazu da war, Pfarrer und Richter, Ärzte und Lehrer auszubilden. Wissen und Bildung sollten vor allem durch Vorlesungen vermittelt werden, in denen die Ordinarien aus ihren Fächern vortrugen, die Studenten ihnen zuhörten und mitschrieben. Es herrschte eine Studienfreiheit, die durch Staatsprüfungen noch kaum eingeschränkt war. Das akademische Leben ließ sich noch als Idylle beschreiben:

> »Es hatte sich um diese Zeit in Tübingen eine Anzahl jüngerer Männer von freien Grundsätzen und wissenschaftlichem Streben zusammengefunden, die als Lehrer in verschiedenen Facultäten wirkten, und auch als Schriftsteller, zum Theil in eigenen Zeitschriften, ihren Ansichten Geltung zu verschaffen suchten. Einige derselben waren bereits angestellt, die meisten hatten damals noch als Privatdocenten, oft unter lebhaftem und langjährigem Widerstand, um die Stellung zu ringen, die sie in der Folge denn doch alle innerhalb oder außerhalb Würtembergs gefunden haben. Die einen kamen aus der Schule der Hegel'schen Philosophie, andere waren von empirischer Forschung ausgegangen; aber wie jene die philosophische Spekulation durch Kritik und Geschichtsforschung zu ergänzen suchten, so strebten diese nach einer wissenschaftlichen Verknüpfung und Erklärung der Thatsachen. So war bei aller Mannigfaltigkeit der Fächer und der Ansichten doch eine überwiegende Verwandtschaft der wissenschaftlichen Denkweise vorhanden. Dazu kamen vielfache persönliche Verbindungen und Universitätsfreundschaften, Gleichheit der akademischen und der gesellschaftlichen

Verhältnisse. Es war natürlich, daß unter diesen Umständen der größere Theil der Genannten in einen engeren persönlichen Verkehr trat; (...). Es war ein fröhliches Zusammenleben, eine Nachblüthe der Universitätsjahre, der es doch auch schon an Früchten nicht fehlte, eine Zeit reich an Bestrebungen und Planen, an Hoffnungen, Täuschungen und Erfolgen.«[6]

»Verstaatlichung« des höheren Bildungswesens bedeutete nicht, daß die Schulen und Hochschulen verstaatlicht wurden, denn sie waren ja bereits überwiegend staatliche Anstalten. »Verstaatlichung« verfolgte vielmehr den Zweck, durch eine staatliche Bildungspolitik staatliche Interessen am höheren Bildungswesen durchzusetzen:
- die Öffnung der höheren Bildung für alle,
- die Regelung des Berufsweges durch Berechtigungen und
- die Abschaffung des gymnasialen Bildungsmonopols.

Die Politik sollte öffentlichen Interessen dienen – der Demokratisierung des Bildungswesens, der Verteilungsgerechtigkeit beim Berufszugang und der Modernisierung des Landes.

Diese Verstaatlichung des höheren Bildungswesens ist im Laufe des 20. Jahrhunderts erfolgt. Eine Benachteiligung von Mädchen gibt es beim Zugang zum höheren Bildungswesen nicht mehr. Die Schulstruktur wurde »horizontalisiert«, so daß man nicht mehr von »höheren«, sondern von weiterführenden Schulen spricht. Der relative Schulbesuch hat sich im Sekundarbereich völlig verschoben. Besuchten 1960 in der ehemaligen Bundesrepublik noch 59 % der Dreizehn- und Vierzehnjährigen die Hauptschule und 14 % das Gymnasium[7], so waren es 1990 in der Hauptschule nur noch 31 % und im Gymnasium bereits 29 %[8]. Auch die Hochschule öffnete sich breit für alle Bevölkerungsschichten, denn heute erwerben im gesamten Bundesbereich fast 40 % der Jugendlichen im entsprechenden Alter die Hochschulzugangsberechtigung[9] und machen in unterschiedlicher Weise und zu unterschiedlichen Zeiten auch davon Gebrauch. Die Anziehungskraft des Gymnasiums und der Universität beruht heute wesentlich auf den von ihnen verliehenen Berechtigungen. Die Arbeitsmarktchancen steigen mit der Höhe der Bildungsabschlüsse. Da im Laufe dieses Jahrhunderts die anderen Gesichtspunkte beim Berufszugang an Bedeutung verloren haben – Religion und Partei, Herkunft und Milieu –, bleiben im wesentlichen nur noch die Berechtigungen, die Schule und Hochschule vergeben. Der Staat hat die Aufgabe der Kanalisierung der Zugänge zum System der Berufe vollends übernommen. Die humanistische Bildung verlor ihre beherrschende Stellung im Curriculum der höheren Bildung, die staatliche Wissenschaftspolitik machte aus Universitäten, den Stätten akademischer Bildung, moderne Produktions- und Dienstleistungsunternehmen der Wissenschaft und Technologie. Der Staat verwandelte das traditionale höhere Bildungswesen, das elitär, selektiv und humanistisch gewesen war, in ein prinzipiell offenes, differenziertes und demokratisches System, das den allgemeinen Grundsätzen eines öffentlichen Bildungswesens in einem modernen Staat entspricht. Mit der »Verstaatlichung« der höheren Bildung waren jedoch weitergehende Hoffnungen verbunden, nämlich daß die Öffnung der höheren Bildung zur Chancengleichheit, die Rationalisierung des Berechtigungswesens zur Verteilungsgerechtigkeit und die Abschaffung des gymnasialen Bildungsmonopols zur Modernisierung des Curriculums führen würden. Doch diese Hoffnungen erfüllten sich nicht oder jedenfalls nicht zur Gänze. Chancengleichheit, Verteilungsgerechtigkeit und Modernität ließen sich durch Verstaatlichung allein nicht gewährleisten.

Zwei Formen der Verstaatlichung in zwei deutschen Staaten

Die Weimarer Verfassung wollte durch die Verstaatlichung die Ideale der Französischen Revolution – »Freiheit, Gleichheit und Brüderlichkeit« – durchsetzen. Die Gemeinschaftsschule sollte zur Regelschule werden. Der Aufbau des Schulwesens sollte »organisch« ausgestaltet werden. Berufsbildung sollte Teil der Bildung werden. Die Hochschule sollte für alle geöffnet werden. Eine gemeinschaftsorientierte, demokratisch bestimmte und sozial verantwortete Nationalerziehung sollte geschaffen werden. Doch diese Reform des Bildungswesens durch die staatliche Bildungspolitik blieb letztlich ein Torso. Das nationalsozialistische Regime führte die Reformansätze nicht weiter, beseitigte allerdings die geschaffenen Strukturen auch nicht, setzte jedoch deutlich andere Schwerpunkte in der Bildungspolitik. Für die Besatzungsmächte 1945 und die seit 1949 entstandenen beiden deutschen Staaten stellte sich also die Aufgabe, die mit der Weimarer Verfassung begonnene Verstaatlichung des Bildungswesens zu vollenden. Sie gingen unterschiedliche Wege.

Die DDR führte die in der Weimarer Republik begonnene Verstaatlichung des Bildungswesens folgerichtig zu Ende. Sie schuf das einheitliche sozialistische Bildungswesen, eine zehnjährige Einheitsschule, darauf aufbauende staatlich geplante berufs- bzw. studienbezogene Ausbildungsgänge in Staatsbetrieben sowie staatlichen Schulen und Hochschulen, staatlich bestimmte Lehrpläne und Berufsbilder, eine parteilich-staatlich bestimmte Gemeinschaftserziehung. Am Ende stand jedoch nicht das den Zielen der Weimarer Verfassung entsprechende offene und demokratische Bildungswesen, sondern ein den Zielen der Partei und der Volkswirtschaft untergeordnetes planwirtschaftliches Bildungswesen. Die Verstaatlichung des Bildungswesens entwickelte unter den Bedingungen des sozialistischen Staates eine eigene Logik, die sich gegen ihre ursprünglichen Ziele wandte. Die Perversion des Systems wurde 1989 für jedermann offenbar. Christa Wolf hat sie in einem Artikel für die »Wochenpost« im Herbst 1989 festgehalten:

> »Vor vierzehn Tagen, nach einer Lesung in einer mecklenburgischen Kleinstadt, beschwor ein Arzt die Anwesenden, die das Literaturgespräch sehr schnell in einen politischen Diskurs umgewandelt hatten, jeder solle jetzt an seinem Platz wenigstens offen und deutlich seine Meinung sagen, sich nicht einschüchtern lassen und nichts gegen sein Gewissen tun. In die Stille nach seinen Worten sagte leise und traurig eine Frau: Das haben wir nicht gelernt. Zum Werdegang ihrer Generation – der heute knapp Vierzigjährigen – in die-

sem Land: Wie sie von kleinauf dazu angehalten wurde, sich anzupassen, ja nicht aus der Reihe zu tanzen, besonders in der Schule sorgfältig die Meinung zu sagen, die man von ihr erwartete, um sich ein problemloses Fortkommen zu sichern, das ihren Eltern so wichtig war. Eine Dauerschizophrenie hat sie als Person ausgehöhlt. Nun, sagte diese Frau, könne sie doch nicht auf einmal ›offen reden‹, ihre ›eigene Meinung sagen. Sie wisse ja nicht einmal genau, was ihre eigene Meinung sei.‹

(...) Die Medien schwiegen, schlimmer: sie überzogen den Kern des Problems – daß unsere Kinder in der Schule zur Unwahrhaftigkeit erzogen und in ihrem Charakter beschädigt werden, daß sie gegängelt, entmündigt und entmutigt werden – mit wort- und bilderreicher Schaumschlägerei, in der Schein-Probleme serviert und im Handumdrehen gelöst wurden. (...) Gerade diese Erfahrungen, mit denen sie von fast allen Erwachsenen allein gelassen wurden, haben nach meiner Überzeugung viele von ihnen weggetrieben. Das Ergebnis konnten wir auf westlichen Bildschirmen besichtigen: Massen junger Leute, die zumeist leicht und freudig aus dem Lande rennen. Gut ausgebildete Facharbeiter, Sekretärinnen, Krankenschwestern, Ärzte, Verkäuferinnen, Wissenschaftler, Ingenieure, Kellner, Straßenbahnfahrer. Was wollen sie bloß noch, habe ich Ältere, die selbst keine wirkliche Jugend hatten, fragen hören. Die hatten doch alles.

Alles, außer der Möglichkeit, ihr kritisches Bewußtsein im Streit mit anderen Auffassungen zu schärfen, ihre Intelligenz nicht nur an Bildungsstoffen zu beweisen, sondern sie bei einer für sie bedeutsamen gesellschaftlichen Tätigkeit mit anderen zusammen anzustrengen, Experimente zu machen, auch solche, die dann scheitern, ihre Lust am Widerspruch, ihren Übermut, ihre Skurrilitäten, ihre Verquertheiten und was immer ihnen die Vitalität dieses Lebensabschnitts eingibt, in produktiver Weise auszuleben, sich also kennenzulernen. Den aufrechten Gang zu üben.«[10]

Die Bundesrepublik Deutschland ging einen anderen Weg. Die Länder der alten Bundesrepublik, angesichts des Föderalismus in ihrer Bildungspolitik frei, setzten die in der Weimarer Republik begonnene Verstaatlichung des Bildungswesens fort und führten sie in den siebziger Jahren zu einem gewissen Ende. Wir haben heute ein Bildungswesen, das – inzwischen auch auf die neuen Bundesländer übertragen – die von der Weimarer Verfassung eingeleitete Verstaatlichung des Bildungswesens verwirklicht hat. Die politischen Versprechungen, die mit der Verstaatlichung verbunden waren, blieben freilich unerfüllt. Das verstaatlichte Bildungswesen der Gegenwart gewährleistet weder die Selbstverwirklichung der Individuen noch die Gleichheit der Gleichen, noch die Gemeinschaftlichkeit der Bürgerinnen und Bürger. Zu einer Verwirklichung des »Projektes der Moderne«, wie manche den Verfassungsstaat des zwanzigsten Jahrhunderts nennen, hat jedenfalls die Verstaatlichung des Bildungswesens nicht beigetragen. Es stellt sich allerdings die Frage, ob diese Ziele überhaupt noch für die Gegenwart wichtig sind, ob nicht die derzeitigen Probleme des Bildungswesens ganz woanders liegen, ob eine »Postmoderne« die Bildungsreform der Vergangenheit überholt hat.

Über kontraproduktive Wirkungen der Verstaatlichung

Die Geschichte des Bildungswesens in der DDR zeigt, daß die folgerichtige Umsetzung des Programms der Verstaatlichung – jedenfalls unter sozialistischem Vorzeichen – Versprechungen der Freiheit, Gleichheit und Brüderlichkeit nicht nur nicht erreicht, sondern eher in ihr Gegenteil verkehrt hat. Doch auch in der Geschichte der alten Bundesrepublik kann man kontraproduktive Wirkungen in der Verstaatlichung des Bildungswesens feststellen.

1. Entkonfessionalisierung

Die Trennung von Kirche und Staat ist in der Bundesrepublik weitgehend vollzogen. Doch die nahezu vollständige Verweltlichung des Bildungswesens durch Verstaatlichung schuf nicht den von »kirchlicher Bevormundung« befreiten, aufgeklärten, mündigen Bürger, sondern einen Pluralismus von durchaus unterschiedlichen Interessen, die Vielfalt individualistischer Neigungen und ein Bedürfnis nach normativen Orientierungen, denen das verweltlichte verstaatlichte Bildungswesen nicht entsprechen kann. Der Staat, zur Zurückhaltung und Neutralität verpflichtet, tut sich mit der Wertevermittlung schwer und treibt einerseits viele Kinder und Jugendliche in die Arme von radikalen politischen und religiösen Gruppen, eröffnet andererseits aber auch die Chance zu einer Neubegründung weltanschaulicher Bildungseinrichtungen.

2. Entkommunalisierung

Die Schulen waren einmal der Stolz der deutschen Städte, nicht nur die Volksschulen, sondern auch die Rats-Gymnasien, später die städtischen Realschulen und Berufsschulen; es gab sogar städtische Hochschulen und Universitäten. Davon ist so gut wie gar nichts geblieben, lediglich Einrichtungen der Elementarerziehung befinden sich noch zu einem guten Teil in kommunaler Hand. Die nahezu vollständige Entkommunalisierung des Bildungswesens schuf jedoch nicht den aus lokaler Enge befreiten Weltbürger, sondern Menschen, die angesichts von Globalisierung, Kommunikation und Mobilität durchaus auch wieder nach lokalen Wurzeln, nach Nachbarschaft und nach der Verankerung in ihren sozialen Milieus suchen. Die verstaatlichte Schule versucht dem durch die sogenannte Öffnung der Schule entgegenzukommen; doch ohne Lehrerinnen und Lehrer, die in der Gemeinde bzw. im Stadtteil leben, dort sozial verankert sind und dort eine gewisse gesellschaftliche Rolle spielen, ohne die Einbeziehung der Eltern in das Schulleben, tut sich die »Unterrichtsschule« mit der Öffnung schwer. Verstaatlichung hat ihr den Rückweg in die Gemeinde verbaut; Kindergärten und Berufsschulen haben es hierbei etwas leichter.

3. Egalisierung

Die Privilegien des Besitz- und Bildungsbürgertums wurden durch die staatliche Bildungspolitik beseitigt, und das höhere Bildungswesen wurde für alle Bevölkerungsschichten geöffnet. Die frühere Bundesrepublik beseitigte die sozialen Zugangsschranken und gewährleistet heute eine formale soziale Chancengleichheit für alle Schichten der Bevölkerung; doch die Reproduktion sozialer Ungleichheit im und durch das Bildungswesen wurde dadurch nicht beseitigt, sondern eher noch gefestigt, weil sie nun durch angebliche Chancengleichheit legitimiert ist. Die staatliche Bildungspolitik ist deutlich an die Grenzen ihrer Möglichkeiten gestoßen, und die Frage nach Gleichheit und Ungleichheit wird neu gestellt. Trotz rechtlich gewährleisteter Gleichberechtigung wird ein Recht auf geschlechts-, herkunfts- und milieubezogene Vielfalt im Bildungswesen gefordert – was Ungleichheit voraussetzt und bewirkt.

4. Nationalerziehung

Die Prägung des höheren Bildungswesens durch den Neuhumanismus, insbesondere der Gymnasien und Universitäten, wurde durch die staatliche Bildungspolitik überwunden, und der Versuch, im »niederen Schulwesen« eine »volkstümliche Bildung« zu vermitteln, konnte sich nicht richtig durchsetzen. Die Teilung Deutschlands und die Ost- bzw. Westintegration der Teilstaaten verhinderten das Wiederaufleben nationaler demokratischer Bildungstraditionen. Die Jugendlichen sollten entweder internationalistische Sozialisten östlichen Typs oder europäische Demokraten westlichen Typs werden. Die internationale Kommunikations- und Konsumkultur, die heute den Alltag aller Kinder und Jugendlichen bestimmt, läßt die Idee einer durch die staatliche Bildungspolitik bestimmten Nationalerziehung gänzlich abwegig erscheinen. So trauen wir unseren Augen nicht, wenn wir neuerdings lesen, daß rechtsradikale Jugendgruppen nun plötzlich nach einer »deutschen Kultur« rufen – allerdings nicht nach einer demokratischen.

Der Staat trägt heute eine politische Verantwortung sowohl für die Versorgung der Wirtschaft mit qualifizierten Arbeitskräften wie für die Versorgung der Jugendlichen mit Ausbildungs- und Arbeitsplätzen. Der Staat übernahm diese Verantwortung, indem er die traditionelle handwerkliche Lehrlingserziehung zum dualen System der Berufsausbildung umformte, den Zugang zur Berufsausbildung und zu den Hochschulen regelte und das Berechtigungswesen nach Arbeitsmarktbedürfnissen ausgestaltete. Doch diese Verstaatlichung durch Manpower-Planung vermochte weder die Nachfrage nach Ausbildungsplätzen noch den Bedarf an qualifizierten Mitarbeitern angemessen zu befriedigen. Eine Deregulierung des Ausbildungsmarktes erscheint deshalb heute vielen als Lösung des Problems der Jugendausbildungs- und Jugendarbeitslosigkeit.

Wenn aber die Verstaatlichung des Bildungswesens die mit ihr verbundenen Erwartungen nicht nur nicht erfüllt hat, sondern in vielen Bereichen kontraproduktiv wirkt, dann gilt es, andere Regelungsformen für die neuen Probleme im Bildungswesen zu finden.

Öffentliche Verantwortung für das Bildungswesen

Die heutigen Probleme des Bildungswesens müssen in öffentlicher Verantwortung gelöst werden; auf die staatliche oder private Trägerschaft der Bildungsinstitutionen kommt es daher nicht an. Die öffentliche Verantwortung wird durch die staatliche Steuerung des gesamten Bildungswesens wahrgenommen. Wenn Art. 7 Abs. 1 Grundgesetz sagt: »Das gesamte Schulwesen steht unter der Aufsicht des Staates«, so bedeutet dies heute: »Das gesamte Bildungswesen steht in öffentlicher Verantwortung, die durch eine staatliche Steuerung wahrgenommen wird.«

1. Steuerung durch Recht

Steuerung durch Recht heißt erstens Problemlösung durch Regelung und zweitens Kontrolle durch nachträgliche Überprüfung. In unserem Rechtssystem wird die erste Aufgabe durch *Gesetze*, die zweite im *administrativen Vollzug* oder durch die *gerichtliche Überprüfung* erfüllt. Steuerung durch Recht bedeutet nun aber nicht, daß alles durch Recht geregelt werden muß, ganz im Gegenteil: Steuerung durch Recht heißt Minimum-, nicht Maximumregelung. Die Steuerungskraft von Gesetzen ist begrenzt, insbesondere Bildungsprozesse lassen sich nur schlecht durch Gesetze steuern. Wenn die Menschlichkeit und Gemeinschaftlichkeit des Zusammenlebens, z. B. zwischen Deutschen und Ausländern, heute ein Problem des Bildungswesens ist, dann ist der Satz des baden-württembergischen Schulgesetzes »Die Schule ist gehalten, zur Menschlichkeit und zur Achtung der Würde und der Überzeugung anderer zu erziehen« zwar schön, aber hoffnungslos unterdeterminiert, weil ihm schlechterdings keine Steuerungskraft innewohnt. Die Menschlichkeit und Gemeinschaftlichkeit des Zusammenlebens von Deutschen und Ausländern in der Schule und im Leben wird durch das gesetzliche Bekenntnis nicht gewährleistet, vermutlich nicht einmal gefördert.

Die Steuerungskraft der Gesetze wird auch nicht dadurch erhöht, daß sie die Regierung zum Erlaß zahlreicher Durchführungsverordnungen ermächtigen.

Den Lehrern war die ganze Debatte über die gesetzliche Regelung sowieso ein Graus, weil es sich für sie um einen illegitimen Eingriff der Juristen in ihr »Geschäft« handelte, so daß sie von »Verrechtlichung« der Pädagogik sprachen, und »Verrechtlichung«, das hieß Bürokratisierung und Entfremdung. Für einen Juristen ist es freilich unverständlich und bitter, daß das Gesetz, der Inbegriff der geregelten Freiheit, als entfremdeter Zwang erscheint.

Soweit Gesetze überhaupt über Steuerungskraft verfügen, ist der Gesetzesvollzug das A und O der Steuerungskraft. Gesetze, deren Vollzug nicht überprüft wird, verlieren ihre Steuerungskraft.

Statt aber den Vollzug des Gesetzes zu überwachen, scheinen die Verwaltungen und die Bildungsinstitutionen mehr damit beschäftigt zu sein, Angriffe auf das geltende Recht und auf die Rechtspraxis abzuwehren. Die Angst vor rechtlichen Konsequenzen ihres Verhaltens scheint zu den Grundempfindlichkeiten vieler Lehrer zu gehören. Schulausflüge sind zu gefährlich, weil bei Badeunfällen der Vorwurf mangelnder Aufsicht strafrechtliche Folgen haben kann. Laborexperimente sind zu gefährlich, weil bei unvorhergesehenen Explosionen versicherungsrechtliche Folgen mit Rückgriff drohen. Das freie Wort ist zu gefährlich, weil Verleumdungs- und Beleidigungsklagen drohen. Die Leistungsbewertung ist zu gefährlich, weil das Verwaltungsgericht die Versetzungsentscheidungen aufheben könnte. Das Leben in der Schule scheint überhaupt zu gefährlich zu sein – gefährlich, weil die Möglichkeit besteht, daß Gerichte auf Klagen der Schüler oder Eltern schulische Maßnahmen überprüfen.

Wir lassen uns »Pfusch am Bau« nicht gefallen, sondern setzen Mängelrügen gerichtlich durch; wir lassen uns nicht von Hunden beißen, ohne den Versicherungsschutz des Hundehalters in Anspruch zu nehmen; wir erstatten bei Diebstählen Strafanzeige usw. Daß aber die Arbeit von staatlich angestellten und bezahlten Pädagogen – auf entsprechende Klagen – von Gerichten überprüft wird, das erscheint als Eingriff in die pädagogische Freiheit. Ich habe einmal ausgerechnet, wie häufig ein Lehrer die »Chance« hat, einen pädagogischen Prozeß zu erleben: In einem dreißigköpfigen Kollegium würde es – statistisch gesehen – in fünfunddreißig Dienstjahren ein einziges Mal passieren, daß ein Kollege von einem solchen Prozeß betroffen ist. Es handelt sich also um Hysterie!

Die Steuerungskraft von Recht wird durch eine vernünftige Handhabung der gerichtlichen Kontrolle bildungspolitischer und pädagogischer Entscheidungen erhöht, wie das Beispiel des ehemals sehr umstrittenen Sexualkundeunterrichts zeigt. Das ändert jedoch nichts daran, daß die Steuerung durch Recht zur Lösung der derzeitigen bildungspolitischen Probleme nur wenig beitragen kann. Hier hört das Recht auf!

Grundlegend für Organisation und Verfahren in Institutionen sind die Prinzipien der *Hierarchie* und der *Autonomie*. Hierarchie heißt, daß die Organisation auf einem Über- und Unterordnungsverhältnis von Abteilungen, Stellen und Funktionen beruht, deren Funktionsweise auf Befehl und Gehorsam angelegt ist. Nun kann dieses einfache hierarchische Prinzip der Über- und Unterordnung funktional differenziert werden, d.h., daß bestimmte Personen mit ihren Funktionen nicht in das System der Über- und Unterordnung eingeordnet sind, sondern ein (funktionales) Eigenleben führen, indem sie z. B. nur auf Zeit in Projektformen arbeiten oder indem sie in Stabsstellen der Leitung außerhalb der Hierarchie zugeordnet sind und deshalb in der Linie der Über- und Unterordnung keinerlei Weisungsbefugnisse haben.

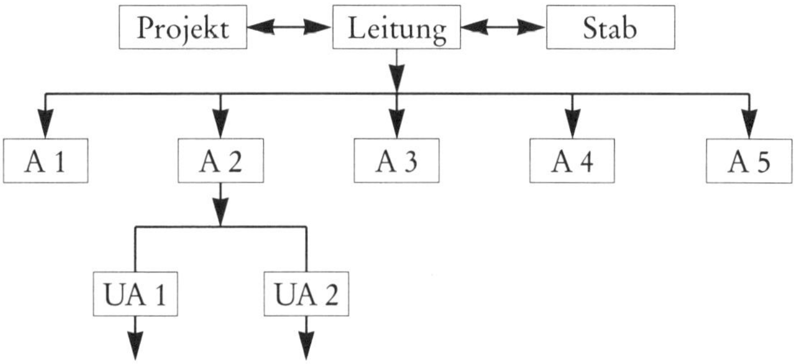

Die Ministerialverwaltung bleibt einstweilen nach dem hierarchischen Prinzip gegliedert, auch wenn von der Möglichkeit einer gewissen funktionellen Differenzierung Gebrauch gemacht wird.

Autonomie heißt, daß Organisationen grundsätzlich ihre Aufgaben selbständig wahrnehmen, daß sie untereinander durch Formen gleichberechtigter Kooperationen miteinander verbunden und einer zentralen Einrichtung ausschließlich durch rechtlich und finanziell wechselseitige Beziehungen verbunden sind. Das Prinzip autonomer Organisationen beruht auf der Idee des

Vertrages zwischen Gleichen. Nun kann dieses einfache Prinzip vertraglicher Organisation durch hierarchische Elemente beeinflußt werden, indem die zentrale Einrichtung die Einhaltung bestimmter Bedingungen zur Voraussetzung ihrer Leistungen macht, z. B. eine bestimmte personelle und sachliche Ausstattung zur Voraussetzung für die Finanzierung. Es besteht zwar kein Weisungsrecht und keine Gehorsamspflicht, aber dennoch kann die zentrale Einrichtung der autonomen Organisation ihren Willen aufzwingen.

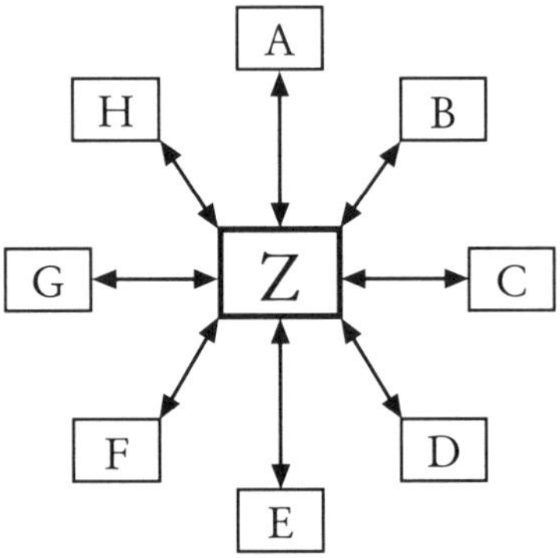

Überall, wo es Formen der Selbstverwaltung gibt, z. B. im Hochschulbereich oder in der betrieblichen Berufsausbildung, finden wir Formen der Autonomie.

Die Beurteilung dieser beiden Formen der Organisation ist von unausrottbaren Vorurteilen begleitet. Die Hierarchie gilt als eine Organisationsform, die den Interessen der Herrschenden dient und diese von oben nach unten durchsetzt (Top-down). Im Bildungswesen werden ihr die schlimmsten pädagogischen Auswirkungen zugeschrieben:

> »Die moderne Welt ist eine ›verwaltete Welt‹ geworden (Adorno). Unsere Schule ist eine ›verwaltete Schule‹; während die moderne Schule, die ihre geistige Grundlegung in der Aufklärung erfuhr, zunächst noch ein Lebenszusammenhang selbständiger Menschen war, die vom Staat nur

> überwacht wurde, hat sie sich immer mehr zur untersten Verwaltungshierarchie entwickelt; sie steht heute auf einer ähnlichen Stufe des Verwaltungsaufbaus wie das Finanzamt, das Arbeitsamt, die Ortspolizei und in einem deutlichen Gegensatz zur Selbstverwaltung der Ortsgemeinde. Die Lehrer entwickeln sich zu Funktionären, und die Schule ist in Gefahr, nur noch Funktionäre zu bilden. Das Bildungsergebnis der modernen Schule wird langsam der konformistische, einfallslose, mühelos gleichschaltbare Mensch, dessen Kenntnisse zwar zum Teil vielseitig, aber qualitativ nicht hochwertig, dafür leicht nachprüfbar sind.«[11]

Demgegenüber erscheint die Autonomie als eine Organisationsform, die den wahren Interessen des Volkes dient und diese von unten nach oben durchsetzt (Bottom-up). Im Bildungswesen begründet sie das Reich der pädagogischen Freiheit, das Hellmut Becker in Tiefensee gefunden hat, der einklassigen Dorfschule in der Mark Brandenburg, die Adolf Reichwein zwischen seiner Entlassung aus dem Preußischen Kultusministerium 1933 und seiner Ermordung durch die Nazis nach dem 20. Juli 1944 leitete.

> »Mit etwa 40 Schulkindern aller Altersstufen hat Reichwein in den Jahren nach der Machtübernahme unter primitivsten Lebensverhältnissen in Tiefensee im Kreise Oberbarnim in der Mark eine Art pädagogischen Kosmos geschaffen. Hier entstand mitten im Dritten Reich ein pädagogisches Modell; vom Geschichtsunterricht bis zur Werkarbeit, vom selbstkonstruierten Mikroskop bis zur großen Fahrt, von den Anfängen biologischer Forschung bis zur musischen Erziehung erstand auf dieser Schule ein Leben von beglückender Intensität, das die geistigen, körperlichen, praktischen und seelischen Fähigkeiten der Kinder gleichermaßen zur Entfaltung brachte.«[12]

Anderen aber ist diese Autonomie zutiefst zuwider, weil sie den Ausnahmezustand verherrlicht und das Chaos institutionalisiert.

»Statt Sanktionen empfiehlt der pädagogische Zeitgeist, *Vereinbarungen* mit den Schülern über die für alle notwendigen Regeln zu treffen. In der Tat ist diesem Verfahren schon deshalb der Vorzug zu geben, weil es die individuelle Verantwortungsfähigkeit der Schüler zu stärken vermag. Allerdings hängt der Erfolg von zwei Voraussetzungen ab: Einmal muß der Schüler auch kontraktfähig, d. h. in der Lage sein, Vereinbarungen einzuhalten oder dies zumindest bei solchen Gelegenheiten lernen zu wollen. Zum anderen muß er den grundlegenden Zweck der Schule akzeptieren, denn darüber kann in der Schulklasse nicht abgestimmt werden. Vereinbarungen können nur innerhalb des Spielraums erfolgen, den dieser Zweck begrenzt. (...) Erst wenn diese Klarstellung erfolgt ist, ergibt es Sinn, den davon abweichenden Schülern eine angemessene besondere Förderung zuteil werden zu lassen, nämlich im Hinblick auf ihre Integration in den ›Normalfall‹.

Politisch gesprochen ist die Definition des Normalfalles eine Machtfrage. Wenn die Schule als Institution dieser Frage ausweicht, verwechselt sie die pädagogische mit der politischen Dimension ihrer Existenz. Klärt die Institution die Machtfrage nicht, werden dies andere tun, z. B. die ›Diktatoren der letzten Bank‹. Es gibt keine machtlosen sozialen Gebilde, die Frage ist immer nur, *wessen* Macht sich mit *welcher Legitimation* Geltung verschafft.«[13]

Deshalb erscheint doch die hierarchische Organisation des Schulwesens die geeignetere Form zu sein, jedenfalls für die Durchsetzung bildungspolitischer Ziele, so wie sie in einem Interview ein Berliner Oberschulrat schilderte, als es um die Gründung und Ausgestaltung der Berliner Mittelstufenzentren ging:

»›Und plötzlich erkennt man, daß auf dieser Schule nichts so organisiert ist, wie wir das strukturhaft bereits vorgegeben hatten. (...) Aus diesem Grunde machen wir also so zwei Stunden Strukturfragen, Organisationsfragen, was sind die Hauptprobleme ... mit der gesamten Schulleitung; – Schul-

> leiter, didaktischer Koordinator, stellvertretender Schulleiter, Verwaltungsleiter, was da so rumläuft. Dann gehen wir in den Unterricht, durch die gesamte Schule, jeder nach seinen Fachbereichen, oder auch nicht. Das kommt ja nicht auf den Fachbereich an, sondern auf das methodische und didaktische Tun in solchem Unterricht. Das können sie überhaupt bei jedem Unterricht sehen, wenn man einmal meint, den didaktischen Ansatz zu kennen. Dann nehmen wir an einer Konferenz teil, und in dieser Konferenz ...‹ (...).«[14]

Ich halte es für eine Überschätzung der Organisationsfrage, von ihrer Beantwortung die Lösung der bildungspolitischen Probleme der Zeit zu erwarten. Autonomie kann Zwänge schaffen, befördern und verfestigen, wie Golding z. B. in »Herr der Fliegen« geschildert hat, oder sie kann »Closed shops« begünstigen, denen die Autonomie nur zur Sicherung gruppenegoistischer Interessen dient. Durch eine Autonomisierung der Bildungsinstitutionen können deshalb die derzeitigen Probleme des Bildungswesens nur gelöst werden, wenn es gleichzeitig eine Form zentraler Steuerung gibt. Mit hierarchischen Gliederungen allein können aber die Probleme, die durch die Entwicklung der Wissens- und Arbeitsgesellschaft entstanden sind, auch nicht gelöst werden. Ein neuer Lehrplan läßt sich zwar im Erlaßwege in den Schulen einführen, und die Ausdehnung der vollzeitschulischen Ausbildung kann angeordnet werden, doch es hängt von der Kooperation autonomer Einrichtungen ab, ob die Lehrer sich im neuen Wissen fortbilden und ob der Arbeitsmarkt die neuen Qualifikationen abnimmt.

3. Steuerung durch Geld

Im Bildungswesen herrschte bisher, wie in der öffentlichen Verwaltung im allgemeinen, das sogenannte kameralistische Prinzip, d. h., die Ausgaben für das Bildungswesen werden in die Haushaltspläne der für sie zuständigen Verwaltungen eingestellt, von den Parlamenten bewilligt und sodann entsprechend getätigt. Der Verabschiedung des Haushaltsplans geht ein längerer Aushandlungsprozeß voran, in dem der Bedarf und die mutmaßlich zur Verfügung stehenden Finanzmittel zur Deckung gebracht werden müssen. Die Haushaltsplanung soll sich durch die Grundsätze der Wahrheit und Klarheit, der Vollständigkeit und Zeitlichkeit auszeichnen. Wahrheit meint, daß alle Ausgaben für die Aufgabenerfüllung auch wirklich nötig sind; Klarheit bedeutet, daß die Ausgaben so detailliert aufgeführt werden, daß sie auch nachprüfbar sind; Vollständigkeit bezieht sich darauf, daß es keinen weiteren unabweisbaren Bedarf und keine weiteren Einnahmen gibt; der Grundsatz der »Zeitlichkeit« legt fest, daß alles für eine bestimmte Zeit gilt, meist für ein Jahr. Die Kunst der Haushaltsausführung besteht darin, diese Grundsätze zu beachten und dennoch sinnvoll wirtschaften zu können. In der Haushaltsausführung stellt sich in der Regel jedoch die Undurchführbarkeit des Haushalts heraus. Bestimmte Ausgaben entstehen entweder gar nicht oder spät, plötzlich auftauchender Bedarf muß befriedigt werden, manche Ausgaben sollten besser hinausgezögert werden. Die klassischen kameralistischen Prinzipien ermöglichen dies jedoch nicht, dennoch läßt sich vieles durchaus auch im Rahmen des geltenden Haushaltsrechts regeln.

Nun aber zieht ein neuer Geist in die Haushaltswirtschaft ein. Betriebswirtschaftliches Denken empfiehlt die sogenannte Budgetierung. Die Organisationseinheiten erhalten Globalzuweisungen für die Erfüllung ihrer Aufgaben und können damit machen, »was sie wollen«, solange sie sich dabei in ihrem Aufgabenbereich bewegen. Sie können zusätzliche Einnahmen haben, ohne daß ihnen dies von der Zuwendung abgezogen wird. Sie können bei den Ausgaben sparen, ohne daß sie das Ersparte zurückgeben müssen. Ein »Reich der Freiheit«, wie es scheint. Steuerung durch Geld macht aber nur Sinn, wenn die Effizienz der Finanzierung meßbar ist, d. h., wenn ihr Kosten-Nutzen-Analysen zugrunde gelegt werden. Steuerung durch Geld setzt die Meßbarkeit des Nutzens voraus. Der unbestreitbare Charme des betriebswirtschaftlichen Denkens geht von der Existenz und Legitimität eines einzigen Meßkriteriums aus, vom Gewinn. Alle betrieblichen Ausgaben verlieren ihre Berechtigung, wenn ihnen die entsprechenden Einnahmen nicht gegenüberstehen, und sie erhalten ihre Berechtigung nur, wenn ein Gewinn erstens vorhanden und zweitens erwirtschaftet worden ist. Was aber ist der Gewinn, den das Bildungswesen als Ergebnis vorweisen kann? Die Unterhaltung des Bildungswesens als solches kann nicht das Ergebnis sein; »Produkt« ist nicht die Arbeit in der Hauptschule, sondern »Produkt« sind die Schülerinnen und Schüler, mit ihren Kompetenzen, Qualifikationen, Eigenschaften, Verhaltensweisen usw. Wie aber sollen diese gemessen werden? Wie in ein Verhältnis zu den Kosten gebracht werden?

4. Steuerung durch Personal

Ausbildung, Fortbildung, Training
Die Erziehung der Erzieher, die Ausbildung der Ausbilder usw., der reflexive Mechanismus scheint der Königsweg zur Lösung aller Probleme zu sein. Dem Gedanken haftet etwas Geheimnisvolles und Faszinierendes an: Wir wenden die Grundsätze, die wir für das Bildungswesen entwickeln, zunächst auf die personelle Steuerung des Bildungswesens an. Human gebildete Erzieher werden zu Humanität erziehen, demokratisch sozialisierte Lehrer werden demokratisch unterrichten, mediengeschulte Professoren werden die Medien nutzen, arbeitsmarktorientierte Ausbilder werden eine arbeitsmarktbezogene Ausbildung anbieten usw. Diesem schönen Gedanken liegt ein perfektes Steuerungsmodell zugrunde, die Vorstellung, daß die Lehrenden so ausbilden werden, wie sie selber ausgebildet wurden. Doch das ist eine Illusion, weil dieses Modell die Steuerungskraft der Ausbildung überschätzt.

Arbeit und Brot
Durch die Ausgestaltung des Arbeitsverhältnisses kann der Arbeitgeber eine beträchtliche Steuerungswirkung erzielen. Dabei geht es um ganz einfache lebenswichtige Sachverhalte wie Zugangsvoraussetzungen (Prüfungen), Aufstiegsmöglichkeiten, Leitungsaufgaben, Stellenkegel, Abordnung und Versetzung, Pflichtstunden, Anwesenheitspflicht, Diensträume, Arbeitsschutz, Haftpflicht, Disziplinarrecht, Bezahlung, Titel, Versorgung, Ruhestandsalter, Kündigungsschutz, Soziallei-

stungen, Dienstwohnung, Urlaubsanspruch, Personalvertretung, Streikrecht, Tarifverträge. Durch die Ausgestaltung der Arbeitsverhältnisse kann der Arbeitgeber Zugang und Abgang des Personals sowie die Verteilung innerhalb des Personalkörpers steuern. Vor allem aber setzt der Arbeitgeber die Rahmenbedingungen für die Arbeitsleistung der Lehrenden fest. Neben der konkreten Ausgestaltung des Arbeitsverhältnisses mit der Zuschreibung von Rechten und Pflichten ist auch der durch das Arbeitsverhältnis begründete Status für die Arbeit im Bildungswesen von Bedeutung. Im Vordergrund steht hierbei das Beamtenverhältnis, die Hierarchie der Ämter, die Titel, die Standesorganisationen u. a. m. Ein Beamter ist nicht einfach Arbeitnehmer, sondern steht in einem besonderen Dienst- und Treueverhältnis zum Staat – was ihm einerseits eine besondere Arbeitsplatzsicherheit bietet und andererseits den Streik verbietet. Mit der Verbeamtung sicherte sich der Staat die Loyalität seiner Lehrer. Heute gibt es keinen Grund mehr, einen Teil der Lehrenden ins Beamtenverhältnis zu berufen, denn im Bildungswesen ist weder eine besondere Loyalität gefragt noch vorhanden. Daß die ostdeutschen Länder die Lehrer nicht im Beamtenverhältnis beschäftigen, kann als zukunftsweisend gedeutet werden.

Arbeit und Soziales

Das Arbeitsrecht und das Beamtenrecht regeln die rechtlichen Rahmenbedingungen der Arbeit, die konkrete Arbeit der Lehrenden wird von anderen Faktoren bestimmt, häufig vom Menschlichen, Allzumenschlichen. Dazu gehören die Identifikation mit der Institution, die kollektive Gestaltung der Institution, eine gute Binnenkommunikation sowie Präsenz, Verläßlichkeit und Ordnung.

Personalmanagement

Es fällt schwer, in Deutschland den Ausdruck »Führung« zu benutzen, eine andere zutreffende Übersetzung für das amerikanische »Leadership« gibt es jedoch nicht. Deshalb lag es nahe, das Konzept des »Personalmanagements«, das in der Betriebswirtschaft für die Wirtschaft und zunehmend auch für die öffentliche Verwaltung entwickelt worden ist, auch auf das Bildungswesen zu übertragen. Die aus diesem Konzept hervorgegangene Vielzahl von Instrumenten der »Personalführung« ist inzwischen auch im Bildungswesen anzutreffen. Dazu gehören die Einführung, Beratung, Supervision der Mitarbeiterinnen und Mitarbeiter, eine regelmäßige Bewertung sowie die Anerkennung von Leistungen, die Öffnung hin zu den Klienten, die Interessenberücksichtigung der Mitarbeiterinnen und Mitarbeiter, die Sorge für die Beförderung sowie die Beteiligung und Kollegialität.

Verstaatlichung oder Privatisierung des Bildungswesens ist eine falsche Alternative, wenn man die Probleme des Bildungswesens einst und jetzt betrachtet. Die Öffentlichkeit des Bildungswesens steht nicht in Frage, wohl aber die Art und Weise ihrer Eingliederung in die öffentliche Verwaltung. Doch auch diese ändert sich zur Zeit der »Neuen Steuerung« und des »New Public Management«. Das Bildungswesen muß diese neuen Entwicklungen aufnehmen und angesichts seiner Aufgaben und Probleme für sich neu definieren. Diese Aufgabe ist noch nicht in Angriff genommen.

Was tun?

Die sieben Todsünden sind unverzeihlich, aber überwindbar und vermeidbar. Was also ist erforderlich?

Es ist billig und folgenlos, nach drei Dingen zu rufen: Macht, Geld und Wissen. Ich bin der Auffassung, daß wir

- keine Neuverteilung der *Kompetenzen*, inbesondere keine neuen Bundeskompetenzen im Bildungswesen,
- keine Umverteilung der *Finanzmittel* zugunsten des Bildungswesens und
- keine neuen *Forschungsprogramme* im Bildungswesen brauchen,

um bildungspolitisch zu handeln. Es kommt vielmehr darauf an,

- die derzeitigen Kompetenzen auszuschöpfen,
- das vorhandene Geld einzusetzen und
- das bekannte Wissen zu nutzen.

Ich bin der Auffassung, daß der Bund die Meinungsführerschaft in der Bildungspolitik zurückgewinnen muß. Bildungspolitik ist Außen- und Innenpolitik, Arbeits- und Wirtschaftspolitik, Kultur- und Forschungspolitik, Infrastruktur- und Finanzpolitik; Bildungspolitik ist Bundes-, Landes- und Kommunalpolitik; Bildungspolitik ist Gesellschaftspolitik, die letztlich alle angeht. Wenn ich sage, daß der Bund die Meinungsführerschaft in der Bildungspolitik zurückgewinnen muß, so ist damit gemeint, daß er die Willensbildung in allen diesen Bereichen und auf allen diesen Ebenen bündeln muß. Die konkrete Ausformulierung und Ausführung dieser Politik liegt dann selbstverständlich bei den zuständigen Instanzen.

Wie aber kann der Bund die Meinungsführerschaft wiedergewinnen? – Ohne neue Kompetenzen? Ohne neues Geld? Und ohne neues Wissen? Hier ist vielleicht neben dem Rückblick auf Wilhelm von Humboldt in Kapitel I ein Blick in die Geschichte der bildungspolitischen Meinungsbildung in der Bundesrepublik hilfreich:

In der Geschichte der Bundesrepublik hat es verschiedene Modelle der bildungspolitischen Meinungsbildung auf Bundesebene gegeben:

1. *Enquete-Kommissionen:* Die Mischung aus Parlamentariern und externen Sachverständigen dient vor allem der Politikformulierung für einen bestimmten Zeitraum (z.B. Enquete-Kommission »Bildung 2000«).

2. *Bund-Länder-Planungsgremien:* Ministerielle Planungskommissionen in gemeinsamen Politikbereichen von Bund und Ländern zur Entwicklung und Abstimmung politischer Planungen (insbesondere Bund-Länder-Kommission für Bildungsplanung und Forschungsförderung nach Artikel 91b Grundgesetz).

3. *Ministerielle Beiräte:* Die Gründung von ständigen Beratungsgremien aus Wissenschaftlern und/oder Vertretern gesellschaftlicher Interessengruppen zur Abstimmung von Politik und Verwaltung (z. B. verschiedene Beiräte des Bundesbildungsministeriums).

4. *Auftragsforschung:* Ausschreibung von zeitlich befristeten Forschungsaufträgen zu Politikvorhaben (z. B. die Delphi-Studie 1997/98).

5. *Wirtschaftsberatungsunternehmen:* Wirtschaftsberatungsunternehmen, die zunehmend auch in der öffentlichen Verwaltung Wirtschaftlichkeitsuntersuchungen durchführen, geben sehr häufig auch politisch-organisatorische Empfehlungen ab (z. B. Kienbaum, McKinsey u. a.).

6. *Paritätische Beratungsgremien:* Selbständige dauerhafte Beratungsorgane, die aus Wissenschaft und Verwaltung zusammengesetzt sind und die die Aufgabe haben, Empfehlungen für

die Politik zu formulieren, und zwar unter besonderer Berücksichtigung ihrer Umsetzung durch die Verwaltung (z. B. Wissenschaftsrat, Deutscher Bildungsrat von 1965 bis 1975).

7. *Sachverständigenkommissionen:* Die befristete Berufung unabhängiger Sachverständigenkommissionen aus Wissenschaftlern und/oder Vertretern gesellschaftlicher Interessengruppen, die Sachthemen bearbeiten und Empfehlungen an die Politik formulieren (z. B. verschiedene Sachverständigenkommissionen zum Bundesausbildungsförderungsgesetz).

8. *Clearingstellen, Runde Tische u. ä.:* Themenspezifische Diskussionsforen zum Meinungsaustausch gesellschaftlich und politisch relevanter Gruppen und Persönlichkeiten (z. B. die derzeitigen Gesprächsrunden beim Bundespräsidenten zur Bildungspolitik).

9. *Task-force:* Die Bildung vom ministeriellen Arbeitsgruppen, gegebenenfalls mit externen Sachverständigen, für Zwecke der Politikformulierung für einen bestimmten Zeitraum (z. B. Bildungsbericht der Bundesregierung 1970).

10. *Gesellschaftspolitische Beratungsgremien:* Selbständige dauerhafte Beratungsorgane, die die Aufgabe haben, Interessen und Wissen zusammenzuführen, so daß sie Empfehlungen für die Politik abgeben können (z. B. Deutscher Ausschuß für das Erziehungs- und Bildungswesen 1953 bis 1965).

In der derzeitigen Lage der Bildungspolitik scheint es mir erforderlich, die kurzfristige Politikformulierung durch eine Task-force (siehe oben Nr. 9) zu unterstützen und die gesellschaftspolitische Konsensbildung (siehe oben Nr. 10) zu fördern. Legislaturperioden sind kurz, auf Bundesebene umfassen sie vier Jahre. Im ersten Jahr versucht die Regierung, sich zurechtzufinden und nach Maßgabe des jeweiligen Koalitionsvertrages Weichen zu stellen. Im letzten Jahr ist schon wieder Wahlkampf. Wenn die Regierung in diesem Wahlkampf etwas vorweisen will, dann muß sie es im zweiten Jahr auf den Weg bringen. Die Vergabe von Forschungsaufträgen und die Umsetzung der Forschungsergebnisse in Politik dauern viel zu lange, um innerhalb einer Legislaturperiode noch wirksam werden zu können. Die Arbeit von Beratungsgremien, seien sie nun aus Politik, Wirtschaft oder Wissenschaft, aus den Verwaltungen des Bundes, der Länder und der Kommunen, aus Vertretern der Verbände oder aus all diesen Bereichen zusammengesetzt, wird in aller Regel auch nicht mehr in der Legislaturperiode politisch wirksam, in der die Gremien berufen wurden. Im übrigen geht es gar nicht um die Erzeugung neuen Wissens oder die erneute Zusammentragung des vorhandenen Wissens. Es geht vielmehr darum, auf dieser Grundlage einen politischen Willen zu formulieren, und dies ist die klassische Aufgabe eines Ministeriums, das seine Kräfte – vielleicht zusammen mit einigen externen Beratern – auf diese Aufgabe in der Task-force konzentrieren sollte.

Nun hat es allerdings mit dem Bildungswesen eine eigenartige Bewandtnis. Auch wenn die Zeit der großen Kontroversen, die Zeit der Grabenkämpfe und Bürgerkriege vorbei ist, auch wenn in den wesentlichen Fragen Einigkeit herrscht, so gibt es doch allenthalben einen großen Gesprächsbedarf. Anders als in der Wirtschaftspolitik, wo der Sachverständigenrat der Fünf Weisen sein Gutachten abgibt, wo die Forschungsinstitute ihre Gutachten vorlegen, wo ab und zu alternative Gutachten erstellt und diskutiert werden und wo dann politisch entschieden wird, gibt es in der Bildungspolitik nach der Austragung der begrenzten Konflikte das Bedürfnis nach der gemeinsamen Ausformulierung von Konsensen. Dies mag daran liegen, daß die Bildungspolitik in der Tat alle angeht. Deshalb liegt es nahe, dem Bundespräsidenten zu empfehlen, nach der Wahl im Mai 1999 ein Beratungsgremium für die Formulierung einer gesamtgesellschaftlichen Bildungspolitik zu berufen. Doch eine solche Berufung sollte so angelegt sein, daß sie nicht den »Kult der Vergeblichkeit«, die Todsünde der bildungspolitischen Trägheit, fördert. Das Warten auf die Ergebnisse des neuen Gremiums sollte nicht wieder einmal die bildungspolitische Untätigkeit legitimieren.

Dank

Ich habe dieses Buch im Mai und Juni 1998 im Wissenschaftskolleg in Berlin geschrieben. Ich danke dem Kuratorium des Deutschen Jugendinstituts, daß es mich für zwei Monate von meinen Alltagspflichten in München freigestellt hat, und den Kolleginnen und Kollegen am Deutschen Jugendinstitut, die mich in dieser Zeit von ihnen entlastet haben, und ich danke dem Rektor des Wissenschaftskolleg, Wolf Lepenies, daß er mich kurzfristig als Gast ins Wissenschaftskolleg eingeladen hat, sowie den Fellows, mit denen ich manches freimütig diskutieren konnte. Kirsten Bruhns hat intensive Recherchen für dieses Buch betrieben, riesige Materialberge aufbereitet, die Daten immer wieder geprüft und den Text kritisch kommentiert. Ohne sie hätte ich dieses Buch in der zur Verfügung stehenden Zeit nicht schreiben können; ich danke ihr sehr. Elfriede Roth und Eveline Solchenberger haben die verschiedenen Fassungen des Manuskripts häufig unter starkem Zeitdruck geschrieben, wofür ich ihnen dankbar bin. Kolleginnen und Kollegen aus unterschiedlichen Lebens- und Arbeitsbereichen haben den Text gelesen und kritisch betrachtet, was hilfreich und dankenswert war. Viele Fragen, Probleme und Meinungen, die in diesem Buch zum Ausdruck kommen, beschäftigen mich seit mehr als drei Jahrzehnten, und ich habe freundschaftlich mit sehr vielen Menschen darüber reden und schreiben können, was für mich sehr wichtig gewesen ist. Ich hätte ein solches Buch aber nicht geschrieben, wenn nicht Eginhard Hora vom Carl Hanser Verlag mich in den letzten Jahren gedrängt hätte, es zu tun. Vielen Dank an alle!

Nachwort 2001

Dieses Buch habe ich im Frühjahr 1998 geschrieben – ein halbes Jahr vor der Bundestagswahl, die die damalige christlich-liberale Koalition in Bonn ablösen sollte. Als das Buch im März 1999 erschien, befand sich die neu gewählte rot-grüne Koalition in Berlin am Ende ihrer Orientierungsphase. Drei Jahre nach Erscheinen des Buches wird es nun unverändert als Taschenbuch veröffentlicht. Ich sah keinen Anlaß, es umzuschreiben, denn das Buch wendete sich gegen die »große Koalition« der bildungspolitischen Untätigkeit, an der sich bis heute nichts geändert hat. Es richtete sich nicht gegen eine bestimmte Regierung in ihrer spezifischen Parteienkonstellation, sondern zielte auf die Politik des Bundes.

Nun mag der Leser einwenden, daß es seit dem Regierungswechsel 1998 doch einige Initiativen und Maßnahmen gab, die ihre Wirkung sehr wohl im Bildungsbereich entfalten (werden). In der Tat hat die neue Bundesregierung in der ersten Hälfte der Legislaturperiode des Bundestages eine ganze Reihe von Vorhaben auf den Weg gebracht. Sie bewegen sich überwiegend im Zuständigkeitsbereich des Bundes, es handelt sich jedoch nicht um bildungspolitische Maßnahmen im engeren Sinne, was angesichts der Zuständigkeitsverteilung zwischen Bund und Ländern auch nicht weiter verwunderlich ist. Hierzu gehören insbesondere:

- Die Bundesregierung möchte den Ausbau der Kindertageseinrichtungen fördern, und zwar insbesondere für die 0- bis 3jährigen und die 6- bis 12jährigen Kinder im Westen und sie möchte mehr Ganztagsangebote, und zwar insbesondere für die 3– bis 6jährigen Kinder schaffen. Sie sieht sich aber durch die Finanzverfassung der Bundesrepublik an einer unmittelbaren Bundesfinanzierung gehindert und wird sich deshalb wohl auf Modellprogramme zur Qualitätsverbesserung beschränken müssen.

- Die Bundesregierung setzt das Investitionsprogramm »Schulen ans Netz« fort, und der Bundeskanzler hat jeder Schülerin und jedem Schüler einen eigenen Internetzugang in der Schule versprochen, also – so muß man das wohl verstehen – einen eigenen Computerarbeitsplatz in der Schule. Was aber an diesem Arbeitsplatz pädagogisch geschehen soll, bleibt einstweilen offen.
- Die Bundesregierung hat für das Jahr 1999 das Sofortprogramm zur Bekämpfung der Jugendarbeitslosigkeit aufgelegt (JUMP) und für die Jahre 2000 und 2001 verlängert. Durch dieses Programm sollen mit einer Investition von 2 Milliarden DM jährlich 100 000 neue Ausbildungs- und Arbeitsplätze für Jugendliche geschaffen werden, so daß am Ende der vierjährigen Legislaturperiode des Bundestages mit 400 000 neuen Ausbildungs- und Arbeitsplätzen die Jugendarbeitslosigkeit gänzlich abgebaut sein würde.
- Die rot-grüne Koalition hat – gezwungen durch die Entscheidung des Bundesverfassungsgerichts vom 10.11.1998 – die Steuerfreibeträge für Kinder und das Kindergeld deutlich erhöht, und sie hat die Elternfreibeträge und die Stipendien im Bundesausbildungsförderungsgesetz deutlich heraufgesetzt. Auch wenn es bisher nicht gelungen ist, die Leistungen des Familienleistungs- und Familienlastenausgleichs insgesamt zusammenzufassen, gibt es doch deutliche Fortschritte in der öffentlichen Finanzierung von Erziehung und Bildung.
- In der Hochschulpolitik setzt die Bundesregierung die Internationalisierung des Studiums durch die Einführung der Bachelor-/Master-Studiengänge konsequent fort, sie investiert in den Ausbau der Hochschulen, modernisiert die Verwaltung und wagt sich an eine Reform des Dienstrechts der Hochschullehrer.
- Last but not least hat die rot-grüne Koalition durch die Änderung des Staatsangehörigkeitsrechts allen in Deutschland geborenen Kindern von Migrantinnen und Migranten unter besonderen Voraussetzungen die Doppelstaatsangehörigkeit eingeräumt, allerdings begrenzt auf die Zeit der Minderjährigkeit. Mit dem Eintritt der Volljährigkeit ver-

lieren die Jugendlichen die deutsche Staatsangehörigkeit, es sei denn, sie optieren für die deutsche Staatsangehörigkeit. Die Doppelstaatsangehörigkeit und das Wahlrecht verändern die Lebens- und Bildungsbedingungen der Kinder von Migranten grundlegend.

Nimmt man alle diese Vorhaben zusammen, so läßt sich zweierlei feststellen:

1. Die Schwerpunkte dieser Bildungspolitik im weiteren Sinne liegen meist nicht im Bundesministerium für Bildung und Forschung, sondern in anderen Ministerien.
2. Vom Bundesministerium für Bildung und Forschung sind in der ersten Hälfte der Legislaturperiode Anregungen und Impulse für eine »Bildungspolitik des Bundes« eigentlich nicht ausgegangen.

Die »sieben Todsünden der Bildungspolitik« werden jedoch in der Bildungspolitik im engeren Sinne begangen und durch die Ansätze einer »Bildungspolitik des Bundes als Gesellschaftspolitik« nicht überwunden.

Unter diesen Voraussetzungen lohnt es sich, nach drei Jahren nochmals einen Blick auf den Stand der Bildungspolitik heute, bezogen auf die sieben Kapitel des Buches zu werfen:

1. Trägheit oder Der Kult der Vergeblichkeit

Die Meinungsverschiedenheiten in der Bildungspolitik, die an die Stelle der lähmenden Konflikte der 60er und 70er Jahre getreten sind und die resignative Konsense begründen (S. 24–33), bestehen fort.

2. Heuchelei oder Die Glaubwürdigkeitslücke der Politik

Hierzu ist – nach den Spendenaffären der CDU – wenig zu sagen; sie haben nicht nur das Image der CDU, sondern das gesamte politische System der Bundesrepublik beschädigt. So verwundert es nicht, daß dessen Akzeptanz durch die Jugendlichen im zweiten Jugendsurvey des DJI deutlich schlechter ausfällt als im ersten Jugendsurvey, daß der Rechtsradikalismus an Zustimmung hinzugewonnen hat (S. 49). Die verbale Wiederbelebung der politischen Erziehung, der Mitbestimmung und der Chancengleichheitspolitik, insbesondere durch die Debatte um Partizipation und die Herabsetzung des Wahlalters, vermögen nichts an der zunehmenden Distanz der Jugendlichen zum politischen System, seinen Organisationen und Verfahren zu ändern (S. 53).

3. Wegsehen oder Die Negierung der Lebenswelt

Eigentlich ist das Wegsehen nicht mehr möglich. Der zehnte Kinder- und Jugendbericht, der sechste Familienbericht, der Drogenbericht und der Sicherheitsbericht, nicht zuletzt der Reichtums- und Armutsbericht liefern zusammen mit der Familien-, Kindheits- und Jugendforschung ein umfassendes Bild der Lebenswelten von Kindern und Jugendlichen, und es ist durchaus ein Verdienst dieser und früherer Bundesregierungen, diese Berichte in Auftrag gegeben und ihre Ergebnisse zusammen mit den Ergebnissen der Auftragsforschung bearbeitet zu haben. Doch die Bildungspolitik scheint davon unberührt. Obwohl das Bildungswesen nach wie vor das System der sozialen Ungleichheit immer wieder neu reproduziert, obwohl die intergenerationelle soziale Mobilität gleich null ist und obwohl die grundlegende Bedeutung des sozialen und kulturellen Kapitals für das Aufwachsen in der nächsten Generation offen zutage liegt, gibt es keine gesellschaftspolitischen Initiativen einer rot-grünen Bildungspolitik (S. 60).

4. Hochmut oder Nicht für das Leben, sondern für die Schule lernen wir

Die beiden in diesem Kapitel skizzierten Aufgaben, die Integration des Wissens durch neue Bildungs- und Qualifikationsziele (S. 106, 110) und die Neubestimmung der Berufsausbildung (S. 197), sind von der neuen Bundesregierung nicht in Angriff genommen worden. In einem Wust von Materialien, den das von der Bundesregierung geschaffene »Forum Bildung« produziert hat (s.u.), ging die »eigentliche bildungspolitische Zielsetzung«, d.h. die Entwicklung einer neuen Grundbildung und einer neuen Berufsausbildung, verloren.

5. Verschleierung oder Von der Leistungsfähigkeit der Leistungsbewertung

Bund und Länder haben sich unter dem Schock der TIMSS-Ergebnisse zur Institutionalisierung von Leistungsvergleichen bereit gefunden und im Rahmen der OECD nach PISA I weitere Untersuchungen in PISA II beschlossen. Leistungsvergleiche zwischen den Bundesländern sind jedoch nach wie vor tabu (S. 123).

6. Verwahrlosung oder Null Bock

Das traurigste Kapitel der bildungspolitischen Entwicklung ist zweifellos die Tatsache, daß wir nicht davon ausgehen können, daß das Schulklima sich ändert. Eine alternde Lehrerschaft muß mit ansehen, daß ihr die Schülerschaft zunehmend in die Welten der informationstechnologischen Revolution entgleitet (S. 146), daß Bildung und Lernen aus der Schule auswandern und daß die Herstellung einer ausgleichenden Gerechtigkeit durch das öffentliche Bildungswesen zunehmend schwieriger wird.

7. Bürokratisierung oder Das unerfüllte Versprechen der Verstaatlichung

Obwohl das betriebwirtschaftliche Modell des Denkens in allen Bereichen der öffentlichen Verwaltung den Siegeszug angetreten hat, fehlt der Bildungsverwaltung nach wie vor jedes moderne Steuerungskonzept (S. 186); es wird noch Jahrzehnte dauern, bis die zarten Versuche zu einer Verwaltungsreform, die in der Hochschulverwaltung und in der Jugendhilfe kräftig vorankommen, im Schulwesen verallgemeinerungsfähig werden.

Was tun?

Ich habe die Auffassung vertreten, daß wir weder eine neue Kompetenzverteilung noch eine Umverteilung der Finanzmittel und auch kein neues Forschungsprogramm in der Bildungspolitik brauchen (S. 198), sondern eine Formulierung der Bildungspolitik der Bundesregierung für einen bestimmten Zeitraum und eine gesellschaftspolitische Konsensbildung (S. 200). Mit der Schaffung des »Forums Bildung« scheint die rot-grüne Koalition diesen Weg gegangen zu sein. Sie hat in der Tat »im zweiten Jahr« etwas auf den Weg gebracht (S. 200 f). Es scheint jedoch zur Zeit so, als ob hieraus am Ende des dritten Jahres nicht mehr als ein Haufen Papier und viel heiße Luft herauskommen wird. Das ist sehr bedauerlich – und die Fortsetzung der Todsünden der Bildungspolitik.

Anmerkungen

1 Trägheit oder Der Kult der Vergeblichkeit

1 Statistisches Bundesamt. Schriftliche Zusendung von Daten für 1995, 20.1.2; eigene Berechnungen
2 Wehler 1987
3 Bundesministerium für Bildung, Wissenschaft, Forschung und Technologie 1997; eigene Berechnungen
4 Statistisches Bundesamt 1994; eigene Berechnungen
5 Fauser 1996
6 Goffman 1961

2 Heuchelei oder Die Glaubwürdigkeitslücke der Politik

1 Bundesanstalt für Arbeit, Schriftliche Zusendung von Daten, Statistik ST738-6 vom 19.8.1998
2 Amtliche Nachrichten der Bundesanstalt für Arbeit 2/1998
3 Statistisches Bundesamt 1997a
4 Die Ausweitung »National befreiter Zonen« in Ostdeutschland beschreibt Wagner (1998)
5 Krüger 1995, S. 259f
6 Jugendwerk der Deutschen Shell 1997, S. 311
7 Bütow 1995, S. 99
8 Gille/Kleinert/Ott 1995, S. 48
9 Schneider 1995, S. 304, 306

3 Wegsehen oder Die Negierung der Lebenswelt

1 Nauck 1993, S. 227
2 Vgl. Bundesministerium für Familie, Senioren, Frauen und Jugend 1998a, S. 113 ff; Bien 1996, S. 154 ff
3 Bundesministerium für Familie, Senioren, Frauen und Jugend 1998a, S. 41

4 Strzoda/Zinnecker 1996, S. 66
5 Herzberg u. a. 1995, S. 70
6 Feierabend/Klingler 1998, S. 168 f
7 Barthelmes/Sander 1997; Sander/Mayr-Kleffel 1993
8 Weidacher 1992, S. 328
9 Büchner u. a. 1993, S. 36
10 Fuhs 1996, S. 133
11 Büchner u. a. 1993; Strzoda 1996, S. 28, 32
12 Ministerium für Arbeit, Gesundheit und Soziales des Landes Nordrhein-Westfalen o.J.
13 Strzoda 1996, S. 29
14 Jugendbefragung 1994, S. 22; Feil 1998, S. 8
15 Ministerium für Arbeit, Gesundheit und Soziales des Landes Nordrhein-Westfalen o.J.
16 Wienold 1997, S. 16
17 Schriftliche Zusendung von Daten aus der Sozialhilfestatistik durch das Statistische Bundesamt, August 1998
18 Statistisches Bundesamt 1997b
19 Ebd.
20 Bundesanstalt für Arbeit 1998
21 Statistisches Bundesamt 1997b
22 Bauereiß/Bayer/Bien 1997, S. 36

4 Hochmuth oder Nicht für das Leben, sondern für die Schule lernen wir

1 Empfehlungen und Gutachten des Deutschen Ausschusses für das Erziehungs- und Bildungswesen 1953–1965, S. 52
2 Deutscher Bildungsrat 1970, S. 33
3 Prognos AG 1998
4 Kanders u. a. 1997, S. 4
5 Ebd.
6 Blankertz u. a. 1982, S. 246
7 Geißler/Orthey 1998
8 Hentig 1996
9 Raab 1996; Jugendwerk der Deutschen Shell 1997

5 Verschleierung oder Von der Leistungsfähigkeit der Leistungsbewertung

1 Die Häschenschule o.J.

6 Verwahrlosung oder Null Bock

1 Thomas Mann 1917, S. 439f
2 Grass 1962, S. 58
3 Walser 1993, S. 74
4 Aster 1990, S. 129
5 Kanders u. a. 1997, S. 47f
6 Ebd.
7 Aster 1990, S. 126
8 Schwind u.a. 1997
9 Kraak 1997, S. 73
10 Kanders u. a. 1997, S. 41f
11 Holler-Nowitzki 1994
12 Statistisches Bundesamt 1997c
13 Kolip u. a. 1995, S. 8
14 Vgl. Korthals 1997, S. 9
15 Heinrich Mann o. J., S. 1
16 Brecht 1967, S. 1401
17 Makarenko 1963, S. 12, 20f.
18 Giesecke 1996, S. 11f
19 Hentig 1993, S. 180f
20 Raschert 1996, S. 24

7 Bürokratisierung oder Das unerfüllte Versprechen der Verstaatlichung

1 Hopf u. a. 1980, S. 174
2 Hesse 1952, S. 527
3 Albisetti/Lundgreen 1991
4 Statistisches Bundesamt 1998
5 Frederiksen 1981
6 Zeller 1877, S. 347f
7 Bundesministerium für Bildung und Wissenschaft 1977
8 Statistisches Bundesamt 1992; eigene Berechnungen

9 Bundesministerium für Bildung, Wissenschaft, Forschung und Technologie 1997
10 Gruner 1990, S. 9f
11 Becker 1962, S. 148
12 Ders., S. 173
13 Giesecke 1996, S. 12f
14 Hopf u. a. 1980, S. 142

Quellen- und Literaturangaben

Bei Zitaten, statistischen und empirischen Angaben dieses Buches wurden die folgenden Quellen verwandt:

Amtliche Nachrichten der Bundesanstalt für Arbeit 2/1998, Nürnberg, 5. März 1998

Albisetti, James C./Lundgreen, Peter: Höhere Knabenschulen. In: Berg, Christa (Hrsg.): Handbuch der deutschen Bildungsgeschichte. Band IV, 1870–1918. Von der Reichsgründung bis zum Ende des Ersten Weltkriegs. München 1991, S. 228–278

Aster, Reiner: Schule und Kultur. Zur Rekonstruktion schulischer Wirklichkeit aus dem Blickwinkel von Schülern und Lehrern. Monographie einer Hauptschule als Beitrag zur ethnographischen Schulforschung. Frankfurt a. M./Bern/New York/Paris 1990

Barthelmes, Jürgen/Sander, Ekkehard: Medien in Familie und Peergroup. Vom Nutzen der Medien für 13- und 14jährige. München 1997

Bauereiß, Renate/Bayer, Hiltrud/Bien, Walter: Familienatlas II. Lebenslagen und Regionen in Deutschland, Karten und Zahlen. Opladen 1997

Becker, Hellmut: Quantität und Qualität. Grundfragen der Bildungspolitik. Freiburg i. Br. 1962

Bien, Walter (Hrsg.): Familie an der Schwelle zum neuen Jahrtausend. Wandel und Entwicklung familialer Lebensformen. DJI: Familien-Survey 6. Opladen 1996

Blankertz, Herwig/Derbolav, Josef/Kell, Adolf/Kutscha, Günther: Sekundarstufe II – Jugendbildung zwischen Schule und Beruf. In: Lenzen, Dieter (Hrsg.): Enzyklopädie Erziehungswissenschaft. Handbuch und Lexikon der Erziehung. Band 9.1, Stuttgart 1982

Brecht, Bertolt: Gesammelte Werke 14. Prosa 4: Die Geschäfte des Herrn Julius Cäsar; Flüchtlingsgespräche. Frankfurt 1967

Büchner, Peter/Fuhs, Burkhard/Krüger, Heinz-Hermann: Kinderalltag und Kinderfreizeit in Ost- und Westdeutschland. In: deutsche jugend, Heft 1, 1993, S. 31–41

Bütow, Birgit: Jugend im politischen Umbruch. In: Hoffmann-Lange, Ursula (Hrsg.): Jugend und Demokratie in Deutschland. DJI-Jugendsurvey 1. Opladen 1995, S. 85–107

Bundesanstalt für Arbeit: Der Arbeitsmarkt im Februar 1998. Presse-Informationen, Nr. 13, 1998

Bundesministerium für Bildung und Wissenschaft: Grund- und Strukturdaten 1977. Bonn 1977

Bundesministerium für Bildung, Wissenschaft, Forschung und Technologie: Grund- und Strukturdaten 1997/98. Bonn 1997

Bundesministerium für Familie, Senioren, Frauen und Jugend (Hrsg.): Die Familie im Spiegel der amtlichen Statistik. Lebensformen, Familienstrukturen, wirtschaftliche Situation der Familien und familiendemographische Entwicklung in Deutschland. Aktualisierte und erweiterte Neuauflage 1998; erstellt von Heribert Engstler. Bonn 1998a

Bundesministerium für Familie, Senioren, Frauen und Jugend: Zehnter Kinder- und Jugendbericht. Bericht über die Lebenssituation von Kindern und die Leistungen der Kinderhilfen in Deutschland. BT-Drucksache 13/11368. Bonn 1998b

Deutscher Ausschuß für das Erziehungs- und Bildungswesen: Stellungnahme und Entschließung vom 26.06.1954. In: Empfehlungen und Gutachten des Deutschen Ausschusses für das Erziehungs- und Bildungswesen, Gesamtausgabe. Stuttgart 1966, S. 52–58

Deutscher Bildungsrat: Strukturplan für das Bildungswesen; verabschiedet auf der 27. Sitzung der Bildungskommission am 13. Februar 1970. Bonn 1970

Deutscher Industrie- und Handelstag: Rechtschreib- und Rechentest 1997. Talfahrt setzt sich beschleunigt fort. In: Position. IHK-Magazin für Berufsbildung, S. 23f

Die Häschenschule. Ein lustiges Bilderbuch von Fritz Koch-Gotha zu Versen von Albert Sixtus. Hamburg o. J.

Fauser, Peter (Hrsg.): Wozu die Schule da ist. Eine Streitschrift der Zeitschrift Neue Sammlung. Seelze 1996

Feierabend, Sabine/Klingler, Walter: Was Kinder sehen. Eine Analyse der Fernsehnutzung 1997 von Drei- bis 13jährigen. In: Media Perspektiven, Heft 4, 1998, S. 167–178

Feil, Christine: Kommerzialisierte Kindheit. Impressionen zu einem Schlagwort. In: Zukunftsforum Jugend 2000. Perspektiven, Analysen, Trends, Heft 2, 1998, S. 3–10

Frederiksen, Elke (Hrsg.): Die Frauenfrage in Deutschland 1865–1915. Texte und Dokumente. Stuttgart 1981

Fuhs, Burkhard: Das außerschulische Kinderleben in Ost- und Westdeutschland. Vom kindlichen Spielen zur jugendlichen Freizeitgestaltung. In: Büchner, Peter/Fuhs, Burkhard/Krüger, Heinz-Hermann (Hrsg.): Vom Teddybär zum ersten Kuss. Wege aus der Kindheit in Ost- und Westdeutschland. Opladen 1996, S. 129–158

Geißler, Karl-Heinz/Orthey, Frank Michael: Der große Zwang zur kleinen Freiheit. Berufliche Bildung im Modernisierungsprozeß. Stuttgart 1998

Giesecke, Hermann: Wozu ist die Schule da. In: Fauser, Peter (Hrsg.): Wozu die Schule da ist. Eine Streitschrift. Seelze 1996, S. 5–16

Gille, Martina/Kleinert, Corinna/Ott, Sybille: Lebensverhältnisse. In: Hoffmann-Lange, Ursula (Hrsg.): Jugend und Demokratie in Deutschland. DJI-Jugendsurvey 1. Opladen 1995, S. 23–83

Goffman, Erving: Asylums. Essays on the Social Situation of Mental Patients and Other Inmates. New York 1961

Grass, Günter: Die Blechtrommel. Frankfurt/Hamburg 1962

Gruner, Petra (Hrsg.): Angepaßt oder mündig? Briefe an Christa Wolf im Herbst 1989. Berlin 1990

Hentig, Hartmut von: Die Schule neu denken. Eine Übung in praktischer Vernunft; eine zornige, aber nicht eifernde, eine radikale, aber nicht utopische Antwort auf Hoyerswerda und Mölln, Rostock und Solingen. München 1993

Hentig, Hartmut von: Bildung: ein Essay. München 1996

Herzberg, Irene/Hössl, Alfred/Lipski, Jens: Freizeit von Schulkindern in den Neuen Bundesländern. Ergebnisse einer Regionalstudie 1992–1995, DJI-Arbeitspapier 6–115. München 1995

Hesse, Hermann: Gesammelte Dichtungen. Erster Band. München 1952

Hoffmann-Lange, Ursula (Hrsg.): Jugend und Demokratie in Deutschland. DJI-Jugendsurvey 1. Opladen 1995

Holler-Nowitzki, Birgit: Psychosomatische Beschwerden im Jugendalter. Schulische Belastungen, Zukunftsangst und Streßreaktionen. Weinheim/München 1994

Hopf, Christel/Nevermann, Knut/Richter, Ingo: Schulaufsicht und Schule. Eine empirische Analyse der administrativen Bedingungen schulischer Erziehung. Stuttgart 1980

Jugendbefragung 1994. Freizeitressourcen, Freizeitverhalten und Freizeitbedürfnisse der 14- bis 18jährigen in Braunschweig, hrsg. von der Stadt Braunschweig. Braunschweiger Hefte zum Jugend-, Sozial- und Gesundheitswesen Nr. 30, 1996

Jugendwerk der Deutschen Shell (Hrsg.): Jugend '97. Zukunftsperspektiven, Gesellschaftliches Engagement, Politische Orientierungen. 12. Shell Jugendstudie. Opladen 1997

Kanders, Michael/Rösner, Ernst/Rolff, Hans-Günter: Das Bild der Schule aus der Sicht von Schülern und Lehrern, hrsg. vom Bundesministerium für Bildung, Wissenschaft, Forschung und Technologie. Bonn 1997

KIDsVerbraucher-Analyse 1997. Junge Zielgruppen 6 bis 17 Jahre. Stuttgart 1997

Kolip, Petra/Nordlohne, Elisabeth/Hurrelmann, Klaus: Der Jugendgesundheitssurvey 1993. In: Kolip, Petra/Nordlohne, Elisabeth/Hurrelmann, Klaus (Hrsg.): Jugend und Gesundheit. Interventionsfelder und Präventionsbereiche. Weinheim/München 1995, S. 25–48

Korthals, Ulrich: Suizidgefährdung und suizidales Verhalten bei Jugendlichen. Möglichkeiten der Schule bei der Suizidprävention. Berlin 1997

Kraak, Bernhard: Bullying, das Quälen von Mitschülern. In: Psychologie in Erziehung und Unterricht, Heft 1, 1997, S. 71–77

Krüger, Winfried: Vertrauen in Institutionen. In: Hoffmann-Lange, Ursula (Hrsg.): Jugend und Demokratie in Deutschland. DJI-Jugendsurvey 1. Opladen 1995, S. 245–273

Makarenko, Anton S.: Der Weg ins Leben – ein pädagogisches Poem. Berlin 1963

Mann, Heinrich: Professor Unrat oder Das Ende eines Tyrannen. Leipzig o. J.

Mann, Thomas: Buddenbrooks. Verfall einer Familie. Berlin 1917

Ministerium für Arbeit, Gesundheit und Soziales des Landes Nordrhein-Westfalen: Kinder und Jugendliche in Nordrhein-Westfalen. 6. Jugendbericht, Berichtszeitraum 1990–1994, o. J.

Nauck, Bernhard: Lebensqualität von Kindern. Befunde und Lücken der Sozialberichterstattung. In: Deutsches Jugendinstitut (Hrsg.): Was für Kinder. Aufwachsen in Deutschland. Ein Handbuch. München 1993, S. 222–228

Prognos AG, Infratest Burke Sozialforschung: Delphi-Befragung 1996/1998. »Potentiale und Dimensionen der Wissensgesellschaft – Auswirkungen auf Bildungsprozesse und Bildungsstrukturen«. Integrierter Abschlußbericht. München/Basel 1998

Raab, Erich: Jugend sucht Arbeit. Eine Längsschnittuntersuchung zum Berufseinstieg Jugendlicher; zusammen mit Christine Preiß, Christine Pritzl und Hermann Rademacker. München 1996

Raschert, Jürgen: Zum Begriff der Anomie. In: Kalb, Peter E./Petry, Christian/Sitte, Karin (Hrsg.): Werte und Erziehung. Kann Schule zur Bindungsfähigkeit beitragen? Weinheim/Basel 1996, S. 24–28

Sander, Ekkehard/Mayr-Kleffel, Verena: Neue Gemeinsamkeit durch Medien? Die Alltagskultur in der Familie verändert den Generationenkonflikt. In: Medien und Erziehung, Heft 1, 1993, S. 21–27

Schneider, Helmut: Politische Partizipation – zwischen Krise und Wandel. In: Hoffmann-Lange, Ursula (Hrsg.): Jugend und Demokratie in Deutschland. DJI-Jugendsurvey 1. Opladen 1995, S. 275–335

Schwind, Hans-Dieter/Roitsch, Karin/Gielen, Birgit: Gewalt in der Schule aus der Perspektive unterschiedlicher Gruppen. In: Holtappels, Heinz Günter/Heitmeyer, Wilhelm/Melzer, Wolfgang/Tillmann, Klaus-Jürgen (Hrsg.): Forschung über Gewalt an Schulen. Erscheinungsformen und Ursachen, Konzepte und Prävention. Weinheim/München 1997, S. 81–100

Statistisches Bundesamt: Statistisches Jahrbuch 1992 für die Bundesrepublik Deutschland. Wiesbaden 1992

Statistisches Bundesamt: Sozialleistungen. Fachserie 13, Reihe 6.3, Einrichtungen und tätige Personen in der Jugendhilfe. Stuttgart 1994

Statistisches Bundesamt: Bevölkerung und Erwerbstätigkeit. Fachserie 1, Reihe 2, Ausländische Bevölkerung. Stuttgart 1997a

Statistisches Bundesamt: Datenreport 1997. Zahlen und Fakten über die Bundesrepublik Deutschland. Bonn 1997b

Statistisches Bundesamt: Statistisches Jahrbuch 1997 für die Bundesrepublik Deutschland. Wiesbaden 1997c

Statistisches Bundesamt: Statistisches Jahrbuch 1998 für die Bundesrepublik Deutschland. Wiesbaden 1998

Strzoda, Christiane: Kinder und ihr Zeitbudget. In: Zinnecker, Jürgen/Silbereisen, Rainer K. (Hrsg.): Kindsein in Deutschland. Aktueller Survey über Kinder und ihre Eltern. Weinheim/München 1996, S. 23–40

Strzoda, Christiane/Zinnecker, Jürgen: Interessen, Hobbies und deren institutioneller Kontext. In: Zinnecker, Jürgen/Silbereisen, Rainer K. (Hrsg.): Kindsein in Deutschland. Aktueller Survey über Kinder und ihre Eltern. Weinheim/München 1996, S. 41–80

Wagner, Bernd: »National befreite Zonen« – vom Strategiebegriff zur Alltagserscheinung. Zentrum Demokratische Kultur, Heft 1, Berlin 1998

Walser, Martin: Die Verteidigung der Kindheit. Frankfurt a. M. 1993

Wehler, Hans-Ulrich: Deutsche Gesellschaftsgeschichte. Band 2: Von der Reformära bis zur industriellen und politischen »Deutschen Doppelrevolution« 1815–1845/49. Königstein/Taunus 1987

Weidacher, Alois: Die Wohnsituation von Familien. In: Bertram, Hans (Hrsg.): Die Familie in den neuen Bundesländern. Stabilität und Wandel in der gesellschaftlichen Umbruchsituation. DJI: Familien-Survey 2. Opladen 1992, S. 313–341

Wienold, Hanns: Kinderarbeit in Deutschland. Ein Massenphänomen. In: Jugendpolitik, Heft 3, 1997, S. 16–18

Zeller, Eduard: Vorträge und Abhandlungen. Zweite Sammlung. Leipzig 1877

Der Autor hat sich beim Schreiben der sieben Kapitel von den folgenden Büchern anregen lassen, deren Lektüre er auch seinen Lesern nahelegt:

Aries, Philippe: Geschichte der Kindheit. München 1979

Aster, Reiner: Schule und Kultur. Zur Rekonstruktion schulischer Wirklichkeit aus dem Blickwinkel von Schülern und Lehrern. Monographie einer Hauptschule als Beitrag zur ethnographischen Schulforschung. Frankfurt a. M./Bern/New York/Paris 1990

Barthelmes, Jürgen/Sander, Ekkehard: Medien in Familie und Peergroup. Vom Nutzen der Medien für 13- und 14jährige. München 1997

Bauereiß, Renate/Bayer, Hiltrud/Bien, Walter: Familienatlas II. Lebenslagen und Regionen in Deutschland, Karten und Zahlen. Opladen 1997

Baumert, Jürgen/Lehmann, Rainer: TIMSS – Mathematisch-naturwissenschaftlicher Unterricht im internationalen Vergleich. Deskriptive Befunde. Opladen 1997

Becker, Hellmut: Quantität und Qualität. Grundfragen der Bildungspolitik. Freiburg i. Br. 1962

Bell, Daniel: Die nachindustrielle Gesellschaft. Frankfurt a. M./New York 1976

Berg, Christa (Hrsg.): Handbuch der deutschen Bildungsgeschichte. Band IV, 1870–1918. Von der Reichsgründung bis zum Ende des Ersten Weltkriegs. München 1991

Bertram, Hans (Hrsg.): Die Familie in Westdeutschland. Stabilität und Wandel familialer Lebensformen. DJI: Familien-Survey 1. Opladen 1991

Bertram, Hans (Hrsg.): Die Familie in den neuen Bundesländern. Stabilität und Wandel in der gesellschaftlichen Umbruchsituation. DJI: Familien-Survey 2. Opladen 1992

Bien, Walter/Karig, Ute/Kuhnke, Ralf/Lang, Cornelia/Reißig, Monika: Cool bleiben – erwachsen werden im Osten. Ergebnisse der Leipziger Längsschnitt-Studie 1. Weinheim/München 1994

Bien, Walter (Hrsg.): Familie an der Schwelle zum neuen Jahrtausend. Wandel und Entwicklung familialer Lebensformen. DJI: Familien-Survey 6. Opladen 1996

Bildungskommission Nordrhein-Westfalen: Zukunft der Bildung – Schule der Zukunft. Denkschrift der Kommission »Zukunft der Bildung – Schule der Zukunft« beim Ministerpräsidenten des Landes Nordrhein-Westfalen. Neuwied 1995

Block, Rainer/Klemm, Klaus: Lohnt sich Schule? Aufwand und Nutzen; eine Bilanz. Reinbek b. Hamburg 1997

Bloom, Benjamin S.: Stability and Change in Human Characteristics. New York 1964

Böhnisch, Lothar/Karsten, Fritz/Seifert, Thomas (Hrsg.): Die wissenschaftliche Begleitung – Ergebnisse und Perspektiven. Das Aktionsprogramm gegen Aggression und Gewalt AgAG, Band 2. Münster 1997

Bourdieu, Pierre/Passeron, Jean-Claude: Die Illusion der Chancengleichheit. Untersuchungen zur Soziologie des Bildungswesens am Beispiel Frankreichs. Stuttgart 1971

Bruner, Jerome S.: The Process of Education. Cambridge 1960

Büchner, Peter/Fuhs, Burkhard/Krüger, Heinz-Hermann (Hrsg.): Vom Teddybär zum ersten Kuss. Wege aus der Kindheit in Ost- und Westdeutschland. Opladen 1996

Büchner, Peter/Fuhs, Burkhard/Krüger, Heinz-Hermann: Kinderalltag und Kinderfreizeit in Ost- und Westdeutschland. In: deutsche jugend, Heft 1, 1993, S. 31–41

Bundesministerium für Familie, Senioren, Frauen und Jugend: Neunter Jugendbericht. Bericht über die Situation der Kinder und Jugendlichen und die Entwicklung der Jugendhilfe in den neuen Bundesländern. BT-Drucksache 13/70 vom 8.12.1994. Bonn 1994

Bundesministerium für Familien, Senioren, Frauen und Jugend: Fünfter Familienbericht. Familien und Familienpolitik im geeinten Deutschland – Zukunft des Humanvermögens. BT-Drucksache 12/7560. Bonn 1995

Bundesministerium für Familie, Senioren, Frauen und Jugend (Hrsg.): Kinder und ihre Kindheit in Deutschland. Eine Politik für Kinder im Kontext von Familienpolitik. Wissenschaftlicher Beirat für Familienfragen. Stuttgart/Berlin/Köln 1998

Bundesministerium für Familie, Senioren, Frauen und Jugend: Zehnter Kinder- und Jugendbericht. Bericht über die Lebenssituation von Kindern und die Leistungen der Kinderhilfen in Deutschland. BT-Drucksache 13/11368 vom 25.8.1998. Bonn 1998

Coleman, James S. (Hrsg.): Equality of Educational Opportunity. Washington 1966

Dahrendorf, Ralf: Bildung ist Bürgerrecht. Plädoyer für eine aktive Bildungspolitik. Hamburg 1965

Daxner, Michael: Ist die Uni noch zu retten? Zehn Vorschläge und eine Vision. Reinbek b. Hamburg 1996

Deutscher Ausschuß für das Erziehungs- und Bildungswesen: Empfehlungen und Gutachten des Deutschen Ausschusses für das Erziehungs- und Bildungswesen, Gesamtausgabe. Stuttgart 1966

Deutscher Bildungsrat: Strukturplan für das Bildungswesen; verabschiedet auf der 27. Sitzung der Bildungskommission am 13. Februar 1970. Bonn 1970

Deutsches Jugendinstitut (Hrsg.): Was tun Kinder am Nachmittag? Ergebnisse einer empirischen Studie zur mittleren Kindheit. München 1992

Deutsches Jugendinstitut (Hrsg.): Gewalt gegen Fremde. Rechtsradikale, Skinheads und Mitläufer. Weinheim/München 1993

Deutsches Jugendinstitut (Hrsg.): Was für Kinder. Aufwachsen in Deutschland. Ein Handbuch. München 1993

Deutsche UNESCO-Kommission (Hrsg.): Lernfähigkeit: Unser verborgener Reichtum. UNESCO-Bericht zur Bildung für das 21. Jahrhundert. Neuwied/Kriftel/Berlin 1997

Durkheim, Émile: Le Suicide. Étude de Sociologie. Nouvelle Édition. Paris 1960

Engel, Uwe/Hurrelmann, Klaus: Psychosoziale Belastung im Jugendalter. Empirische Befunde zum Einfluß von Familie, Schule und Gleichaltrigengruppe. Berlin/New York 1989

Europäische Kommission: Weißbuch zur allgemeinen und beruflichen Bildung. Lehren und Lernen – Auf dem Weg zur kognitiven Gesellschaft. Luxemburg 1996

Europäische Kommission: Beschäftigung in Europa. Luxemburg 1997

Faulstich, Peter: Strategien der betrieblichen Weiterbildung. Kompetenz und Organisation. München 1998

Fauser, Peter (Hrsg.): Wozu die Schule da ist. Eine Streitschrift der Zeitschrift Neue Sammlung. Seelze 1996

Feierabend, Sabine/Klingler, Walter: Was Kinder sehen. Eine Analyse der Fernsehnutzung 1997 von Drei- bis 13jährigen. In: Media Perspektiven, Heft 4, 1998, S. 167–178

Feil, Christine: Werbeerziehung im Unterricht: Die aktuelle Praxis der Lehrkräfte. In: Deutsches Jugendinstitut (Hrsg.): Werbepädagogik in der Grundschule. Opladen 1997

Flitner, Andreas/Petry, Christian/Richter, Ingo (Hrsg.): Wege aus der Ausbildungskrise. Memorandum des Forums Jugend – Bildung – Arbeit mit Untersuchungsergebnissen des Instituts für Arbeitsmarkt- und Berufsforschung der Bundesanstalt für Arbeit. Opladen 1998

Friedeburg, Ludwig von: Bildungsreform in Deutschland. Geschichte und gesellschaftlicher Widerspruch. Frankfurt a. M. 1989

Geißler, Karl-Heinz/Orthey, Frank Michael: Der große Zwang zur kleinen Freiheit. Berufliche Bildung im Modernisierungsprozeß. Stuttgart 1998

Giarini, Orio/Lidtke, Patrick M.: Wie wir arbeiten werden – Der neue Bericht an den Club of Rome. Hamburg 1998

Giesecke, Hermann: Didaktik der politischen Bildung. München 1965, [11]1979

Glotz, Peter: Im Kern verrottet? Fünf vor zwölf an Deutschlands Universitäten. Stuttgart 1996

Goffman, Erving: Asylums. Essays on the Social Situation of Mental Patients and Other Inmates. New York 1961

Goldhagen, Daniel Jonah: Hitlers willige Vollstrecker. Ganz gewöhnliche Deutsche und der Holocaust. Berlin 1996

Gotschlich, Helga (Hrsg.): »Links und Links und Schritt gehalten ...« Die FDJ: Konzepte – Abläufe – Grenzen. Berlin 1994

Gruner, Petra (Hrsg.): Angepaßt oder mündig? Briefe an Christa Wolf im Herbst 1989. Berlin 1990

Habermas, Jürgen: Technik und Wissenschaft als »Ideologie«. Frankfurt a. M. 1968

Haffner, Sebastian: Anmerkungen zu Hitler. München [26]1994

Heitmeyer, Wilhelm/Müller, Joachim/Schröder, Helmut: Verlockender Fundamentalismus. Türkische Jugendliche in Deutschland. Frankfurt a. M. 1997

Hentig, Hartmut von: Die Schule neu denken. Eine Übung in praktischer Vernunft; eine zornige, aber nicht eifernde, eine radikale, aber nicht utopische Antwort auf Hoyerswerda und Mölln, Rostock und Solingen. München/Wien 1993

Hentig, Hartmut von: Bildung: ein Essay. München/Wien 1996

Herrnstein, Richard J./Murray, Charles: The Bell Curve. Intelligence and Class Structure in American Life. New York 1994

Hoffmann-Lange, Ursula (Hrsg.): Jugend und Demokratie in Deutschland. DJI-Jugendsurvey 1. Opladen 1995

Holler-Nowitzki, Birgit: Psychosomatische Beschwerden im Jugendalter. Schulische Belastungen, Zukunftsangst und Streßreaktionen. Weinheim/München 1994

Holtappels, Heinz Günter/Heitmeyer, Wilhelm/Melzer, Wolfgang/Tillmann, Klaus-Jürgen (Hrsg.): Forschung über Gewalt an Schulen. Erscheinungsformen und Ursachen, Konzepte und Prävention. Weinheim/München 1997

Honig, Michael-Sebastian/Leu, Hans Rudolf/Nissen, Ursula (Hrsg.): Kinder und Kindheit. Soziokulturelle Muster – sozialisationstheoretische Perspektiven. Weinheim/München 1996

Hopf, Christel/Nevermann, Knut/Richter, Ingo: Schulaufsicht und Schule. Eine empirische Analyse der administrativen Bedingungen schulischer Erziehung. Stuttgart 1980

Huber, Ernst R.: Deutsche Verfassungsgeschichte seit 1789. Stuttgart/Berlin/Köln 1988

Hübner-Funk, Sibylle: Loyalität und Verblendung. Hitlers Garanten der Zukunft als Träger der zweiten deutschen Demokratie. Potsdam 1998

Hüfner, Klaus/Naumann, Jens: Konjunkturen der Bildungspolitik in der Bundesrepublik Deutschland. Band I: Der Aufschwung (1960–1967). Stuttgart 1977

Hüfner, Klaus/Naumann, Jens/Köhler, Helmut/Pfeffer, Gottfried: Hochkonjunktur und Flaute: Bildungspolitik in der Bundesrepublik Deutschland 1967–1980. Stuttgart 1986

Ingenkamp, Karlheinz: Die Fragwürdigkeit der Zensurengebung. Texte und Untersuchungsberichte.Weinheim/Basel [9]1995

Jach, Frank-Rüdiger: Schulvielfalt als Verfassungsgebot. Berlin 1991

Jeinsmann, Karl-Ernst/Lundgreen, Peter (Hrsg.): Handbuch der deutschen Bildungsgeschichtte. Band III: 1800–1870. Von der Neuordnung Deutschlands bis zur Gründung des Deutschen Reiches. München 1987

Jugendwerk der Deutschen Shell (Hrsg.): Jugend '97. Zukunftsperspektiven, Gesellschaftliches Engagement, Politische Orientierungen. 12. Shell Jugendstudie. Opladen 1997

Kalb, Peter E./Petry, Christian/Sitte, Karin (Hrsg.): Werte und Erziehung. Kann Schule zur Bindungsfähigkeit beitragen? Weinheim/Basel 1996, S. 15–23

Kanders, Michael/Rösner, Ernst/Rolff, Hans-Günter: Das Bild der Schule aus der Sicht von Schülern und Lehrern, hrsg. vom Bundesministerium für Bildung, Wissenschaft, Forschung und Technologie. Bonn 1997

Kempowski, Walter: Immer so durchgemogelt. Erinnerungen an unsere Schulzeit. München 1974

Klier, Freya: Lüg Vaterland. Erziehung in der DDR. München 1990

Klocke, Andreas/Hurrelmann, Klaus (Hrsg.): Kinder und Jugendliche in Armut. Umfang, Auswirkungen und Konsequenzen. Opladen 1998, S. 51–71

Klönne, Arno: Jugend im Dritten Reich. Die Hitlerjugend und ihre Gegner. München 1995

Köhler, Gerd (Hrsg.): Wem soll die Schule nützen? Rahmenrichtlinien und neue Lehrpläne. Soziales Lernen im Konflikt. Frankfurt a. M. 1974

Kolip, Petra/Hurrelmann, Klaus/Schnabel, Peter-Ernst: Gesundheitliche Lage und Präventionsfelder im Kindes- und Jugendalter. In: Kolip, Petra/Hurrelmann, Klaus/Schnabel, Peter-Ernst (Hrsg.): Jugend und Gesundheit. Interventionsfelder und Präventionsbereich. Weinheim/München 1995, S. 724

Kommission für Zukunftsfragen der Freistaaten Bayern und Sachsen: Erwerbstätigkeit und Arbeitslosigkeit in Deutschland – Entwicklung, Ursachen, Maßnahmen, Teile I–III, 1996. München 1997

Kommunale Gemeinschaftsstelle (KGSt): Neue Steuerung im Schulbereich. Bericht Nr. 9. Köln 1996

Korthals, Ulrich: Suizidgefährdung und suizidales Verhalten bei Jugendlichen. Möglichkeiten der Schule bei der Suizidprävention. Berlin 1997

Kraak, Bernhard: Bullying, das Quälen von Mitschülern. In: Psychologie in Erziehung und Unterricht, Heft 1, 1997, S. 71–77

Krappmann, Lothar/Oswald, Hans: Alltag der Schulkinder. Beobachtungen und Analysen von Interaktionen und Sozialbeziehungen. Weinheim/München 1995

Langewiesche, Dieter/Tenorth, Heinz-Elmar (Hrsg.): Handbuch der Deutschen Bildungsgeschichte, Band V, 1918–1945. Die Weimarer Republik und die nationalsozialistische Diktatur. München 1989, S. 240–258

Liesering, Sabine u.a. (Hrsg.): Die Zukunft der dualen Berufsausbildung. Eine Fachtagung der Bundesanstalt für Arbeit, 21.–22. April 1994 in Nürnberg. Beiträge zur Arbeitsmarkt- und Berufsforschung 186, Nürnberg 1994

Luhmann, Niklas/Schorr, Karl-Eberhard: Reflexionsprobleme im Erziehungssystem. Stuttgart 1979

Luhmann, Niklas: Die Wissenschaft der Gesellschaft. Frankfurt a. M. 1988

Mählert, Ulrich: Die Freie Deutsche Jugend: 1945 bis 1949. Von den »Antifaschistischen Jugendausschüssen« zur SED-Massenorganisation. Die Erfassung der Jugend in der Sowjetischen Besatzungszone. Paderborn/München 1995

Mansel, Jürgen/Klocke, Andreas (Hrsg.): Die Jugend von heute. Selbstanspruch, Stigma und Wirklichkeit. Weinheim/München 1996, S. 88–106

Mertens, Dieter: Schlüsselqualifikationen. Thesen zur Schulung für eine moderne Gesellschaft. In: Mitteilungen aus der Arbeitsmarkt- und Berufsforschung, 1974, S. 36–43

Ministerium für Bildung, Wissenschaft, Forschung und Technologie: Berufsbildungsbericht 1998. Magdeburg 1998

Mückenberger, Ulrich: Der Wandel des Normalarbeitsverhältnisses unter Bedingungen einer Krise der »Normalität«. In: Gewerkschaftliche Monatshefte, 1989, S. 211–223

Nissen, Ursula: Kindheit, Geschlecht und Raum. Sozialisationstheoretische Zusammenhänge geschlechtsspezifischer Raumaneignung. Weinheim/München 1998

OECD: Education and Training. Learning and Working in Society in Flux. Paris 1996

Otto, Hans-Uwe/Merten, Roland (Hrsg.): Rechtsradikale Gewalt im vereinigten Deutschland. Jugend im gesellschaftlichen Umbruch. Opladen 1993

Paulsen, Friedrich: Geschichte des gelehrten Unterrichts auf den deutschen Schulen und Universitäten vom Ausgang des Mittelalters bis zur Gegenwart. Mit besonderer Rücksicht auf den klassischen Unterricht. Leipzig 1885

Picht, Georg: Die deutsche Bildungskatastrophe. Olten u. a. 1964

Popper, Karl R.: Die offene Gesellschaft und ihre Feinde. Bern [2]1970

Prognos AG, Infratest Burke Sozialforschung: Delphi-Befragung 1996/1998. »Potentiale und Dimensionen der Wissensgesellschaft – Auswirkungen auf Bildungsprozesse und Bildungsstrukturen«. Integrierter Abschlußbericht. München/Basel 1998

Projektgruppe Praktisch Lernen (Hrsg.): Bewegte Praxis – Praktisch Lernen und Schulreform. Weinheim/Basel 1998

Raab, Erich: Jugend sucht Arbeit. Eine Längsschnittuntersuchung zum Berufseinstieg Jugendlicher; zusammen mit Christine Preiß, Christine Pritzl und Hermann Rademacker. München 1996

Richter, Ingo: Schule, Schulverfassung und Demokratie. In: Recht der Jugend und des Bildungswesens, Heft 3, 1987, S. 254–262

Richter, Ingo: Die öffentliche Schule im Umbau des Sozialstaats. In: Zeitschrift für Pädagogik, 34. Beiheft, 1996, S. 107–118

Richter, Ingo/Winkelhofer, Ursula: Veränderte Kindheit – veränderte Schule. In: Die Deutsche Schule, Heft 4, 1997, S. 459–473

Rifkin, Jeremy: Das Ende der Arbeit und ihre Zukunft. Frankfurt a. M./ New York 1995

Robinsohn, Saul B.: Bildungsreform als Revision des Curriculum. Neuwied am Rhein u. a. 1971

Rösner, Ernst/Böttcher, Wolfgang/Brandt, Hjalmar (Hrsg.): Lehreralltag – Alltagslehrer. Authentische Berichte aus der Schulwirklichkeit. Weinheim/Basel 1996

Roth, Heinrich (Hrsg.): Begabung und Lernen. Ergebnisse und Folgerungen neuer Forschungen. Stuttgart 1969

Roth, Heinrich/Friedrich, Dagmar: Bildungsforschung. Probleme, Perspektiven, Prioritäten, Teil 1. Stuttgart 1975

Schaffstein, Friedrich: Wilhelm von Humboldt: ein Lebensbild. Frankfurt a. M. 1952

Scharpf, Fritz W./Reissert, Bernd/Schnabel, Fritz: Politikverflechtung. Kronberg/Ts. 1976

Schelsky, Helmut: Der Mensch in der wissenschaftlichen Zivilisation. Köln 1961

Schleicher, Klaus (Hrsg.): Zukunft der Bildung in Europa. Nationale Vielfalt und europäische Einheit. Darmstadt 1993

Schleicher, Klaus (Hrsg.): Realisierung der Bildung in Europa. Europäisches Bewußtsein trotz kultureller Identität? Darmstadt 1994

Schmitt, Carl: Ex Captivitate Salus. Erfahrungen der Zeit 1945/47. Köln 1950

Spranger, Eduard: Die wissenschaftlichen Grundlagen der Schulverfassungslehre und Schulpolitik. Bad Heilbrunn 1928

Stehr, Nico: Arbeit, Eigentum und Wissen. Zur Theorie von Wissensgesellschaften. Frankfurt a. M. 1994

Szydlik, Marc: Zur Übereinstimmung von Ausbildung und Arbeitsplatzanforderungen in der Bundesrepublik Deutschland. In: Mitteilungen aus der Arbeitsmarkt- und Berufsforschung, Heft 2, 1996, S. 295–306

Tibi, Bassam: Im Schatten Allahs. Der Islam und die Menschenrechte. München/Zürich 1994

Velling, Johannes/Bender, Stefan: Berufliche Mobilität zur Anpassung struktureller Diskrepanzen am Arbeitsmarkt. In: Mitteilungen aus der Arbeitsmarkt- und Berufsforschung, Heft 3, 1994, S. 212–231

Wagner, Bernd: »National befreite Zonen« – vom Strategiebegriff zur Alltagserscheinung. Zentrum Demokratische Kultur, Heft 1, Berlin 1998

Wehler, Hans-Ulrich: Deutsche Gesellschaftsgeschichte. Band 2: Von der Reformära bis zur industriellen und politischen »Deutschen Doppelrevolution« 1815–1845/49. Königstein/Taunus 1987

Willems, Helmut: Jugendunruhen und Protestbewegungen. Eine Studie zur Dynamik innergesellschaftlicher Konflikte in vier europäischen Ländern. Opladen 1997

Zimmer, Jürgen (Hrsg.): Curriculumentwicklung im Vorschulbereich. München 1973

Zinnecker, Jürgen/Silbereisen, Rainer K. (Hrsg.): Kindsein in Deutschland. Aktueller Survey über Kinder und ihre Eltern. Weinheim/München 1996